Inhalt, Über den Autor, Symbole, Einleitung

Reise-Infos von A bis Z

kobsweg von n nach Köln

Index

Sonnenstein in Harpstedt

Kurz vor dem Ziel: der Kölner Dom

Band 301

OutdoorHandbuch

Klaus Engel

Jakobsweg Bremen - Köln

Jakobsweg Bremen - Köln

die **OUTDOOR** Verlage

Mit uns nach draußen

Copyright Conrad Stein Verlag GmbH.
Alle Rechte vorbehalten.

Der Nachdruck,
die Übersetzung, die Entnahme von
Abbildungen, Karten, Symbolen, die Wiedergabe auf fotomechanischem Wege
(z.B. Fotokopie) sowie die Verwertung auf elektronischen Datenträgern, die Einspeicherung in Medien wie Internet (auch auszugsweise) sind ohne vorherige schriftliche Genehmigung
des Verlages unzulässig und strafbar.

Alle Informationen, schriftlich und zeichnerisch,
wurden nach bestem Wissen zusammengestellt und überprüft.
Sie waren korrekt zum Zeitpunkt der Recherche.
Eine Garantie für den Inhalt, z.B. die immerwährende Richtigkeit
von Preisen, Adressen, Telefon- und Faxnummern sowie
Internetadressen, Zeit- und sonstigen Angaben,
kann naturgemäß von Verlag und Autor - auch im Sinne der
Produkthaftung - nicht übernommen werden.

Der Autor und der Verlag sind für Lesertipps und Verbesserungen
(besonders per E-Mail) unter Angabe der Auflagen- und
Seitennummer dankbar.

Dieses OutdoorHandbuch hat 256 Seiten mit 50 farbigen
Abbildungen sowie 29 farbigen Kartenskizzen und einer farbigen
Übersichtskarte. Es wurde auf chlorfrei gebleichtem Papier
gedruckt, in Deutschland klimaneutral hergestellt und transportiert
(die Zertifikatnummer finden Sie auf unserer Internetseite) und
wegen der größeren Strapazierfähigkeit mit PUR-Kleber gebunden.

OutdoorHandbuch aus der Reihe „Der Weg ist das Ziel", Band 301

ISBN 978-3-86686-344-6   1. Auflage 2013

© Basiswissen für draussen, Der Weg ist das Ziel und FernwehSchmöker sind urheberrechtlich geschützte Reihennamen für Bücher des Conrad Stein Verlags

Dieses OutdoorHandbuch wurde konzipiert und redaktionell erstellt vom Conrad Stein Verlag GmbH, Postfach 1233, 59512 Welver, Kiefernstraße 6, 59514 Welver, ☏ 023 84/96 39 12, FAX 96 39 13, ✉ info@conrad-stein-verlag.de, 🖥 www.conrad-stein-verlag.de

 Werden Sie unser Fan: 🖥 www.facebook.com/outdoorverlage

Unsere Bücher sind überall im wohl sortierten Buchhandel und in cleveren Outdoorshops in Deutschland, Österreich und der Schweiz erhältlich.
Auslieferung für den Buchhandel:

D	Prolit, Fernwald und alle Barsortimente
A	freytag & berndt, Wolkersdorf
CH	AVA-buch 2000, Affoltern und Schweizer Buchzentrum
I	Leimgruber A & Co. OHG/snc, Kaltern
BENELUX	Willems Adventure, LT Maasdijk
E	mapiberia f&b, Ávila

Text und Fotos: Klaus Engel
Karten: Heide Schwinn
Lektorat: Amrei Risse
Layout: Manuela Dastig
Gesamtherstellung: AZ Druck und Datentechnik GmbH, Kempten

Titelfoto: Blick auf den Kölner Dom und die Hohenzollernbrücke

Inhalt

Über den Autor, Symbole	9
Einleitung	10
Reise-Infos von A bis Z	**11**
Anforderungen	12
An- und Abreise	12
Ausrüstung	13
Karten	14
Markierung	14
Pilgerpass	15
Plagegeister Zecken	16
Radwandern	16
Telefon	17
Transport am Weg	17
Umweltschutz	18
Unterkunft	18
Updates	19
Wanderzeit	19
Weitere Wanderwege in der Region	20
Der Jakobsweg von Bremen nach Köln	**21**
Etappenübersicht	23
1. Etappe: Bremen - Barrien	24
2. Etappe: Barrien - Harpstedt	41
3. Etappe: Harpstedt - Wildeshausen	48
4. Etappe: Wildeshausen - Visbek	53
5. Etappe: Visbek - Vechta	61
6. Etappe: Vechta - Damme	71
7. Etappe: Damme - Vörden	89
8. Etappe: Vörden - Engter	94
9. Etappe: Engter - Osnabrück	102

10. Etappe: Osnabrück - Lengerich	115
11. Etappe: Lengerich - Ladbergen	129
12. Etappe: Ladbergen - Münster	134
13. Etappe: Münster - Rinkerode	150
14. Etappe: Rinkerode - Herbern	158
15. Etappe: Herbern - Werne	161
16. Etappe: Werne - Lünen	167
17. Etappe: Lünen - Dortmund	176
18. Etappe: Dortmund - Herdecke	188
19. Etappe: Herdecke - Gevelsberg	201
20. Etappe: Gevelsberg - Wuppertal-Beyenburg	210
21. Etappe: Wuppertal-Beyenburg - Wermelskirchen	218
22. Etappe: Wermelskirchen - Altenberg	227
23. Etappe: Altenberg - Köln	234

Index 253

📖 farbige Übersichtskarte	22

Landkarten

Wanderkarten

www.geobuchhandlung.de

Outdoorliteratur und Umweltschutz
- was könnte besser zusammenpassen?
Wir vom Conrad Stein Verlag produzieren unsere Bücher so umweltschonend wie möglich.

Wir drucken klimaneutral!
Wir verwenden nicht nur umweltfreundliche Materialien, sondern arbeiten auch mit einer Druckerei zusammen, die sich für Klimaschutz engagiert.

Dass beim Druck klimaschädliches CO_2 entsteht, lässt sich leider nicht vermeiden. Dies versuchen wir aber auszugleichen, indem wir Klimaschutzprojekte unterstützen - z.B. den Bau von Wasserkraftwerken, die besonders wenig CO_2 produzieren. So werden die Treibhausgase, die beim Druck unserer Bücher entstehen, an anderer Stelle eingespart.

Auf unserer Homepage finden Sie für jedes Buch eine Climate-Partner-Zertifikatsnummer und einen Link zu der Seite 💻 www.climatepartner.com. Hier finden Sie weitere Informationen und können sehen, welche Umweltprojekte mit unseren Abgaben gefördert wurden.

Übrigens ...
... war der Conrad Stein Verlag der erste Buchverlag in Deutschland, der konsequent klimaneutral produzieren und transportieren ließ. Wir hoffen, dass uns viele andere Verlage auf diesem Weg folgen!

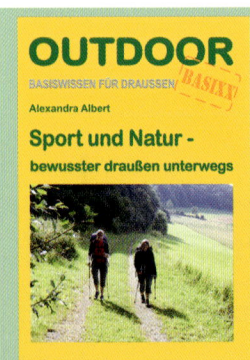

Sport und Natur
bewusster draußen unterwegs

Conrad Stein Verlag
OutdoorHandbuch Band 239
Basiswissen für draußen

ISBN 978-3-86686-275-3

Erleben & Lernen: „Es liegt ein kleines, kompaktes Buch vor, klimaneutral gedruckt - alle Achtung! -, voller Informationen, Verweise und anregender Fotos."

Über den Autor

Vor vielen Jahren hat Klaus Engel das Wandern als faszinierenden Sport und Ausgleich zum Berufsleben entdeckt. Er wandert oft allein, führt aber auch kleinere Gruppen über die schönsten Wanderwege in Deutschland und Europa. Am meisten haben es ihm dabei die historischen Jakobswege angetan. Bereits bevor die Pilgerwege modern und in aller Munde waren, ist er entlang der Hauptrouten durch Deutschland, die Schweiz, Frankreich und Spanien gepilgert.

Symbole

Abstecher	Café	Pilgerunterkunft, Jugendherberge, Hostel, Privatunterkunft
Achtung	E-Mail	
Apotheke	Entfernung	
Aussichtspunkt	geöffnet ...	
Autotipp	Höhe	Post möglich
Bahn	Homepage	Restaurant, Imbiss
Bank	Hotel, Pension	
Beginn der Wanderung	Information	Stempelstelle
	Kirche	Supermarkt
Buchtipp, Kartentipp	Laden, Markt	Telefon
	Mobiltelefon	Tipp
Burg, Schloss	Museum	Verweis
Bus	Museumsbahn	Zeitbedarf

Einleitung

Eine der liebsten Freizeitbeschäftigungen der Deutschen ist das Wandern. Nach einer aktuellen Marktstudie ziehen rund 13 % der Bevölkerung regelmäßig die Wanderstiefel an und 62 % tun es immerhin noch gelegentlich. Wandern ist „in". Es ist ein Trend.

Und überall werden neue Wanderwege aus dem Boden gestampft. Sie werden in Deutschland kaum eine Region finden, die nicht wie mit einem Spinnennetz von Wanderwegen überzogen ist. Zwischen all diesen Wegen gibt es solche, die bereits seit Jahrhunderten beschritten werden, die aber erst in den letzten Jahrzehnten aus dem Dornröschenschlaf erweckt wurden.

Zu den Wegen mit uralter Tradition gehört auch der in diesem Buch vorgestellte **Jakobsweg zwischen Bremen und Köln**, der in den letzten Jahren ausgebaut und größtenteils mit dem Wegzeichen der Jakobsmuschel versehen wurde. Er stellt die Weiterführung der **Via Baltica** dar, die von Usedom nach Bremen führt und in **Osnabrück** endet. Der Weg geht von dort als **Westfälischer Jakobsweg** weiter bis nach **Wuppertal-Beyenburg**, wo der **Rheinische Weg** beginnt, der in diesem Führer bis **Köln** beschrieben wird.

Es ist ein faszinierender Weg, der durch viele unterschiedliche Landschaften und Orte führt, die zu erwandern sich lohnt. Der Start ist in Bremen, dann wandern Sie durch die Weserauen, steigen langsam an in die Wildeshauser Geest, durchqueren die Cloppenburger Geest, passieren die Dammer Berge, queren den Teutoburger Wald und das Münsterland und wandern schließlich durch das Bergische Land in das Rheintal nach Köln. Dabei passieren Sie historisch bedeutsame Orte wie Wildeshausen, Osnabrück, Münster, Dortmund und Wuppertal-Beyenburg.

Dieser Führer dient gleichermaßen Pilgern, die als fernes Ziel **Santiago de Compostela** haben, als auch Wanderern, die nur diesen Weg oder auch nur Etappen dieses Wegs erlaufen wollen.

Ich wünsche Ihnen, ob Sie nun als Pilger oder als Wanderer unterwegs sind, viel Freude auf diesem Jakobsweg. Genießen Sie Ihre Tour.

Danke

Ich möchte mich an dieser Stelle bei den Mitarbeitern der örtlichen Kirchen, Touristen-Informationen und Gemeindeverwaltungen an diesem Jakobsweg bedanken, die mich in jeder Hinsicht unterstützt und mir umfangreiches Informationsmaterial zur Verfügung gestellt haben.

Reise-Infos von A bis Z

Jakobusrelief und Jakobsmuschel bei der Natruper Mühle

Anforderungen

Dieser Jakobsweg ist ein einfach zu wandernder Weg, auf dem es keine technisch schwierigen Passagen gibt. Sie werden auf Forst- und Feldwegen wandern, entlang befestigter Straßen und Dörfer und Städte auf befestigten Wegen passieren. Nur einige wenige Abschnitte führen über schmale Pfade. Sie müssen nicht klettern und die Hände müssen an keiner Stelle zu Hilfe genommen werden. Besondere Trittsicherheit und Schwindelfreiheit sind nicht erforderlich.

An wenigen Stellen verläuft der Weg entlang abfallender Steilkanten. Diese Passagen sind entweder durch ein Geländer gesichert oder der Weg ist so weit von der Kante entfernt, dass keine Gefahr besteht, hinunterzustürzen. Einige Abschnitte sind, vor allem nach Regen, sehr rutschig. Auch durch Moorgebiete führende Wege sind oftmals weich und matschig. Hier gilt es besonders vorsichtig zu sein, um nicht den Halt zu verlieren.

Lediglich aufgrund der Länge einzelner Etappen mögen sich Schwierigkeiten für ungeübte Wanderer ergeben. Schätzen Sie daher Ihr Leistungsvermögen realistisch ein und übernehmen Sie sich nicht.

Obwohl versucht wurde, die einzelnen Touren möglichst kurz zu halten, war dies nicht immer möglich. Dies gilt für die Etappen 6 (Vechta - Damme), 10 (Osnabrück - Lengerich) und 12 (Ladbergen - Münster), die zwischen 27 und 35 km lang sind. Wem diese Abschnitte zu lang sind, der hat an vielen Stellen die Möglichkeit, den Jakobsweg unterwegs zu verlassen und in einer nahe gelegenen Ortschaft etwas abseits vom Weg eine Pause einzulegen. In den jeweiligen Etappenbeschreibungen wird darauf hingewiesen. Alle anderen Etappen sind nicht länger als gut 25 km und daher von jedem Wanderer mit normaler Kondition problemlos an einem Tag zu bewältigen.

Der Jakobsweg verläuft nicht durch gebirgiges Gelände. Die zu bewältigenden Höhenunterschiede sind meist gering.

An- und Abreise

☺ Wenn Sie nicht die gesamte Strecke wandern möchten, sondern unterwegs ein- oder aussteigen wollen, dann finden Sie in dem Kapitel ☞ „Transport am Weg" weitere Infos.

🚆 Die An- und Abreise mit der Bahn erscheint mir die beste Möglichkeit. Bremen wird aus allen Richtungen in regelmäßigen Abständen von Zügen der Deutschen Bahn angefahren.

Der Startpunkt des Jakobswegs liegt in der Nähe des Bremer Hauptbahnhofs. Um dorthin zu gelangen, nehmen Sie vom Bahnhof aus die Straßenbahn Linie 4 oder 6 oder den Bus Linie 25 bis zur Haltestelle Domsheide.

Wenn Sie bereits vom Bahnhof zu Fuß zum Startpunkt wandern möchten, empfehle ich Ihnen den folgenden Weg: Sie marschieren die Straße Bahnhofsplatz in südliche Richtung, überqueren den Breitenweg und folgen der auf der anderen Straßenseite weiterführenden Sögestraße. An der quer verlaufenden Obernstraße gehen Sie nach links, bis Sie zum Startpunkt dem Dom kommen.

Die Rückreise erfolgt von Köln. Der dortige Hauptbahnhof befindet sich in unmittelbarer Nähe und Sichtweite zum Kölner Dom. Auch von diesem verkehren die Züge der Deutschen Bahn in regelmäßigen Abständen in alle Richtungen.

🚗 Bremen liegt direkt an der Autobahn A 1. Da der Jakobsweg keine Rundtour ist, sollten Wanderer, die mit dem Auto anreisen, bedenken, dass sie wieder zum Ausgangspunkt zurückkommen müssen. Außerdem fallen hohe Gebühren für das Unterstellen des Fahrzeugs an, sofern Sie nicht am Stadtrand parken.

Die Rückfahrt mit dem Zug von Köln dauert günstigstenfalls etwas mehr als drei Stunden.

Ausrüstung

Wenn Sie sich nicht das erste Mal auf eine längere Wanderung begeben, wissen Sie, was Sie alles mitnehmen müssen: passende, feste und eingelaufene Wanderschuhe, der Witterung angepasste Kleidung, einen guten Rucksack (Die Größe richtet sich nach dem Bedarf: Wenn Sie kein „großes" Gepäck mitnehmen, weil Sie z.B. nur einzelne Tagesetappen laufen wollen, reicht ein Tagesrucksack, wenn Sie den „kompletten Haushalt" einpacken, sollten Sie ein entsprechend größeres Modell wählen.) und eventuell noch Wanderstöcke.

Denken Sie immer an ausreichend Wasser und auch an eine Notration zum Essen, um u.a. einer Unterzuckerung vorzubeugen.

Detaillierte Tipps zur Ausrüstung finden Sie in folgendem Buch:
- **Ausrüstung 1 - von Kopf bis Fuß** von Markus Gründel & Johann Schinabeck, Conrad Stein Verlag, ISBN 978-3-86686-417-7, € 10,90

Karten

Die detaillierten Wegbeschreibungen und die Übersichtskarten im Buch verbunden mit den meist guten Markierungen entlang des Wegs reichen aus, um auf diesem Jakobsweg zu wandern, ohne sich zu verlaufen. Wer darüber hinaus weitere Karten mitnehmen möchte, dem empfehle ich Wanderkarten des Landesamts für Kataster, Vermessung und Immobilienbewertung Bremen, des Landesamts für Geoinformation und Landentwicklung Niedersachsen sowie der Bezirksregierung Köln, jeweils im Maßstab 1:50.000. Die Karten aus Niedersachsen bzw. Bremen können Sie online oder in jeder Buchhandlung erwerben, die NRW-Karten können Sie sich ausdrucken lassen, was allerdings sehr kostenintensiv ist.

Ab Höhe Bramsche bis Köln können Sie auch Kompass-Karten (1:50.000) nutzen, durch den ungünstigen Blattschnitt brauchen Sie dann aber insgesamt fünf Blätter (750, 751, 821, 756 und 758 oder 750, 751, 754, 756 und 758), die teilweise nur sehr kurze Wegabschnitte abdecken. Der Jakobsweg ist zudem nicht in jeder Karte als solcher ausgewiesen.

Markierung

Dieser Jakobsweg ist nicht durchgehend von Bremen bis Köln markiert. Es gibt immer noch Teilstücke, bei denen die örtlichen Verwaltungen nicht bereit waren, die Wandersymbole, die einen Jakobsweg auszeichnen, in ihren Gemeinden zuzulassen. Mit der Beschreibung in diesem Buch werden Sie den Weg aber trotzdem immer ohne Probleme finden.

Als Zeichen findet eine gelbe Jakobsmuschel auf blauem Grund Verwendung. Manchmal finden Sie auch lediglich einen gelben Farbpunkt oder Pfeil, einen gelben Stein o.Ä. vor, der Ihnen dann den Weg weist.

Die vorhandenen Markierungen sind häufig mit anderen Wegzeichen an Pfählen angebracht und stehen oft an markanten Wanderwegkreuzungen.

Darüber hinaus werden Sie auf Ihrer Wanderung entlang dieses Jakobswegs zahlreiche Markierungen anderer Fernwanderwege und regionaler Wanderwege finden, die manchmal für Verwirrung sorgen können.

Pilgerpass

Sie benötigen ihn nicht, aber es ist schön, den Pilgerpass zu besitzen und ihn stempeln zu lassen. Der Pilgerpass ist ein Nachweis über den von Ihnen zurückgelegten Weg. Er wird an Stationen wie Kirchen und an Unterkünften, die Sie auf dem Weg besucht oder in denen Sie genächtigt haben, gestempelt. Der Pilgerpass ist nicht nur für den Erhalt der Compostela (Pilgerurkunde) am Zielort in Santiago notwendig, sondern auch für Sie selbst eine schöne Sache. Ich erfreue mich immer an den Stempelabdrücken im Pilgerpass und kann so manch eine Wanderung in schöner Erinnerung nachvollziehen. Um die Compostela in Santiago zu erhalten, müssen Sie die letzten 100 km nachweislich zu Fuß (mit dem Pferd oder Fahrrad sind es die letzten 200 km) zurückgelegt haben.

Pilgerpass

Den Pilgerpass erhalten Sie u.a. bei den Jakobusbruderschaften, deren Anschriften Sie unter 🖥 www.jakobus-info.de finden.

Plagegeister Zecken

Sie werden sich gegen **Mücken** nicht wehren können. Diese Insekten können insbesondere in der Dämmerung sehr lästig werden. Wenn Sie empfindlich auf diese Tierchen reagieren, sollten Sie sich mit entsprechenden Mitteln (z.B. Autan) einreiben und außerdem lange Hosen und Hemden tragen. Auch **Bremsen**, die unangenehme, stark juckende Einstiche verursachen, sind mir auf dem Weg begegnet.

Warnen möchte ich hier aber besonders vor **Zecken**, die nicht nur in bewaldeten Gegenden leben, sondern auch auf Wiesen und grasigen Wegen vorkommen können. Zecken sind Spinnentiere und verhalten sich parasitär. Sie ernähren sich vom Blut ihres Wirtes (Mensch oder Tier) und können dabei bis zu 200-mal so viel Blut aufnehmen wie das Gewicht einer hungrigen Zecke beträgt. Mit diesem Vorrat können sie bis zu fünf Jahre leben. Zecken übertragen u.a. die Frühsommer-Meningoenzephalitis (FSME). Dieser Jakobsweg führt nicht durch Risikogebiete, Sie sollten aber trotzdem auf der Hut sein und entsprechende Vorsichtsmaßnahmen treffen: Tragen Sie geschlossene Kleidung mit langen Ärmeln und lange Hosen, ziehen Sie dabei die Socken über die Hosenbeine. Tragen Sie helle Kleidung, auf der Sie die Zecken leichter erkennen und entfernen können. Auch insektenabweisende Mittel helfen zumindest vorübergehend, sind aber kein absoluter Schutz.

Suchen Sie nach der Wanderung ihren Köper ab. Zecken sind winzig klein und krabbeln auf der Kleidung und dem Körper herum, um eine geeignete Einstichstelle, z.B. Kniekehle, Achsel, Schritt, zu finden.

Radwandern

Der Jakobsweg verläuft zwar den größten Teil der Strecke auf Forst- und Feldwegen und entlang von Straßen, wo Genussradeln - auch mit Gepäck - sehr gut möglich ist, hat zwischendurch aber immer wieder Abschnitte, die nur mit dem Mountainbike von trainierten Sportlern zu bewältigen sind, es sei denn, man will sein Fahrrad schieben oder tragen.

Die Idee, den Jakobsweg mit dem Fahrrad zu bewältigen, sollten Sie deshalb besser zu den Akten legen.

Telefon

Auf diesem Pilgerweg können Sie fast von jedem Punkt aus mit Ihrem Handy telefonieren. Lediglich auf wenigen Etappenabschnitten müssen Sie mit einem gestörten Empfang rechnen.

Transport am Weg

Alle Etappenziele sind mit öffentlichen Verkehrsmitteln zu erreichen. Für diejenigen, die unterwegs ein- oder aussteigen wollen, werden hier die wichtigsten Transportmöglichkeiten zu den Etappenstarts und -zielen angegeben:

Neben dem Startort Bremen sind folgende Etappenziele direkt ans Schienennetz angebunden: Barrien (Etappe 1), Wildeshausen (Etappe 2), Vechta (Etappe 5), Osnabrück (Etappe 9), Lengerich (Etappe 11), Münster (Etappe 12), Rinkerode (Etappe 13), Werne (Etappe 15), Lünen (Etappe 16), Dortmund (Etappe 17), Herdecke (Etappe 18), Gevelsberg (Etappe 19) und Köln (Etappe 23).

Sie sollten bedenken, dass die Bahnhöfe nicht immer direkt am Jakobsweg liegen, sie sind aber immer zu Fuß in kurzer Zeit erreichbar.

Fahrplanauskünfte und auch Tickets erhalten Sie im Internet unter:
 www.bahn.de oder an vielen Bahnhöfen.

Unter der Nummer ☏ 08 00/150 70 90 erreichen Sie telefonisch die elektronische Fahrplanauskunft der Bahn.

Alle Busverbindungen in diesen Wanderführer aufzunehmen ist unmöglich. Sie können aber davon ausgehen, dass auch die kleineren Ortschaften eine Busanbindung haben. Dabei sollten Sie allerdings beachten, dass zu den kleineren Orten über den Tag verteilt oft nur wenige Busse fahren. Am Wochenende und an Feiertagen verkehren teilweise gar keine.

Auskünfte zu den Busanbindungen erhalten Sie ebenfalls unter:
 www.bahn.de.

Umweltschutz

Ich möchte hier noch auf einige Punkte zum Thema Umweltschutz hinweisen, die eigentlich selbstverständlich sein sollten, leider aber nicht immer beachtet werden:

▷ Verlassen Sie nicht die markierten Wege.
▷ Tore oder Gatter, durch die Sie gehen, verlassen Sie so, wie Sie sie vorgefunden haben. Offene bleiben offen, geschlossene werden wieder geschlossen.
▷ Pflücken Sie keine Pflanzen und stören Sie die Tiere nicht.
▷ Machen Sie keinen Lärm oder laute Musik. Das stört nicht nur andere Wanderer, sondern verschreckt auch manche Tiere.
▷ Entzünden Sie keine Feuer und rauchen Sie wegen der Waldbrandgefahr vor allem in Wäldern und Mooren nicht.
▷ Hinterlassen Sie keinen Müll in Wald oder Feld. In den meisten Ortschaften finden Sie Müllbehälter.
▷ Wildes Zelten ist verboten, auch das Übernachten in Schutzhütten ist nicht erlaubt.

Unterkunft

Sie werden an jedem Etappenziel Übernachtungsmöglichkeiten vorfinden. In der jeweiligen Ortsbeschreibung finden Sie eine Liste mit Unterkünften, die eine möglichst große Bandbreite - von der preiswerten Pilgerunterkunft bis zum Hotel - abdeckt. Vor allem für die größeren Orte stellen die Listen aber nur eine Auswahl dar. Bevorzugt aufgenommen wurden Unterkünfte, die möglichst nahe am Weg liegen und die sich auf Wanderer und ihre Bedürfnisse besonders eingestellt haben, z.B. auch Übernachtungen nur für einen Tag akzeptieren.

Sollte eine Unterkunft Ihrer Meinung nach in den Führer aufgenommen werden, so schreiben Sie bitte an den Verlag (✉ info@conrad-stein-verlag.de), auch wenn Sie als Vermieter fehlen.

✋ Meine Empfehlung: Buchen Sie Ihre Unterkunft rechtzeitig im Voraus. Für die Orte, in denen es nur wenige Möglichkeiten gibt, ist das ohnehin selbstverständlich. Aber auch bei Ortschaften mit einem umfangreichen Angebot kann es zu Engpässen kommen.

Die in diesem Führer angegebenen Preise beziehen sich jeweils auf den niedrigsten Preis für eine Person im Doppel- oder Mehrbettzimmer bei voller Belegung. Dabei werden die Unterkunftspreise wir folgt gekennzeichnet:

€   bis € 20
€€   € 20 bis € 40
€€€   € 40 bis € 60
€€€€   mehr als € 60

Die Nächte auf diesem Jakobsweg auf Campingplätzen zu verbringen, wird leider schwierig. In etlichen Etappenzielen sind keine Campingplätze vorhanden und bei vielen anderen liegen diese weit außerhalb der jeweiligen Ortschaft.

Updates

Der Conrad Stein Verlag veröffentlicht Updates zu diesem Buch, die direkt vom Autor oder von Lesern dieses Buches stammen. Bitte suchen Sie vor Ihrer Abreise auf der Verlag-Homepage 💻 www.conrad-stein-verlag.de diesen Titel. Unter dem Link „mehr lesen" finden Sie alle wichtigen Informationen. Der rechts abgebildete QR-Code führt Sie direkt zu der richtigen Seite.

Wanderzeit

Dieser Jakobsweg ist das ganze Jahr über zu erwandern, wobei jede Jahreszeit ihren eigenen Reiz hat. Mich begeistern immer wieder die Tage im Frühling, wenn das Laub im frischen Grün erstrahlt und die Frühlingsblüher ihre Pracht entfalten. Schön finde ich auch den Herbst, wenn die Bäume ihr Laub noch nicht verloren haben und die Wälder, durch die Sie marschieren, in unterschiedlichsten Herbstfarben leuchten. Eine Winterwanderung hat aber ebenfalls ihre Reize, besonders an kalten, klaren Tagen werden Sie herrliche Ausblicke in die Natur und die Sie umgebende Umwelt erfahren. Die Fernsicht von einem der Aussichtspunkte, die Sie an solchen Tagen haben, ist faszinierend und Sie werden diesen Anblick nicht so schnell wieder vergessen. Vorteile hat natürlich auch der Sommer: Sie haben meist warmes, beständiges Wetter und die Tage sind länger. Die erhöhte Anzahl von Touristen wird durch die Aussicht auf einen erholsamen Feierabend nach durchwanderter Etappe an einem milden Abend aufgewogen. Also: Eine beste Wanderzeit gibt es nicht, marschieren Sie los und entdecken Sie, in welcher Jahreszeit Sie am liebsten wandern.

Weitere Wanderwege in der Region

Sie werden zu etlichen Fernwanderwegen parallel laufen und auch viele kreuzen. Außerdem wird manch regionale Strecke ihren Weg begleiten. Exemplarisch für die vielen Wege, die diesen Jakobsweg wie ein Spinnennetz einfangen, werden hier einige aufgeführt:

▷ **Pickerweg**: Der heute mit einem weißen P auf schwarzem Grund gekennzeichnete Pickerweg ist ein Teil des früheren Handelswegs zwischen Bremen und Köln. Der Name „Picker" wird heutzutage unterschiedlich gedeutet: Während man zunächst annahm, dass „pickern" gleichbedeutend mit „Pferde antreiben" ist und somit auf einen Handelsweg verweist, vermutet man inzwischen auch, dass „pickern" von dem lateinischen „peccare" abstammt, was „sündigen" heißt und somit einen Hinweis auf einen Pilgerweg ergibt.

▷ **Hünenweg**: Der 208 km lange Weg verläuft zwischen **Osnabrück** und **Papenburg**.

📖 **Hünenweg** von Idhuna und Wolfgang Barelds, Conrad Stein Verlag, ISBN 978-3-86686-363-7, € 12,90

▷ **Europäischer Fernwanderweg 11**: Er verläuft von **Scheveningen** nach **Masuren**, hat eine Länge von 2.500 km und durchzieht Mitteleuropa in Ost-West-Richtung.

▷ **Jadeweg**: Er verläuft von **Wildeshausen** nach **Wilhemshaven** mit einer Länge von 130 km.

▷ **Geestweg**: Der 195 km lange Weg führt von **Meppen** nach **Bremen**.

Routenbeschreibung - Der Jakobsweg von Bremen nach Köln in 23 Etappen

Wegbegleiter

Übersichtskarte

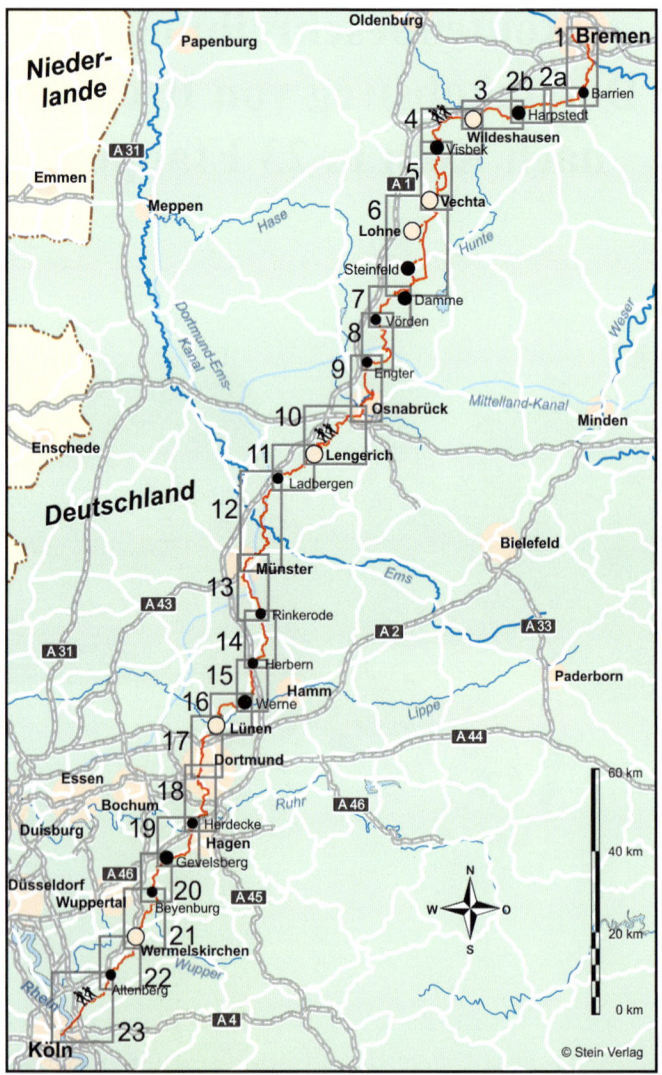

Etappenübersicht

In den folgenden, detaillierten Wegbeschreibungen finden Sie zu Beginn jeder Etappe Angaben zu der Streckenlänge und zur voraussichtlich benötigten Wanderzeit. Die Symbole geben an, ob es am Etappenende Verkehrsanbindungen, Übernachtungs-, Verpflegungs- sowie Einkaufsmöglichkeiten gibt.

Bei den angegebenen Wanderzeiten sollten Sie beachten, dass es sich hierbei um allgemeine Richtwerte handelt. Ein untrainierter Wanderer wird in aller Regel weitaus mehr als die angegebene Zeit benötigen, dafür wird ein geübter die Zeit oft erheblich unterschreiten. Auch wurden Pausen nicht bei der Wanderzeit berücksichtigt.

Danach folgen tabellarisch angeordnet verschiedene Informationen zu einzelnen Wegpunkten entlang der Strecke: Die erste Spalte informiert über die Höhe über dem Meeresspiegel, in der zweiten finden Sie die Entfernung zum nächsten Wegpunkt und in der dritten die Entfernung bis zum Etappenziel. Mit diesen Angaben und einer ehrlichen Einschätzung Ihrer Kondition und Ihres Allgemeinzustands sollten Sie in der Lage sein, eine realistische Zeitplanung für jede Etappe zu erstellen.

Die Wegbeschreibung beginnt dann mit dem Wanderersymbol 🚶. Sie ist so detailliert, dass Sie sich auch ohne Karten auf diesem Weg zurechtfinden werden. Beschreibungen zu Alternativstrecken sind gelb hinterlegt.

Bis auf einige Ausnahmen (☞ Anforderungen) sind die einzelnen Etappen zwischen 15 und 25 km lang und enden immer in Ortschaften mit Übernachtungsmöglichkeiten.

1. Bremen - Barrien | ⟫ 23 km | ⧖ ca. 6 Std. |
2. Barrien - Harpstedt | ⟫ 19,2 km | ⧖ ca. 4½ Std. |
3. Harpstedt - Wildeshausen | ⟫ 13,5 km | ⧖ ca. 3½ Std. |
4. Wildeshausen - Visbek | ⟫ 19,2 km | ⧖ ca. 5 Std. |
5. Visbek - Vechta | ⟫ 20,2 km | ⧖ ca. 5 Std. |
6. Vechta - Damme | ⟫ 34,1 km | ⧖ ca. 8½ Std. |
7. Damme - Vörden | ⟫ 11,7 km | ⧖ ca. 3 Std. |
8. Vörden - Engter | ⟫ 21,5 km | ⧖ ca. 5½ Std. |
9. Engter - Osnabrück | ⟫ 19,7 km | ⧖ ca. 5 Std. |

10. Osnabrück - Lengerich | ⊃ 27,1 km | ⏳ ca. 7 Std. |
11. Lengerich - Ladbergen | ⊃ 14,2 km | ⏳ ca. 3½ Std. |
12. Ladbergen - Münster | ⊃ 31,7 km | ⏳ ca. 7 Std. |
13. Münster - Rinkerode | ⊃ 17,2 km | ⏳ ca. 4 Std. |
14. Rinkerode - Herbern | ⊃ 16,0 km | ⏳ ca. 4 Std. |
15. Herbern - Werne | ⊃ 11,8 km | ⏳ ca. 3 Std. |
16. Werne - Lünen | ⊃ 15,0 km | ⏳ ca. 4 Std. |
17. Lünen - Dortmund | ⊃ 16,2 km | ⏳ ca. 4 Std. |
18. Dortmund - Herdecke | ⊃ 25,2 km | ⏳ ca. 6½ Std. |
19. Herdecke - Gevelsberg | ⊃ 21,2 km | ⏳ ca. 5½ Std. |
20. Gevelsberg - Wuppertal-Beyenburg | ⊃ 13,5 km | ⏳ ca. 3½ Std. |
21. Wuppertal-Beyenburg - Wermelskirchen | ⊃ 20,0 km | ⏳ ca. 5 Std. |
22. Wermelskirchen - Altenberg | ⊃ 16,8 km | ⏳ ca. 4 Std. |
23. Altenberg - Köln | ⊃ 20,9 km | ⏳ ca. 5 Std. |

1. Etappe: Bremen - Barrien

⊃ 23 km | ⏳ ca. 6 Std. |

Bremen (Bremer Dom)	⇧ 10 m	...23,0 km	
Dreye	⇧ 7 m	...10,8 km	....12,2 km
Kirchweyhe	⇧ 9 m	....4,6 km	.....7,6 km
Barrien	⇧ 19 m	....7,6 km	

Bremen

- **Bremer Touristik-Zentrale (BTZ)**, Obernstraße 1/Liebfrauenkirchhof, 28195 Bremen, ☏ 04 21/308 00 10, 🖥 www.bremen-tourismus.de, ✉ info@bremen-tourism.de, 🕐 01.04. bis 31.10.: Mo bis Sa 10:00-18:30, So 10:00-16:00, 01.11. bis 31.03.: Mo bis Fr 10:00-18:30, Sa und So 10:00-16:00
- **Bremer Touristik-Zentrale** im Hauptbahnhof Bremen, ☏ 04 21/308 00 10, 🕐 Mo bis Fr 9:00 bis 19:00, Sa und So 9:30 bis 17:00
- **Bremer Geschichtenhaus**, ☞ unten
- **Best Western Hotel Schaper-Siedenburg**, Bahnhofstraße 8, 28195 Bremen, ☏ 04 21/308 70, 🖥 www.bestwestern.de, ✉ info@siedenburg.bestwestern.de

- 🏠 **Townside Hostel Bremen**, Am Dobben 62, 28203 Bremen, ☏ 04 21/780 15, 🖥 www.townside.de, ✉ info@townside.de, €€
- ♦ **Evangelische Gemeinde St. Jakobi**, Kirchweg 57, 28201 Bremen, ☏ 04 21/55 08 28, 🖥 www.kirche-bremen.de, ✉ st-jakobi@kirche-bremen.de, 🕒 Gemeindebüro: Mo bis Do 8:00 bis 13:00
- ♦ **DJH Jugendherberge Bremen**, Kalkstraße 6, 28195 Bremen, ☏ 04 21/16 38 20, 🖥 http://bremen.jugendherbergen-nordwesten.de, ✉ bremen@jugendherberge.de, €
- ♦ **Privatzimmer am Werdersee**, Buntentorsteinweg 260/262 (in der Nähe der St.-Jakobi- Kirche), 28201 Bremen, ☏ 04 21/55 90 03 04, 🖥 www.privatzimmer-werdersee.de, ✉ info@privatzimmer-werdersee.de, €€

- **Birgitten-Kloster**, Kolpingstr. 1, 28195 Bremen, ☎ 04 21/16 87 40, www.birgitten-kloster.de, birgitten-kloster.bremen@t-online.de
- **Rathaus Bremen**, Am Markt 21, 28915 Bremen. Rathausführungen können über die Bremer-Touristik-Zentrale gebucht werden. Das Rathaus wurde zwischen 1405 und 1410 erbaut und erhielt 200 Jahre später die heute noch erhaltene Renaissance-Fassade. Es verfügt neben weiteren kostbar ausgestatteten Räumlichkeiten über eine „Obere Rathaushalle", die Bremens schönster und repräsentativster Festsaal ist. Das Rathaus wurde zusammen mit dem Roland 2004 in die UNESCO-Weltkulturerbeliste aufgenommen.
- Der **Bremer Roland** (Seite 29) auf dem Marktplatz steht seit 1404 in der Nähe des Rathauses. Mit seiner Höhe von 5,47 m ist er die größte und wohl auch berühmteste Roland-Statue Deutschlands. Er steht für Recht und Freiheit.
- Die Bronzeplastik der **Bremer Stadtmusikanten** von 1951 befindet sich an der Westseite des Rathauses. „Die Bremer Stadtmusikanten" ist der Titel eines Märchens der Gebrüder Grimm, das im Bremer Umland spielt.
- **Kunsthalle Bremen**, Am Wall 207, 28195 Bremen, ☎ 04 21/32 90 80, www.kunsthalle-bremen.de, Di 10:00 bis 21:00, Mi bis So 10:00 bis 18:00. Hier wird das druckgrafische Werk **Albrecht Dürers** aufbewahrt, außerdem werden Meisterwerke vom 15. Jh. bis zur Gegenwart ausgestellt.
- **Focke Museum**, Schwachhauser Heerstr. 240, 28213 Bremen, ☎ 04 21/699 60 00, www.focke-museum.de, Di 10:00 bis 21:00, Mi bis So 10:00 bis 17:00, zu erreichen mit den Straßenbahnlinien 4 und 5. Im Landesmuseum für Kunst und Kulturgeschichte können Sie 1.200 Jahre Geschichte studieren, den Original-Kopf des Roland anschauen und eine Sammlung von 60 Pilgerzeichen betrachten. Diese stammen von unterschiedlichen Wallfahrtsorten. Eines zeigt die **heilige Corona**, deren Reliquien an der Südseite des Doms beigesetzt sind.
- **Universum Science Center**, Wiener Straße 1 a, 28359 Bremen, ☎ 04 21/334 60, http://universum-bremen.de, Mo bis Fr 9:00 bis 18:00, Sa und So 10:00 bis 18:00. Ein modernes Technikmuseum, in dem Sie die Wunder der Wissenschaft erleben können.
- **Übersee-Museum**, Bahnhofsplatz 13, 28195 Bremen, ☎ 04 21/16 03 81 01, www.uebersee-museum.de, Di bis Fr 9:00 bis 18:00, Sa und So 10:00 bis 18:00
- **Schnoor**, Bremens ältestes Stadtviertel mit verwinkelten Gängen, in denen Sie viele Geschäfte, Restaurants und Galerien finden.

- **Bremer Geschichtenhaus** im Schnoor (St.-Jacobus-Packhaus), Wüstestätte 10, 28195 Bremen/Schnoor, ☎ 04 21/336 26 51, 💻 www.bremer-geschichtenhaus.de, 🕐 Mo 12:00 bis 18:00, Di bis So 11:00 bis 18:00. Sie erleben lebendig vorgetragene und dargestellte Stadtgeschichte. Das Haus war früher im Besitz der Jacobi-Majoris-Bruderschaft, die dort mittellosen Witwen Obdach gab. Die Jakobi-Statue an der Fassade hat alle Ereignisse der letzten Jahrhunderte unbeschadet überstanden.
- Hier bekommen Sie einen besonders schönen Stempel für Ihren Pilgerpass und werden anschließend auf einen Kaffee oder Tee eingeladen.
- **St.-Petri-Dom**, auch **Bremer Dom**, Sandstraße 10-12, 28195 Bremen, ☎ 04 21/36 50 40, 💻 www.stpetridom.de, 🕐 Mo bis Fr 10:00 bis 16:45, Sa 10:00 bis 18:00 und So 14:00 bis 17:00. Die evangelisch-lutherische Kirche ist die älteste Kirche Bremens. Sie wurde ab 1035 auf den Fundamenten der Vorgänger als Pfeilerbasilika im romanischen Stil erbaut. Um 1500 wurde der Dom grundlegend umgebaut, er erhielt dabei spätgotische Stilelemente. Das wertvolle Taufbecken stammt aus dem 13. Jh. Eine Erweiterung und Renovierung im Jahr 1888 verhalf dem Dom zu seinem heutigen Aussehen. Im Innenhof finden Sie eine beeindruckende Statue von Jakob d. Ä.
- **St.-Martini-Kirche**, Martinikirchhof 3, 28195 Bremen, ☎ 04 21/32 48 35, 💻 www.st-martini.net, 🕐 Mo bis Sa 10:30 bis 12:30. Die im spätgotischen Stil errichtete dreischiffige Hallenkirche liegt in der Altstadt von Bremen, nahezu direkt an der Weser.
- **Liebfrauenkirche**, Unser Lieben Frauen Kirchhof 27, 28195 Bremen, ☎ 04 21/34 66 99 56, 💻 www.kirche-bremen.de, 🕐 Mo 11:00 bis 16:00, Di bis Sa 11:00 bis 17:00 und So nach dem Gottesdienst bis 17:00. Sie ist nach dem Dom die zweitälteste Kirche Bremens und wurde im frühgotischen Stil als Hallenkirche erbaut. Sie hat zwei Türme. Einschließlich der Wetterfahne ist der Nordturm 84,2 m hoch und damit nach den beiden Domtürmen der dritthöchste Kirchturm der Stadt.
- **St. Johann**, Propsteikirche, Hohe Str. 2, 28195 Bremen, ☎ 04 21/369 41 15, 💻 www.st-johann-hb.de, 🕐 tägl. 9:00 bis 17:00. Als dreischiffiger Hallenbau für das Kloster des Franziskanerordens im 14. Jh. im Stil der Backsteingotik errichtet. Die Kirche befindet sich unmittelbar am Eingang des **Schnoor**. Die Klostergebäude selbst sind nicht mehr erhalten.

Die Historiker nehmen zwar an, dass auch im Bremer Raum Neandertaler gelebt haben, Beweise gibt es aber nicht. Archäologische Funde aus der Jungsteinzeit weisen aber nach, dass zu dieser Zeit erste Bauern hier sesshaft waren. Auch weitere Funde aus der Bronzezeit belegen Besiedelungen auf den höher gelegenen Flächen von Bremen. In den ersten acht Jahrhunderten n. Ch. gab es die ersten nachweisbaren Siedlungen auf der Bremer Düne. Diese ca. 10 m über NN liegende Düne bot Schutz vor Hochwasser. Im Bremer Ortsteil Seehausen wurden Reste eines römischen Flottenstützpunktes gefunden, der nach der Varusschlacht (☞ 8. Etappe) angelegt wurde.

Eine erste urkundliche Erwähnung findet man in einem Brief des Missionars Willehad aus dem Jahr 782. Ende des 8. Jh. wurde der erste Dom auf dem höchsten Punkt der Düne in hölzerner Bauweise errichtet. Dieser war dem Apostel Petrus gewidmet. Der Schlüssel im Bremer Wappen ist auf diesen Apostel zurückzuführen. Bremens exponierte Lage an der Weser führte zu einem raschen Wachstum des Dorfes. Neben Händlern ließen sich Handwerker, Fischer und Bauern in und um Bremen nieder. Mitte des 9. Jh. wurde der erste Dom bei einem Angriff dänischer Wikinger zerstört. Ein unmittelbar danach aus Steinen errichteter Dom wurde mit einer Burg mit Gräben, Wällen und Toren umgeben. Während des Umbaus des Doms im Jahr 1041 wurde dieser zusammen mit den anderen Gebäuden der Stadt durch ein Feuer vernichtet. Der Wiederaufbau der Stadt und des Doms erfolgte in den Jahren 1043 bis 1072.

Die Stadt entwickelte sich zu einem wahren Handelszentrum, nicht nur mit dem Hinterland bis Westfalen und Sachsen, sondern auch seeseitig mit den Niederlanden, England und Norwegen. Im Osten Bremens wurde Land von Holländern urbar gemacht, die das Moor trockenlegten und für landwirtschaftliche Nutzung vorbereiteten. Im 12. und 13. Jh. gab es in Bremen bereits einen Bürgerausschuss, aus dem sich später die Bremer Bürgerschaft entwickelte. In der ersten Hälfte des 13. Jh. hatte die Stadt bereits an die 15.000 Einwohner, sie war mit einer kompletten Stadtmauer umgeben und verfügte über eine Brücke über die Weser. Im Jahr 1233 erhielt Bremen Stadtrecht. Mitte des 14. Jh. ereilte Bremen die Pest, woran ca. 50 % der Stadtbevölkerung starben. Zwischen 1260 und 1669 war Bremen viermal Mitglied der Hanse, die mit dem Dreißigjährigen Krieg ein Ende fand.

Die Rolandstatue in Bremen

Ende des 16. Jh. verfügte die Bremer Handelsflotte bereits über mehr als 100 Schiffe. Zu Beginn des 17. Jh. wurde die Stadtmauer in Bastionen umgewandelt. Außerdem wurde in Vegesack der erste künstliche Hafen Deutschlands angelegt, da die Weser immer mehr versandete und die Handelsschiffe nicht mehr bis in die Stadtmitte zur **Schlachte** gelangen konnten. Zum Ende des 18. Jh. fanden die ersten Überseehandelsgeschäfte mit den USA statt. Im Jahr 1827 erwarb Bremen ein Gelände an der Mündung der Weser, um einen Seehafen, nämlich **Bremerhaven**, zu bauen, der bereits 1830 den Betrieb aufnahm. 1847 wurde Bremerhaven Startpunkt der ersten regelmäßigen Dampferlinie zwischen Europa und Amerika. Nicht nur der Warenumschlag, sondern auch der Personentransfer stieg erheblich an. So verließen über 7 Mio. Auswanderer über Bremerhaven Europa.

Im selben Jahr wurde Bremen an die Bahnlinie nach Hannover angeschlossen und der erste Bahnhof der Stadt gebaut. Die erste mit Pferden betriebene

Straßenbahn wurde 1876 eingeweiht. Werften wurden errichtet und die Wirtschaft wuchs enorm. Im Jahr 1920 eröffnete man den Flughafen. In den 30er-Jahren wurde die Autofabrik Borgward gegründet.

Während des Zweiten Weltkriegs verloren viele Häftlinge und auch Zwangsarbeiter in Bremen ihr Leben. Die Stadt, insbesondere die Werftenindustrie im Westen, erlitt schwerste Schäden durch die Luftangriffe der Alliierten. Insgesamt wurden über 60 % der Stadt zerstört. Am 26. April 1945 wurde Bremen von britischen Streitkräften besetzt. Nach Kriegsende wurde die Stadt wieder aufgebaut und wuchs zu einem wesentlichen Wirtschafts- und Kulturstandort Norddeutschlands heran.

Das Bundesland Bremen, bestehend aus der Freien Hansestadt Bremen und Bremerhaven, hat heute rund 660.000 Einwohner, von denen rund 550.000 in der Stadt Bremen leben.

☺ Nehmen Sie sich Zeit für Bremen, die Stadt hat unheimlich viel zu bieten.

🚶🚶 Sie starten die erste Etappe vor dem Bremer Dom und gehen die Straße Am Dom in südöstliche Richtung auf die große Kreuzung zu. Dort halten Sie sich rechts und folgen dem Verlauf der Balgebrückstraße, überqueren die Martinistraße und gelangen auf die Wilhelm-Kaisen-Brücke, auf der Sie die Weser passieren. Unmittelbar hinter der Brücke kreuzen Sie die quer verlaufende Straße Herrlichkeit. Hier folgen Sie noch etwa 50 m dem Verlauf der Wilhelm-Kaisen-Brücke und verlassen diese dann nach links in einen hinabführenden Asphaltweg, der Sie an das Ufer der **Kleinen Weser**, einen Nebenarm der **Weser**, führt.

Sie folgen diesem Fuß- und Radweg, der in südliche Richtung führt und von Bäumen gesäumt ist, die im Sommer reichlich Schatten spenden. Gleich zu Beginn des Wegs kommen Sie an einem Denkmal, dem Bronzekopf des **Johann Gottfried Seume**, vorbei.

Johann Gottfried Seume

„Das beständige Leben im Zimmer wird bald zur kränkelnden Vegetation. Wer Kraft und Mut und Licht mehren will, gehe hinaus in die Elemente!" (Apokryphen, S. 1330)

- ein Zitat des Schriftstellers und Dichters Johann Gottfried Seume, der am 29. Januar 1763 als ältester Sohn einer Bauersfamilie in Poserna in Sachsen geboren wurde.

Nach dem Besuch einer Dorfschule sowie der Stadtschule in Borna und Leipzig nahm Seume im Jahr 1780, auch dank der Unterstützung des Grafen Hohenthal (Seumes Vater verstarb im Jahr 1775, seine Mutter und die insgesamt fünf Kinder lebten in großer Armut), das Studium der Theologie auf. Die Lektüre der zu dieser Zeit aktiven aufklärerischen Schriftsteller wie Schiller ließen ihn aber an dem Studium zweifeln, sodass er sich 1781 auf den Weg nach Metz machte. Unterwegs in Hessen wurde er von Soldatenwerbern „angeworben" und zum Dienst in der Armee gezwungen. Nach einer Ausbildung wurde er mit anderen Soldaten nach Kanada verschifft, um dort für die Engländer im Freiheitskrieg gegen die Amerikaner zu kämpfen. Ohne in irgendwelche Kämpfe involviert gewesen zu sein, wurde er im Herbst 1783 zurück nach Bremen verschifft. Zuvor hatte er in Halifax den Offizier Karl von Münchhausen als Freund gewonnen, der sein weiteres Leben begleitete.

Nach seiner Rückkehr diente Seume zunächst zwangsweise weiter als Soldat. Er wurde nach mehreren Fluchtversuchen, für die er jeweils zum Spießrutenlaufen - also zum Tode - verurteilt, jedoch jedes Mal begnadigt und zu einer Kerkerstrafe verurteilt wurde, im Jahr 1789 entlassen und studierte anschließend in Leipzig Jura, Geschichte, Philosophie und Philologie. Ab 1797 arbeitete Seume dann bei einem Freund in dessen Verlag, bis er im Jahr 1801 seine erste von zwei großen Reisen unternahm, die ihn quer durch Europa führten.

Sein literarisches Werk begann Seume bereits in Kanada, wo er sich über die Lebensweise der dortigen Einwohner in dem Gedicht „Der Wilde" ausließ.

Seume ist nicht nur als Dichter, sondern auch als großer Reiseschriftsteller bekannt. Neben den eigentlichen Reisebeschreibungen hat er die jeweiligen gesellschaftlichen Gegebenheiten analysiert und in seinen Werken niedergeschrieben. Dabei ging er exakt auf die jeweiligen gesellschaftlichen Verhältnisse und Probleme der bereisten Länder ein. In seinen Schriften setzte er sich zudem für die Freiheitsrechte der einzelnen Menschen und Völker ein. Seume starb am 13. Juni 1810 in Böhmen.

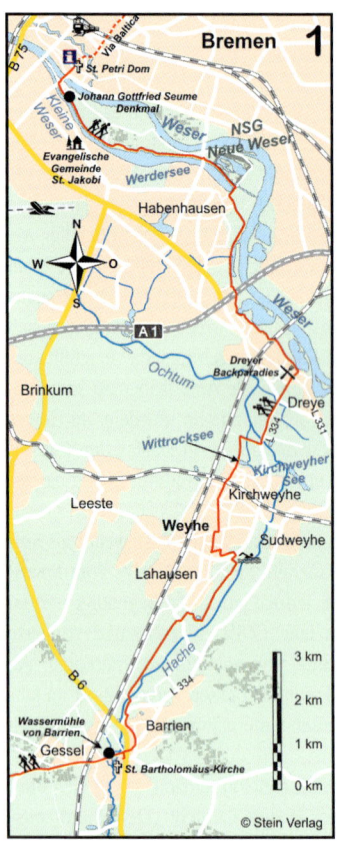

Sie folgen weiter dem asphaltierten Weg, der, obwohl mitten in einer Großstadt, doch sehr idyllisch und schön ist. Nach etwa 400 m gabelt sich der Weg. Der Asphaltweg führt leicht aufwärts nach links, nach rechts geht ein Wanderweg ab, der direkt am Ufer entlangführt. Die Asphaltpiste verläuft links parallel zum Wanderweg und ist einige Meter erhöht, hier stehen ab und an Bänke, die zur Rast einladen. Beide Wege vereinigen sich nach etwa 700 m wieder. Nach rechts führt eine Brücke für Fußgänger und Radfahrer über die Kleine Weser, Sie marschieren aber weiter geradeaus am Ufer entlang. Der Weg ist jetzt wieder asphaltiert und wird nicht mehr von Bäumen beschattet. Im weiteren Wegverlauf führen nach links Treppen über einen kleinen Deich in eine Kleingartenkolonie hinein. Sie marschieren weiter am Ufer entlang, bis Sie auf einen asphaltierten Kreisel stoßen, an dessen rechter Seite sich eine Uferschutzmauer befindet. Hier folgen Sie weiter dem am Ufer entlang führenden asphaltierten Weg. Nach weiteren 50 m verlassen Sie die Asphaltpiste und gehen nach rechts auf einen Sandweg, der Sie dann weiter parallel zum Ufer über einen Abenteuerspielplatz und eine Badestelle führt. Der Sandweg stößt am Ende des Spielplatzes und der Badestelle wieder auf eine Asphaltpiste, die weiterhin parallel zum Ufer in östliche Richtung führt. Kurz hinter dieser Einmündung kommen Sie an einer links gelegenen Rettungsstation der DLRG vorbei.

Während im Bereich des Spielplatzes einige Bäume Schatten spendeten, gestaltet sich der weitere Weg zunächst fast schattenlos. Der Weg führt Sie weiter am Flussufer entlang und Sie gelangen nach etwa 1 km auf einen Deich, den Habenhauser Deichweg, den Sie weiter in östliche Richtung wandern. Auf der linken Seite sehen Sie nun wieder Kleingartenkolonien und auf der rechten immer noch den Gewässerlauf, der hier jetzt Werdersee heißt. Im weiteren Verlauf gelangen Sie zu einer nach links abbiegenden Asphaltbahn, Sie gehen nach rechts unter einer Straßenbrücke hindurch und bleiben weiterhin auf dem Deichweg. Am Ende einer auf der linken Seite gelegenen Kleingartenkolonie beginnt das **Naturschutzgebiet Neue Weser**. Hier sind jetzt im Hintergrund große Industrieanlagen zu sehen, die das landschaftliche Bild, das eigentlich schön ist, stören. Sie wandern weiter parallel zum Ufer, bis Sie auf eine asphaltierte Kreuzung stoßen. Hier ist auch das Ende des Werdersees, der zusammen mit der Kleinen Weser eine Sackgasse bildet. An der Kreuzung biegen Sie nach rechts auf die Asphaltstraße Auf dem Bullenwerder ab, die über keinen Fußweg verfügt. Nach etwa 300 m gelangen Sie an eine Kreuzung, an der Sie nach links gehen, den Habenhauser Deich.

Sie befinden sich wieder auf einem Deich und passieren die auf der rechten Seite gelegenen Randbereiche des Ortes Bremen-Habenhausen.

Habenhausen

Habenhausen, ein Ortsteil von Bremen, liegt im Süden der Stadt. Die Geschichte Habenhausens reicht bis in das 12. Jh. zurück. So sollen holländische Siedler den Ort gegründet und sich mit dem Ertrag ihrer landwirtschaftlichen Arbeit ihren Lebensunterhalt verdient haben. Sie verkauften ihre Erzeugnisse im nur wenige Kilometer entfernten Bremen an die dortigen Bürger.

Die Ortschaft ist in die Geschichte eingegangen, denn hier wurde Mitte des 17. Jh., kurz nach Beendigung des Dreißigjährigen Krieges, der sogenannte „**Frieden von Habenhausen**" zwischen der Stadt Bremen und dem Königreich Schweden geschlossen. Hieran erinnert auch heute noch die Schwedenstraße in Habenhausen.

Das Königreich Schweden, das im 17. Jh. bereits im Westen und Osten Skandinaviens Land annektiert hatte, versuchte auch in Norddeutschland Ländereien hinzuzugewinnen. **Carl Gustaf Wrangel** als Heerführer einer etwa

10.000 Mann starken Armee wollte die Stadt Bremen unter schwedische Herrschaft bringen, da diese u.a. an einer wichtigen Handelsstraße lag. Seine Verhandlungen, mit denen er es zuerst versuchte, scheiterten. Als er begann, mit seinen Streitkräften Bremen zu belagern, und im Ort kleinere Scharmützel ausführte, erstarkte der Widerstand der Verteidiger Bremens. Außerdem erhielten die Bremer Unterstützung von einer rund 6.000 Mann starken Armee ihrer Verbündeten. Wrangel erkannte letztendlich seine aufgrund der Übermacht der Verteidiger nahezu aussichtslose Lage an und schloss im Jahr 1666 in seinem Hauptquartier in einem Bauernhaus in der Schwedenstraße den Friedenspakt.

🚶 Entlang des Wegs stehen hier wieder Bäume, die bei Sonnenschein Schatten spenden. Sie bleiben weiter auf dem Deich, kommen dann an einer auf der rechten Seite gelegenen Funkstation und kurz danach an einem Übungsplatz für Golfer vorbei. Auf der linken Seite können Sie bereits die Weser sehen, die dann Ihren weiteren Weg begleitet. Der Weg ist weiterhin asphaltiert.

Nachdem Sie ein links gelegenes Wäldchen, hinter dem die Weser fließt, und eine auf der rechten Seite befindliche Sportanlage passiert haben, kommen Sie zu einem Sportboothafen. Hier befindet sich rechts ein Hinweisschild auf das ✕ **Bistro Café Biergarten**, zu dem es noch 777 m sind (zunächst am Deich entlang und dann zweimal rechts, 🕒 Mi bis Fr 16:00 bis 24:00, Sa und So 10:00 bis 21:00).

Links des Deiches, unmittelbar am Sportboothafen, befindet sich ein alter Kran, der dem Wassersportverein Hanse-Kogge offensichtlich zum Slippen der Boote dient. Es handelt sich um einen alten Hebekran, der in den Jahren 1960 bis 1993 im Europahafen zum Be- und Entladen der dort liegenden Schiffe diente. Es ist faszinierend, solch ein Ungetüm hier in einem Sportboothafen stehen zu sehen.

Sie folgen dem asphaltierten Weg, der auf dem Deich am Hafen entlangführt. Über diesen und die dahinter befindliche Weser können Sie im Hintergrund die Autobahn A 1 sehen. Sie gelangen an das Ende des Hafens und hören schon deutlich den Lärm der Fahrzeuge auf der Autobahn. An einer folgenden Weggabelung nehmen Sie den links abzweigenden befestigten

Weg, der Richtung Autobahn führt. An einer weiteren, kurz darauf folgenden Gabelung müssen Sie den rechten Weg nehmen und dem Weg unter der Autobahn hindurch folgen. Unmittelbar hinter der Unterführung führt der befestigte Weg wieder auf den Deich. Sie wandern auf diesem weiter, kommen an Industriegeländen, u. a. einem Betonwerk, sowie einem zwischen Deich und Weser gelegenen See vorbei. Der Weg wird dann schotterig. Sie sind nun auf dem Arster Weserdeich. Sie unterqueren eine Bahnbrücke und wandern weiter auf dem Deich. Der Weg ist nun wieder befestigt. Eine folgende Kreuzung überqueren Sie und gelangen anschließend in den Randbereich der Ortschaft **Dreye**. Rechts des Deiches stehen bereits die ersten Wohnhäuser. Etwa 400 m hinter der Kreuzung ist der Deichweg durch ein metallenes Tor versperrt und Sie müssen hier nach rechts dem Straßenverlauf in die Ortschaft hinein folgen. Kurz darauf stoßen Sie auf die quer verlaufende Straße Am Deich. Hier wenden Sie sich nach rechts in Richtung der Ortschaften **Sudweyhe** (4 km) und **Kirchweyhe** (4,7 km).

Sie gelangen an eine Kreuzung, bei der Sie die Dreyer Straße überqueren, und folgen dem Verlauf der gegenüberliegenden Kirchweyher Straße. Direkt vor der Kreuzung befindet sich auf der rechten Seite das ✕ **Dreyer Backparadies** (🕒 Mo bis Fr 6:00 bis 21:00, Sa und So 7:00 bis 21:00). Hier können Sie rasten und sich stärken. Sitzmöglichkeiten und Toiletten sind hier vorhanden.

Dreye

Dreye mit etwa 1.250 Einwohnern gehört zur Gemeinde **Weyhe**. Dreye liegt unmittelbar an der Weser und befindet sich im Einzugsgebiet der Stadt Bremen. In Dreye sind einige Industriebetriebe ansässig. Aufgrund seiner Lage unmittelbar an der Weser bietet der Ort gute Freizeitmöglichkeiten. Die Gemeinde verfügt über einen an die Weser angebundenen Jachthafen, außerdem laden die Weser und die großen Seen bei entsprechendem Wetter zu einem erholsamen Bad ein.

Wenn Sie Dreye verlassen, verlassen Sie auch das Urstromtal der Weser, in dem Sie bisher gewandert sind. Ihr bisheriger Weg war nahezu eben, ohne merkbare Anstiege. Auch wenn der weitere Weg zunächst ebenfalls noch nahezu eben verläuft, so kommen Sie doch langsam in die Geest.

🚶 Sie marschieren auf der Kirchweyher Straße, der Landstraße L 334, auf dem asphaltierten Geh- und Radweg weiter. Nach etwa 700 m überqueren Sie die Südumgehung Dreye. Unmittelbar vor der Kreuzung befindet sich auf der linken Seite auf einem Parkplatz eine Informationstafel. Sie wandern weiter auf dem Geh- und Radweg entlang dieser viel befahrenen Landstraße. Beidseitig des Wegs befinden sich landwirtschaftliche Nutzflächen. Nach einem knappen Kilometer überqueren Sie auf einer Brücke die **Ochtum**, einen mehr als 25 km langen Nebenfluss der Weser.

Nach weiteren 100 m überqueren Sie die Kirchweyher Straße und wandern in den gegenüberliegenden landwirtschaftlichen Weg hinein. Sie passieren links und rechts des Wegs Häuser, entfernen sich von der Landstraße und kommen auf eine betonierte Fahrspur. Sie befinden sich wieder in landwirtschaftlich genutztem Gebiet, abseits jeglichen Straßenverkehrs. Eine auf der rechten Seite befindliche landwirtschaftliche Anlage passieren Sie. Nach etwa 600 m folgen Sie dem Verlauf der Betonpiste, die hier eine 90-Grad-Linkskurve macht. Sie wandern weiter zwischen Wiesen und Feldern hindurch. Nach weiteren 500 m kommen Sie auf einer Brücke über einen Bach. Während Sie auf der linken Seite nun neben dem Weg den **Wittrocksee** sehen können, kommen Sie bereits in die Ortschaft **Kirchweyhe**.

Kirchweyhe

Auch **Kirchweyhe** ist ein Ortsteil der Gemeinde Weyhe, die im Jahr 1974 durch die Zusammenlegung von Kirchweyhe, Sudweyhe und Leeste entstand. Dabei ist Kirchweyhe mit fast 9.500 Einwohnern der größte und zugleich zentrale Ortsteil von Weyhe.

Der Ortsname Weyhe trat bereits im 9. Jh. auf, wobei der Name auf den Begriff „Wege" zurückzuführen ist. In den Annalen wird über ein Mädchen aus Weyhe (Wege) berichtet, das am Grab des **Bischofs Willihads** im Dom zu Bremen eine Wunderheilung erfuhr: Nachdem es total geschwächt war, kam es dort wieder zu Kräften und kehrte gesund nach Weyhe zurück.

Im 13. Jh. sprach man bereits von den beiden Dörfern Kirchweyhe und Sudweyhe (Kerckwege und Suthweige).

Aufgrund der Nähe zu Bremen fand bereits Ende des 18. Jh. zwischen den dortigen Bürgern und den Einwohnern Weyhes ein reger Warenhandel, nicht nur mit landwirtschaftlichen Gütern statt. Die im 19. Jh. ausgebaute

Bahnlinie von Bremen nach Osnabrück intensivierte diesen Handel. Im Jahr 1873 wurde der Bahnhof von Kirchweyhe eingeweiht, daneben wurde ein bis nach Barrien reichender Rangierbahnhof gebaut, der inzwischen nicht mehr in dieser enormen Größe betrieben wird. Da viele Arbeitsplätze geschaffen wurden, nahm die Einwohnerzahl der Gemeinde erheblich zu. Eine große Anzahl der Bewohner war zu dieser Zeit bei der Bahn beschäftigt.

Heute gehört die Gemeinde zum Speckgürtel der Hansestadt Bremen, in dem viele Bürger wohnen, die in Bremen arbeiten.

Die Ochtum, die Sie während dieser Etappe noch überqueren werden, entspringt dem Kirchweyher See.

Hotel Kirchweyher Hof, Alte Hauptstr. 20, 28944 Weyhe-Kirchweyhe, ☏ 042 03/43 96 66, 🖥 http://kirchweyherhof.de, ✉ info@kirchweyherhof.de, €€

Unmittelbar am Ortseingang befindet sich auf der rechten Seite des Wegs, gegenüber eines Blumengeschäfts und einer Galerie, auf einem Holzpfahl ein kleiner Kasten, in dem sich ein Stempel mit dazugehörigem Stempelkissen befindet. Hier können Sie sich den ersten Pilgerstempel des Wegs in Ihren Pilgerpass drucken. Es handelt sich um einen Stempel der **evangelisch-lutherischen Felizianuskirche** von Weyhe. Neben der Stempelmöglichkeit haben Sie hier auch Gelegenheit, auf einer Bank zu rasten.

Sie gelangen nun wieder in bewohntes Gebiet. Sie folgen weiter dem Verlauf der Straße Zum Wittrocksee, überqueren die quer verlaufende Straße Reethoop und gehen auch an der nächsten Kreuzung geradeaus weiter, Sie folgen dem Verlauf der Straße Am Kuhzaun. Rechts und links des Wegs stehen Wohnhäuser. Sie überqueren dann eine eingleisige Bahnstrecke ohne Schranken und folgen weiter dem Straßenverlauf in Richtung Ortsmitte. An der Kreuzung Richtweg (rechts) und Coulainer Allee (links) gehen Sie geradeaus weiter in die Straße Kleine Heide, die Sie weiter bis zu ihrem Ende gehen, wo Sie auf die quer verlaufende Bahnhofstraße, eine verkehrsberuhigte Zone, stoßen. Sie sind nun im Ortszentrum von Kirchweyhe, in einer kleinen Einkaufspassage finden Sie einige Geschäfte vor und können auch eine Rast machen.

Sie halten sich in der Bahnhofstraße rechts und marschieren nach knapp 100 m nach links in den Heidfeldweg. Sie überqueren die Kastanienstraße,

Auf dem Weg nach Barrien

lassen die Pappelstraße rechts liegen und wenden sich dann nach links in die Ulmenstraße. Diese wandern Sie bis zum Ende und halten sich dort rechts, in die Straße Am Fuhrenkamp. Etwa nach 50 m kommen Sie auf einen Wendehammer, an dessen Ende links ein mit Betonsteinen gepflasterter Fuß- und Radweg weitergeht, dem Sie folgen. Sie gelangen auf einen Schulparkplatz und kommen auch wieder auf eine Fahrspur. Sie folgen dem Verlauf der Straße, kommen an der auf der linken Seite gelegenen Schule vorbei und stoßen nach einer 90-Grad-Rechtskurve auf eine quer verlaufende Straße, die Sie an der dortigen Ampel überqueren. In einer folgenden Rechtskurve befindet sich auf der rechten Seite ein Parkplatz, unmittelbar hinter diesem gehen Sie an der nächsten Kreuzung nach links und kommen auf einer Asphaltbahn an dem links gelegenen Freibad Weyhe vorbei. Nach einer 90-Grad-Rechtskurve geht die Asphaltstraße nach links weiter. Dieser folgen Sie aber nicht, sondern gehen geradeaus auf dem grasigen landwirtschaftlichen Nutzweg weiter. Hier ist das erste Mal das Etappenziel **Barrien** mit 6,8 km ausgeschildert.

Sie befinden sich nun wieder zwischen landwirtschaftlich genutzten Flächen und wandern hier zum ersten Mal auf dieser Etappe auf einem nicht befestigten Untergrund, das ist angenehm für die Füße. Sie kommen an einer kapitalen Eiche vorbei, anschließend haben Sie linksseitig einen Knick (eine

Wallhecke). Sie gehen kurz nach Ende des Knicks nach rechts und dann gleich wieder nach links. Ihr Weg führt an einer Baumreihe vorbei, er ist weiterhin nicht befestigt und verläuft durch Wiesen und Felder. Nach einem weiteren knappen Kilometer kommen Sie an einer ehemaligen Pumpstation vorbei. Der Weg geht dann wieder in eine asphaltierte einspurige Fahrbahn über, an deren Seitenrändern Sie auch im Gras weiterwandern können. Der Weg wird nun wieder durch große Bäume beschattet.

Sie passieren eine auf der linken Seite gelegene Bogenschießanlage und anschließend die Gebäude des Schützenvereins Lahausen e.V. Nach einer weiteren Linkskurve stoßen Sie auf die quer verlaufende Straße Am Nedderfeld, deren Verlauf Sie nach links folgen. An der Einmündung steht eine Bank, auf der Sie rasten können. Nach weiteren 250 m überqueren Sie die Lahauser Straße, eine zweispurige Straße, und gehen die gegenüberliegende Asphaltpiste weiter, die kurz nach dieser Einmündung in einen nicht befestigten landwirtschaftlichen Nutzweg übergeht. An der Weggabelung nehmen Sie den linken Weg, der Sie wieder durch landwirtschaftliche Nutzflächen führt. Rechts zurück sehen Sie noch einige Häuser von Lahausen, das Sie südlich der Ortschaft umgangen haben. Kapitale Bäume, hauptsächlich Eichen, säumen Ihren Weg, sie spenden im Sommer Schatten. Sie folgen dem Verlauf dieses alleeartigen Wegs und kommen an einem Fluss, der **Hache**, vorbei, die Ihren Weg linksseitig begleitet. Dann stoßen Sie auf einen quer verlaufenden geschotterten Weg, auf dem Sie nach links weitergehen. Unmittelbar nach dieser Einmündung kommen Sie auf einer Brücke über die Hache. Ihr Weg ist nun gepflastert und Sie können bereits die ersten Häuser von Barrien sehen.

Etwa 50 m hinter der Brücke steht links ein Haus, hier führt Sie der Weg in einer leichten Rechtskurve weiter. Sie folgen dem Straßenverlauf und überqueren nach weiteren 300 m eine zweispurige Asphaltstraße. Gehen Sie in die gegenüberliegende asphaltierte Straße, die leicht abschüssig ist und Sie in den Ort Barrien führt. Hier kommen Sie auch gleich zu den ersten Häusern des Ortes. Sie sind auf der Straße Am Sonnenberg und gehen bis zu ihrem Ende, wo Sie auf die auf die L 334 stoßen. Sie halten sich hier rechts und gehen in die Sudweyher Straße. Auf der rechten Seite folgen dann ein Friseurgeschäft und anschließend ein 🚂 Supermarkt mit einer angeschlossenen Bäckerei/Café, die auch am Sonntag geöffnet hat. Des Weiteren finden Sie eine ✉ Poststation, eine ⚕ Apotheke und weitere Geschäfte. Sie folgen dem Verlauf der Sudweyhwer Straße, unterqueren die Bundestraße B 6 und kommen gleich darauf an eine Straßenkreuzung, die Sie überqueren, um auf der gegenüberliegenden Seite die Straße An der Wassermühle weiterzugehen. Sie sehen bereits den Turm der Kirche von Barrien. Nach 50 m gehen Sie nach links in die Glockenstraße. Sie kommen an der Geschäftsstelle der AWO vorbei, halten sich rechts und haben das Etappenziel, die **St.-Bartholomäus-Kirche** in Barrien, erreicht.

Barrien

- **Tourismus- & Kulturbüro**, Hinrich-Hanno-Platz 1, 28857 Syke, ☎ 042 42/164-220, 🖥 www.syke.de, ✉ info@syke.de
- Einen Stempel in Ihren Pilgerpass erhalten Sie in Barrien u.a. im Kirchenbüro, Glockenstr. 14, bei Diakon Breckner, Glockenstr. 8, in der „Blumenecke Barrien", Glockenstr. 4a, sowie in der Wassermühle Barrien, An der Wassermühle 4 a.
- **Gerta Schmidt**, Am Dorfrand 44, 28857 Gessel, ☎ 042 42/705 13
- **Sabine Bock**, Nelkenstraße 7, 28857 Barrien, ☎ 042 42/705 98, €€
- **Ludwig Mönch**, Barrier Straße 40, 28857 Barrien, ☎ 042 42/701 10
- **Restaurant Martini**, 28857 Syke/Barrien, Barrier Str. 20, ☎ 042 42/780 99 99, 🖥 www.restaurantmartini.de
- Der Bahnhof von Barrien ist etwa 1 km von der Ortsmitte entfernt.

Barrien, ein Ortsteil der Stadt **Syke**, war bis zur Eingemeindung 1974 eine selbstständige Gemeinde. Barrien gehört aufgrund der Nähe zu Bremen (rund 15 km südlich der Hansestadt) noch zum Speckgürtel der Stadt, liegt dabei aber schon am Rande der **Wildeshauser Geest**. Der Fluss Hache, der in Bruchhausen-Vilsen im Landkreis Diepholz entspringt, verläuft u.a. durch Barrien und endet in Kirchweyhe im Kirchweyher See. Von dort fließt er als Ochtum weiter. Der Fluss lieferte in Barrien früher Energie für die dortige Wassermühle.

Die Grundsteine der evangelisch-lutherischen **St.-Bartholomäus-Kirche** wurden im Jahr 1032 gelegt, wobei die ältesten Bauteile aus dem 12. Jh. stammen. Von der im romanischen Stil erbauten Feldsteinkirche sind noch das Fundament und der Sockel des Turms sowie Portale im Norden und Süden und die Rundbögen der Fenster erhalten. Der Baukörper aus Backstein ist von gotischen Formen beherrscht.

In der Kirche wurden bei Renovierungsarbeiten Malereien entdeckt, die Christus auf einem Regenbogen darstellen. Diese Malereien stammen offensichtlich aus dem 15. Jh.

2. Etappe: Barrien - Harpstedt

➲ 19,2 km | ⧖ ca. 4½ Std. | 🚌 🛏 🏠 ✕ 🚏

Barrien . . . .⇧ 19 m . . . .19,2 km
Sörhausen . . . . . .⇧ 46 m . . . . .5,3 km . . . . .13,9 km
Kirchweyhe . . . . .⇧ 35 m . . . . .9,8 km . . . . . .4,1 km
Harpstedt . . . .⇧ 34 m . . . . .4,1 km

🚶‍♂️ Sie starten diese Etappe vor der evangelisch-lutherischen St.-Bartholomäus-Kirche in Barrien und gehen ostwärts auf die Garagen zu. Dann halten Sie sich links, kommen an der Geschäftsstelle der AWO vorbei und gehen die Glocken-/Kirchstraße bis zu ihrem Ende. Sie stoßen hier auf die Straße An der Wassermühle und laufen auf dem Gehweg dieser zweispurigen Straße nach links. Nach etwa 120 m kommen Sie an der rechts der Straße gelegenen **Wassermühle von Barrien** vorbei.

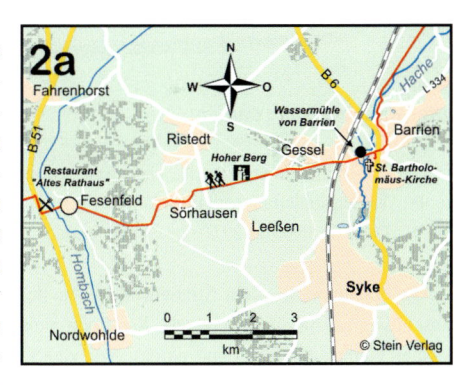

⌘ Wassermühle von Barrien

Die Wassermühle liegt direkt an der Hache, durch die sie in früheren Zeiten ihre Energie erhielt. Ihr Ursprung reicht weit bis in das 13. Jh. zurück. Die Grundmauern für das derzeitige Gebäude wurden Anfang des 18. Jh. errichtet. Bis 1971 war die Mühle in Betrieb. Heute sind ein Museum, ein Bistro/Café sowie ein Kunsthandwerkermarkt in der sehenswerten und gut

Die Wassermühle in Barrien

erhaltenen Mühle untergebracht. Die Mühle gehört zu den am besten erhaltenen Wassermühlen Norddeutschlands.

 Di bis Sa 15:00 bis 20:00 und So und feiertags 10:00 bis 18:00

Sie folgen weiter dem Straßenverlauf An der Wassermühle, der leicht abschüssig ist. Sie überqueren die Kreuzung Sieker Straße, kommen zu der kleinen Gemeinde Gessel und unterqueren eine Eisenbahnbrücke. Nun marschieren Sie auf dem Geh- und Radweg weiter, hinter der Bahnunterführung steigt Ihr Weg leicht an. Nach etwa 2,5 km und unmittelbar vor einer lang gezogenen Linkskurve verlassen Sie die Straße halb rechts auf einen landwirtschaftlichen Weg, der zu dem Aussichtspunkt Hoher Berg führt. Ihr Weg steigt stetig an. Sie befinden sich nun am Rand der **Wildeshauser Geest** und im „Grünen Ring" der Region Bremen.

Nach weiteren 600 m gelangen Sie an den Aussichtspunkt **Hoher Berg**. Sie haben bei klarem Wetter eine faszinierende Fernsicht, so können Sie bis zu 36 km in das umliegende Land schauen, also bis über Bremen hinweg. Neben dem Aussichtsturm finden Sie hier einen Kinderspielplatz, eine Feuerstelle, an der Sie auch grillen können, und Sitzmöglichkeiten zum

Rasten, was unter schattenspendenden Bäumen gut tut. Direkt neben dem Gelände befindet sich eine militärische Einrichtung.

Wenn Sie weitergehen, haben Sie kurz nach dem Aussichtsturm die Höhe erreicht und es wird wieder leicht abschüssig. Ihr Weg führt Sie weiter durch landwirtschaftliche Nutzflächen und an einigen - nicht ins Bild passenden - Windkrafträdern vorbei. Sie gelangen an eine Kreuzung und nehmen die geradeaus führende asphaltierte Straße. Auf der rechten Seite folgen dann eine weiß gestrichene Windenergieanlage sowie ein bäuerliches Anwesen. An der nächsten Kreuzung überqueren Sie die Ristedter Hauptstraße und folgen dem Verlauf der Sörhausener Straße in Richtung der Ortschaft **Sörhausen**, zu der es noch 600 m sind. Sie gehen weiterhin auf einer Asphaltstraße, die jetzt wieder leicht ansteigt und durch Felder führt. Unmittelbar vor dem Ortseingang von **Ristedt-Sörhausen** werden Sie von einem wunderschönen kleinen Buchenwald begrüßt, an dessen Rand eine Bank Sie zur Rast einlädt. Hier haben Sie auch wieder die Höhe erreicht und der Weg führt Sie nun relativ eben durch die Gemeinde. Sie folgen dem Verlauf der Sörhausener Straße, die Sie durch den Ort leitet, und passieren hierbei ziemlich mittig in der Ortschaft einen Rastplatz. Die asphaltierte Straße wird von seitlichen Grünstreifen begleitet.

Kurz vor dem Ortsende gabelt sich die Straße, Sie müssen sich nach links wenden. Neben den letzten Häusern des Ortes steht hier auch noch ein Stromkasten des örtlichen Energieversorgers. Ca. 300 m hinter dem Ortsausgang ist die Straße gepflastert. Nach weiteren 500 m kommen Sie an eine Kreuzung und müssen den Weg halb rechts nach Fesenfeld nehmen. Hier befindet sich auch eine Sitzgruppe, an der Sie eine Rastmöglichkeit haben. Ihr anschließender Weg ist eine nicht befestigte Fahrspur, sie ist leicht abschüssig und führt Sie durch landwirtschaftliche Nutzflächen. Auf der Fahrspur gelangen Sie nach etwa 400 m in einen Mischwald aus Nadel- und Laubgehölzen und Sie kreuzen einen nicht befestigten Waldweg. Ihr Weg, der nun leicht abschüssig ist, führt weiterhin durch den Wald. Sie kreuzen nochmals einen Forstweg und sind dann wieder von Feldern und Wiesen umgeben. Der Weg wechselt zwischen ebenen Passagen und leicht an- beziehungsweise absteigenden Teilstücken. Es ist eine wunderschöne Gegend, die Sie hier beim Wandern passieren. Sie kommen nochmals in einen kleinen Mischwald und können bereits die ersten Häuser der Gemeinde **Fesenfeld** sehen. Auf dem weiterhin unbefestigten Weg kommen Sie auch gleich zu den ersten Häusern des Weilers. Sie stoßen dann auf eine Kreuzung, an der Sie halb links in Richtung der Häuser 7, 25, 27 usw. gehen müssen. Sie laufen nun wieder auf einer befestigten Straße. Hier an der Kreuzung informiert eine Hinweistafel darüber, dass die Geschichte der Ortschaft bis in das Jahr 1260 zurückgeht und dass der Ortsname in früheren Zeiten Wesenuelde war.

Sie verlassen Fesenfeld auf einer asphaltierten Straße, die von Birken, Eichen und anderen Laubbäumen gesäumt ist. Sie überqueren den **Hombach** und stoßen auf die quer verlaufende Bundesstraße B 51, auf der Sie nach rechts gehen. Nach 15 m folgt sogleich eine Fußgängerampel, sodass Sie die Straße gefahrlos überqueren können. Neben der B 51 befindet sich hier das ✕ **Restaurant „Altes Rasthaus"**, das zu einer Rast einlädt (🕒 Di bis So 11:30 bis 22.30). Sie folgen dann weiter dem Verlauf der Straße auf dem parallel angelegten Geh- und Radweg. Nach 400 m verlassen Sie die B 51 nach links in eine asphaltierte Straße Richtung **Gräfinghausen**. Die Straße ist alleeartig und verläuft durch landwirtschaftliche Nutzflächen. Sie steigt dann leicht an und führt an einigen Häusern vorbei. Nach etwa 500 m haben Sie den höchsten Punkt erreicht und es geht eben weiter. Die Straße ist weiterhin von Bäumen, hauptsächlich Eichen, gesäumt und führt Sie in den Weiler Gräfinghausen. Sie stoßen auf eine quer verlaufende Straße. Hier stehen etliche große Buchen, außerdem finden Sie hier einen Briefkasten. Sie wenden sich nach links und verlassen die Straße nach etwa 200 m nach rechts auf einen Wanderpfad. Der leicht abschüssige Pfad wird zunächst noch von Bäumen beschattet und führt Sie dann durch eine offene Landschaft. Sie überqueren auf einer hölzernen Brücke den Klosterbach. Am Ende des Wanderpfades stoßen Sie auf eine quer verlaufende Fahrspur, auf der Sie nach rechts Richtung **Kirchseelte** gehen.

Nach etwa 200 m endet die Fahrspur und Sie stoßen auf eine Asphaltstraße, wo Sie sich nach links wenden. Im Hintergrund können Sie eine Fackel einer Kavernenanlage sehen. Die Straße steigt leicht an. Am höchsten Punkt gelangen Sie an eine quer verlaufende Asphaltstraße. Bevor Sie diese weiter nach links gehen, können Sie sich hier unter schattenspenden Bäumen an einem Rastplatz etwas ausruhen. Sie kommen dann auch gleich in die Ortschaft **Klosterseelte**. Folgen Sie dem Verlauf der Straße und marschieren Sie durch das Dorf. Der Weg ist zunächst leicht abschüssig und dann ab Ortsmitte wieder leicht ansteigend. Unmittelbar am Ortsende von Klosterseelte stoßen Sie auf die quer verlaufende Bremer Weg, die Sie geradeaus überqueren. Nach links kommen Sie zu ☛ **Mollis Cafe** (❐ April bis Okt. Sa, So und feiertags 13:00 bis 19:00), das etwa 50 m hinter der Kreuzung liegt. Der asphaltierte Weg ist relativ eben, er führt Sie abwechselnd durch landwirtschaftliche und forstwirtschaftliche Flächen hindurch. Links und rechts der Straße sind nicht befestigte Randstreifen, die Ihnen das Wandern erleichtern.

Sie passieren einige einzeln stehende Häuser sowie ein kleines Industriegebiet, erreichen zwischendurch eine Bank, die zu einer Rast einlädt, und stoßen dann nach insgesamt 2,1 km auf eine quer verlaufende Straße, die Sie nach rechts gehen. Nach wenigen Metern biegen gleich wieder links auf die Hauptstraße, die L 338, ab. Sie marschieren auf dem Geh- und Radweg, der parallel zur Hauptstraße verläuft. An der rechten Straßenseite folgt dann das ✗ **Landhaus Dünsen** (Hauptstr. 14, 27243 Dünsen, ☏ 042 44/346, 🖥 www.landhaus-duensen.de). Direkt gegenüber befinden sich ein Gedenkstein und eine Ortstafel von Dünsen sowie ein größerer überdachter Rastplatz. Sie gehen unmittelbar hinter dem Landhaus Dünsen nach rechts in die Dorfstraße, in Richtung der Häuser Nr. 1 bis 8. Sie folgen dem Verlauf der Straße, die nach 200 m vor einem bäuerlichen Gehöft eine 90-Grad-Linkskurve macht. Sie überqueren dann ein einspuriges Bahngleis und gehen direkt auf das **Landhotel Rogge Dünsen** zu. Vor dem Hotel halten Sie sich auf der Asphaltstraße rechts und biegen gleich nach dem Hotelparkplatz nach links in die Straße Vor dem Hagen ein. An der Einmündung steht eine Informationstafel für einen Waldlehrpfad. Auf der asphaltierten Straße wandern Sie durch einen Wald, dessen einzelne Bäume durch Hinweistafeln gekennzeichnet sind. An der folgenden Kreuzung gehen Sie geradeaus weiter. Hier endet für Sie auch der Waldlehrpfad.

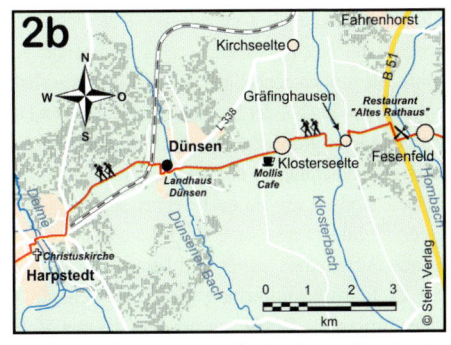

Sie kommen noch an einigen villenartigen Häusern vorbei, bevor Sie sich wieder in landwirtschaftlich genutztem Gebiet befinden. An einer weiteren Kreuzung, an der die Asphaltstraße nach links führt, gehen Sie geradeaus auf einem nicht befestigten Feldweg weiter. Nach etwa 500 m, die Sie durch Felder führen, kommen Sie in einen Wald, der zwischen Mischwald und Stangenwaldschonungen wechselt. Hier haben Sie auf einer Bank auch wieder die Möglichkeit, eine Rast einzulegen. Der nicht befestigte Forstweg ist leicht abschüssig. Nach links und rechts abgehende Forstwege lassen Sie unberührt. Sie stoßen schließlich auf eine breite asphaltierte Straße, die Sie nach links gehen. Rechts der Straße stehen die ersten Häuser des Ortes **Harpstedt**, während links große Buchen Ihren Weg begleiten. Sie sind auf der Delmenhorster Landstraße, an deren Ende Sie auf die quer verlaufende Straße Amtsfreiheit stoßen, wo Sie nach rechts gehen müssen. Hier im Ort finden Sie einen 🛒 Supermarkt, eine Drogerie und einen ✕ Grillimbiss. Sie gehen die Straße Amtsfreiheit weiter und kommen an einer 🚌 Bushaltestelle und an der 🛈 Touristeninformation vorbei. Im weiteren Verlauf überqueren Sie auf einer Brücke die **Delme**, an der sich das 🛏 ✕ **Hotel-Restaurant Zur Wasserburg** befindet. Kurz hinter dem Hotel und direkt gegenüber der 🏦 Volksbank wenden Sie sich nach links in die Grüne Straße und nach weiteren 100 m nach rechts in die I. Kirchstraße, in der sich u.a. eine Bäckerei und eine 🅰 Apotheke befinden. Sie haben hier Ihr Etappenziel, die **Christuskirche** von Harpstedt, erreicht.

Harpstedt

🛈 **Samtgemeinde Harpstedt**, Amtsfreiheit 1, 27243 Harpstedt, ☎ 042 44/820, 🖥 www.harpstedt.de, ✉ Samtgemeinde@Harpstedt.de, 🕐 Mo bis Fr 8:00 bis 12:00, Mo auch 14:00 bis 16:00 und Do auch 14:00 bis 17:00

⊙ Den Pilgerstempel gibt es im Kirchenbüro, I. Kirchstraße 2, 27243 Harpstedt, ☎ 042 44/452, 🕐 Mo, Di, Do und Fr 9:00 bis 12:00 sowie Do 17:00 bis 18:00

🛏 **Hotel-Restaurant Zur Wasserburg**, Amtsfreiheit 4, 27243 Harpstedt, ☎ 042 44/938 20, 🖥 www.zurwasserburg.de, ✉ info@zur-wasserburg.de, €€€

🏠 **Herr Hermann Brinkmann**, Wunderburg 3, 27243 Prinzhöfte, ☎ 042 44/417, Pilgerunterkunft, etwa 4 km vom Pilgerweg entfernt (Öffentliche Verkehrsmittel verkehren dorthin nicht. Ein Taxi erreichen Sie unter: Harpstedter Funktaxen, Detlev Seelhof, ☎ 042 44/18 33 und 📱 01 72/403 18 33.)

✝ **Christuskirche**, 🕐 Do 10:00 bis 12:00 und 17:00 bis 18:00, So bis 17:00. Führungen sind möglich.

☺ 🚂 **Historische Kleinbahn Jan Harpstedt**: Für Freunde der historischen Eisenbahn bieten die Delmenhorst-Harpstedter Eisenbahnfreunde e.V. Fahrten mit Dampfzügen und Triebwagen zwischen Harpstedt und Delmenhorst-Süd an. Den Fahrplan mit den variierenden Abfahrtzeiten finden Sie im Internet. Am Bahnhof 3, 27243 Harpstedt, ☎ 042 44/23 80, 🖥 www.jan-harpstedt .de

Der Ort Harpstedt mit ca. 4.400 Einwohnern liegt rund 30 km südlich von Bremen. Er stellt das geografische Zentrum der Samtgemeinde Harpstedt dar und ist außerdem Sitz der Verwaltung. Der Name Harpstedt lässt sich von der Harfe, dem Musikinstrument, ableiten, diese ist auch Teil des Wappens.

Museumszug in Harpstedt

Anfang des 13. Jh. wurde Harpstedt das erste Mal urkundlich erwähnt (Harpstede), obwohl die dortige Gegend bereits vier Jahrtausende vor Christus besiedelt war. Das weisen Funde von Großsteingräbern und weiteren Hügelgräbern und insbesondere Funde von Sonnensteinen nach, von denen man glaubt, dass sie der Sonnenverehrung gedient haben. Der Harpstedter Sonnenstein, ein Findling, hat auf der flachen Vorderseite 12 Kreise um einen Mittelpunkt.

Nach dem 13. Jh. wurde Harpstedt von mehrfach wechselnden Landesherren regiert. Ende des 17. Jh. wurde der Ort Braunschweig-Lüneburg zugeschlagen, anschließend dem Kurfürstentum Hannover.

Im Jahr 1739 vernichtete ein Großbrand mehr als drei Viertel der Häuser Harpstedts sowie die Kirche, die Gemeindehäuser und Teile des Schlosses. Auf den Fundamenten des Schlosses errichtete man in der Folgezeit den heutigen Amtshof. In den Jahren 1742 bis 1753 wurde die **evangelische Christuskirche** in der I. Kirchstraße mit einem wunderschönen barocken Kanzelaltar erbaut, wobei der endgültige Turmbau erst gegen Ende des 19. Jh. errichtet wurde.

Die heute immer noch breiten und rechtwinklig zueinander angeordneten Straßen sind erst nach der Feuersbrunst entstanden und wurden ursprünglich zum Schutz vor weiteren Großbränden so angelegt.

3. Etappe: Harpstedt - Wildeshausen

⮕ 13,5 km | ⏳ ca. 3,5 Std. | 🚌 🚐 🛏 ✕ 🏛

🚶 Die dritte Etappe starten Sie vor der Christuskirche von Harpstedt. Sie gehen die Lange Straße Richtung Süden, überqueren die II. Kirchstraße, kommen an einer 🚌 Bushaltestelle vorbei, wo die Busse nach Syke, Delmenhorst und Bremen abfahren, und wandern dann nach rechts in die Logestraße. Hier wird auf ein Seniorenzentrum hingewiesen.

Sie sind nun aus dem Ortszentrum heraus und befinden sich in einer Wohngegend. Die Straße steigt leicht an. Die Logestraße geht dann in den Schützenweg über, auf dem Sie weitergehen. Der Schützenweg wird am Ende eine Spielstraße, an deren Ende - dort, wo die letzten Häuser stehen - Sie Harpstedt verlassen. Sie bleiben aber auf dem Schützenweg, der Sie nun durch landwirtschaftliche Nutzflächen führt. Sie überqueren die Straße Am Schützenplatz, wo es nach rechts zum **Museumsdorf Koems** geht, das einen kleinen Abstecher wert ist.

⌘ Koems

Während des großen Brandes 1739 wurden fast sämtliche Gebäude in Harpstedt, darunter auch die Ställe und Scheunen, vernichtet. Beim Wiederaufbau in den Folgejahren wurden (durch die damalige Herrschaft verfügt) die Scheunen und Ställe abseits des Ortskerns errichtet. So enstand dieser aus 17 Scheunen bestehende Bereich außerhalb Harpstedts. Aufgrund zurückgehender Tierhaltung und einer Änderung der Landwirtschaftskultur im 19. und 20. Jh. wurden die Scheunen und Ställe nicht mehr benötigt und drohten zu verfallen. Seit 1983 kümmert sich um die verbliebenen neun Scheunen die Fördergemeinschaft Koems e.V., die dort ein Freilichtmuseum geschaffen hat, in dem auch Veranstaltungen unterschiedlicher Art stattfinden. Der Begriff „Koems" kommt aus dem Niederdeutschen und bedeutet Scheune, Stallung.

- **Fördergemeinschaft Koems e.V.**, Steinbeeke 20, 27243 Harpstedt, ☏ 042 44/96 60 85, 🖥 www.koems.de. Das Gelände ist offen zugänglich, eine Besichtigung der Innenräume der Häuser nach telefonischer Absprache möglich.

Am Ende des Schützenwegs stoßen Sie auf den quer verlaufenden Heimbergweg, den Sie nach rechts gehen. Sie passieren einige Wohnhäuser und kommen nach 300 m an die Wildeshauser Straße, die Sie überqueren, dann gehen Sie in die gegenüberliegende Straße Altes Heidland. Unmittelbar an der Kreuzung befindet sich ein Kraftfahrzeughandel und -service. Die Straße Altes Heidland endet an dem quer verlaufenden Leuchtenburger Weg. Hier müssen Sie sich links halten. Der Weg ist asphaltiert und von Bäumen und Haselnussbüschen gesäumt. Ihr Weg ist nahezu eben. Nach 1,2 km kommen Sie an einem bäuerlichen Anwesen vorbei. Hier macht der Leuchtenburger Weg eine Rechtskurve. Sie folgen dem Verlauf dieser anschließend schnurgeraden Straße, die immer noch asphaltiert und von Büschen und Bäumen gesäumt ist, hinter denen Felder und Äcker zu sehen sind. Sie führt Sie abwechselnd durch landwirtschaftliche Nutzflächen und kleinere Wäldchen.

Nach etwa 1,1 km macht die Asphaltstraße eine 90-Grad-Rechtskurve. Links und geradeaus zweigen landwirtschaftliche Wege ab. Sie müssen hier geradeaus weitermarschieren. Links zwischen den beiden Wegen steht ein großer grüner Tank. Sie sind weiterhin zwischen Wiesen und Feldern unterwegs, die von Wäldern umschlossen sind. Folgen Sie dem Verlauf des Wegs, bis Sie nach einem weiteren Kilometer auf einen quer verlaufenden landwirtschaftlichen Weg stoßen, der nach rechts abgehend asphaltiert und nach links unbefestigt ist. Sie gehen nach links auf den Simmerhauser Weg. Auf der rechten Seite begleitet Sie dann sogleich ein Mischwald, auf der linken liegen Felder und Wiesen. Nach 500 m finden Sie einen schönen Rastplatz vor. Der unbefestigte Weg führt Sie dann durch einen Mischwald hindurch, deren Bäume Ihnen Schatten spenden. Nach weiteren 600 m stoßen Sie auf einen quer verlaufenden Weg, Sie gehen aber geradeaus weiter auf eine grasbewachsene Fahrspur. Sie haben nun auf der linken Seite Wald und auf der rechten landwirtschaftliche Nutzflächen, die dann anschließend auch an beiden Wegseiten vorzufinden sind. Rechts sehen Sie ein Gehöft. An einer folgenden Wegkreuzung gehen Sie geradeaus weiter. Die asphaltierte Straße führt direkt in einen Mischwald aus Laub- und Nadelgehölzen, in denen die heimischen Vögel ein schönes Klangkonzert veranstalten.

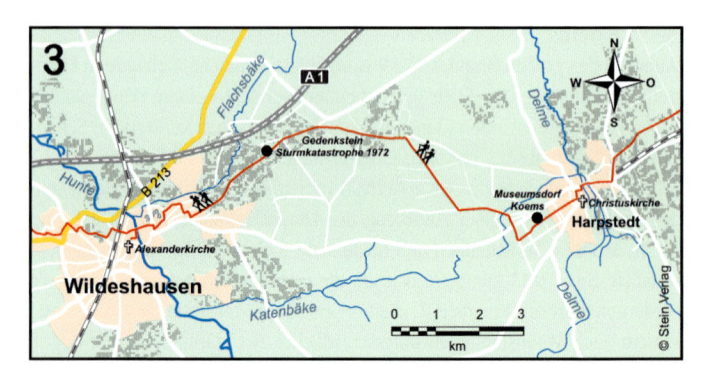

An einer folgenden Weggabelung nehmen Sie den geradeaus führenden Weg, den Heimstättenweg. Der nun geschotterte Weg ist zunächst leicht abschüssig, dann wieder eben, und führt Sie durch Wald. Nach 1,7 km kommen Sie an einem Gedenkstein vorbei, der an die Sturmkatastrophe 1972 erinnert. Der Stein befindet sich rund 15 m vom Weg entfernt.

Sie wandern weiterhin auf dem geradeaus führenden, nunmehr wieder leicht abschüssigen Weg, kommen an einer Bank vorbei, die zur Rast einlädt, und gelangen dann an die Stadtgrenze der **Kreisstadt Wildeshausen**. Sie laufen an den Gebäuden der Diakonie Himmelthür vorbei und stoßen auf eine asphaltierte Straße, die nach rechts auf das Gelände der Diakonie führt. Sie gehen hier geradeaus weiter. Die Heilstättenstraße, auf der Sie weiterwandern, ist abschüssig und mit Betonpflaster versehen. Sie kommen dann an Wohnhäusern vorbei und gehen nach rechts in den Dr.-Strahlmann-Weg, der Sie durch ein Wohngebiet führt.

Am Ende des Wegs marschieren Sie nach links in den Zuschlagsweg, um dann nach 80 m rechts in die Ratsherr-Hoopmann-Straße abzubiegen. Sie stoßen auf die Dr.-Klingenberg-Straße, gehen hier nach links und wandern diese entlang, bis Sie an die Delmenhorster Straße gelangen. Hier gehen Sie nach rechts, überqueren die Delmenhorster Straße und biegen nach wenigen Metern nach links in die Straße Im Hagen ab. An der Einmündung befindet sich ein Gebäude der Brandkasse. Auf der linken Seite folgt sogleich das **✕ Hotel-Restaurant „Huntetal"**.

Sie folgen dem Verlauf der Straße Im Hagen, passieren einen Kindergarten und das auf der rechten Seite gelegene Katasteramt. Unmittelbar nach Überquerung der **Hunte** - sie entspringt nördlich der Ortschaft Melle im Wiehengebirge, unterquert auf ihrem Lauf u.a. den Mittellandkanal, fließt in die Wildeshauser Geest, wobei sie Wildeshausen durchquert, und mündet nach 189 km bei Brake in die Unterweser - gehen Sie nach links in einen Fuß- und Radweg, der parallel zur Hunte verläuft. Nach 100 m halten Sie sich rechts und erreichen dann auch unmittelbar die **Alexanderkirche** von Wildeshausen, Ihr heutiges Etappenziel. Im ✕ **Restaurant Altes Amtshaus** (☞ unten) mit angeschlossenem Biergarten können Sie sich stärken und von den Mühen der Etappe erholen.

Wildeshausen

- **Stadt Wildeshausen**, Am Markt 1, 47793 Wildeshausen, ☎ 044 31/880, 🖥 www.wildeshausen.de, ✉ stadt.wildeshausen@wildeshausen.de, 🕒 Mo bis Fr 9:00 bis 12:30 und 14:00 bis 18:00, Sa 10:00 bis 12:00
- **Hotel- Restaurant Huntetal**, Im Hagen 3, 27793 Wildeshausen, ☎ 044 31/94 00, 🖥 www.hotel-huntetal.de, ✉ info@hotel-huntetal.de, €€€
- ♦ **Pension Huntemann**, Backskamp 30, 27793 Wildeshausen, ☎ 044 31/23 90, €€
- ♦ **Gästehaus Kutschenhof Aumühle**, Aumühle 17-21, 27793 Wildeshausen, ☎ 044 31/704 88 12 oder 📱 01 72/760 31 30

- **Landgasthaus Auetal**, Aumühle 75, 27793 Wildeshausen, ☏ 044 31/955 98 50, Mo, Di, Do und Fr ab 17:00, Sa und So 12:00 bis 14:00 sowie ab 17:00, am Weg von Wildeshausen nach Visbek (☞ 4. Etappe)
- **Restaurant Altes Amtshaus**, Herrlichkeit 13, 27793 Wildeshausen, ☏ 044 31/946 38 00, 🖥 www.amtshaus-wildeshausen.com
- **Alexanderkirche**, tägl. außer Di, Kirchenführungen: Küster Wolfgang Jöllenbeck, ☏ 01 62/667 86 87
- **Brennereimuseum**, eine ehemalige Branntweinbrennerei. Wittekindstraße 22, 27793 Wildeshausen, ☏ 042 22/65 17, nach Vereinbarung
- **Druckereimuseum**, Bahnhofstraße 13, 27793 Wildeshausen, ☏ 044 31/989 10, Führungen nach telefonischer Vereinbarung

Eingangsportal der Alexanderkirche

Die rund 20.000 Einwohner zählende Kreisstadt Wildeshausen fand die erste urkundliche Erwähnung im Jahr 851 in der „Translatio Alexandri", in der die Überführung der Reliquien des **heiligen Alexander** von Rom nach Wildeshausen (zur damaligen Zeit Wigaldinghus) in eine aus Holz errichtete Kirche dokumentiert ist. Dabei war die Gegend um Wildeshausen bereits zur Jungsteinzeit bewohnt, was Großsteingräber belegen. Von den noch rund 25 vorzufindenden Hünengräbern sind die ca. 4 km südlich Wildeshausens liegenden, aus zwei Hügelgrabstätten bestehenden **Kleinenkneter Steine** besonders hervorzuheben. Das **Petruper Gräberfeld** weist rund 500 Grabhügel auf, in denen in den Jahren 900 bis 200 v.Chr. Urnen beerdigt wurden.

Wildeshausen, an einer wichtigen Handelsstraße zwischen Holland und Skandinavien liegend, erhielt 1270 die Stadtrechte.

Im 13. Jh. wurde die **Alexanderkirche** errichtet. Ihr Grundriss gleicht dem des Osnabrücker Doms, sie weist spätromanische und frühgotische Bauelemente auf. Besonders imposant ist das im Innenraum mittig der Basilika hängende, aus dem 14. Jh. stammende Triumphkreuz. Die Kirche folgte als massiver Bau auf die aus Holz errichtete Kirche, die bereits um 851 dort stand. Der an die Alexanderkirche anschließende Remter stammt aus dem 11. Jh. Nachgewiesen ist, dass hier bereits im 12. Jh. eine klosterähnliche Schule untergebracht war.

Im 14. Jh. wurde das historische Rathaus in unmittelbarer Nähe zur Alexanderkirche errichtet und in den folgenden Jahrhunderten ständig erweitert. Besonders beeindruckend ist der stufig im gotischen Stil erbaute Giebel.

Mitte des 16. Jh. wurde der Stadtwall errichtet.

☺ Sie sollten sich Zeit für einen kleinen Spaziergang um den alten Stadtkern nehmen.

Die Ursprünge des Brunnens auf dem Marktplatz gehen in das Jahr 1747 zurück, er wurde zur Versorgung der Bewohner und Durchreisenden erbaut.

An dem Giebel des aus dem Jahr 1990 stammenden heutigen Verwaltungsgebäudes befindet sich ein Glockenspiel (tägl. um 10:00, 12:00, 16:00 und 18:00) mit einem Figurenumlauf, der die Historie der Stadt darstellt.

4. Etappe: Wildeshausen - Visbek

➲ 19,2 km | ⌛ ca. 5 Std. | 🚌 🛏 ✕ 🏛

Wildeshausen	⇧ 21 m	19,2 km	
Hohe Steine	⇧ 33 m	4,7 km	14,5 km
Visbeker Braut	⇧ 39 m	4,8 km	9,7 km
Visbek	⇧ 49 m	9,7 km	

🚶 Sie starten vor der Alexanderkirche von Wildeshausen und gehen in Richtung Polizei, dann weiter bis zur Hunte. Hier halten Sie sich links und wandern den Geh- und Radweg parallel zur Hunte, bis Sie auf die Heemstraße stoßen. An dieser Stelle gehen Sie nach links und kommen an eine Kreuzung, an der die Heemstraße nach links weiterführt. Sie gehen geradeaus weiter in die Breslauer Straße in Richtung Bahnunterführung. Auf der rechten Seite befindet sich sogleich der Landmaschinenhandel Schröder. Sie gehen durch die Bahnunterführung und nach etwa 150 m nach links in die Krandelstraße. Nach 200 m zweigt rechts eine Straße ab, die zu einem Wohnmobilplatz führt.

✋ Wenige Meter danach und unmittelbar in einer 90-Grad-Linkskurve geht nach rechts ein Wanderweg ab, den Sie nehmen müssen.

Dieser ist unbefestigt und führt durch den Stadtwald. Links des Wegs ist das Freibad. Sie überqueren dann auf einer hölzernen Brücke einen Weg, der zwei Sportplätze miteinander verbindet. Kurz danach gabelt sich der Weg, Sie nehmen den rechten Zweig, der Sie weiter durch den Stadtwald führt. Die großen Bäume spenden Ihnen Schatten. Nach weiteren 150 m gelangen Sie an eine Kreuzung, an der Sie den rechten Weg wählen, der nicht befestigt ist. Er endet bei einer quer verlaufenden Asphaltstraße, dem Bauernmarschweg, an der Sie nach links gehen. Sie verlassen hier den Wald und kommen an einigen Wohnhäusern vorbei. Nach 150 m stoßen Sie auf die Glaaner Straße und halten sich nunmehr rechts. Nach etwas mehr als 200 m kommen Sie an die Bundestraße B 213, die Wildeshauser Landstraße, die Sie zunächst überqueren, um dann auf dem asphaltierten Geh- und Radweg nach links weiterzuwandern. Ihr Weg führt an einigen Häusern und an der evangelisch-freikirchlichen Gemeinde vorbei und läuft ein längeres Stück unter einer Stromleitung her. Sie sind auf dem Anemonenweg. Dort, wo Ihr befestigter Weg eine starke Linkskurve macht, gehen Sie geradeaus weiter in eine nicht befestigte Fahrspur. Sie passieren den auf der linken Seite gelegenen Bauhof der Stadt Wildeshausen und stoßen auf eine gepflasterte Kreuzung, an der Sie geradeaus weitergehen. Hier findet sich das erste Mal ein Hinweis auf den **Pickerweg**, der diesen Pilgerweg lange Zeit begleitet. Die Straße selbst, auf der Sie nun gehen, heißt hier auch Pickerweg.

4. Etappe: Wildeshausen - Visbek

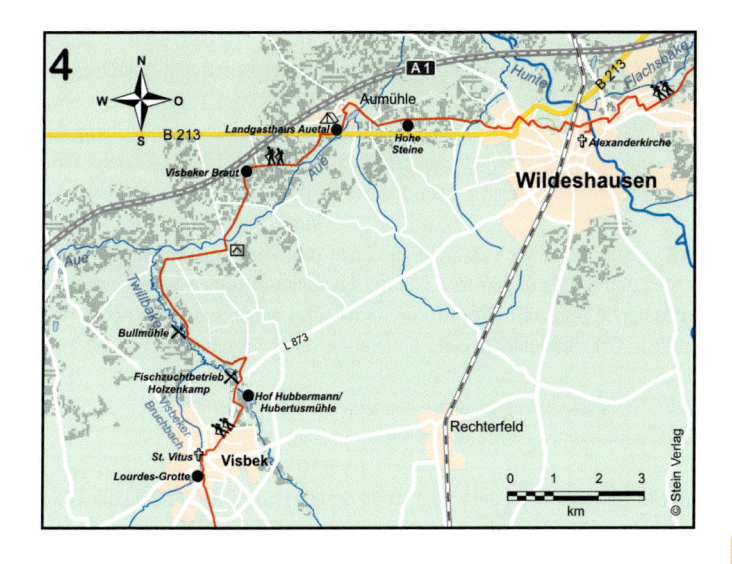

Sie kommen an einer links gelegenen Wohnsiedlung vorbei, rechts sehen Sie ein Feld. Kurz nach Verlassen der Siedlung geht die befestigte Straße in einen Wander- und Radweg über. Auf einer hölzernen Brücke überqueren Sie dann einen Bach, gleich hinter der Brücke befindet sich ein Waldspielplatz mit einer Rastmöglichkeit. Der unbefestigte Weg führt Sie zunächst durch einen kleinen Wald. Der Pickerweg ändert hier seinen Namen in Kiefernweg. An einer folgenden Weggabelung nehmen Sie den rechten, unbefestigten Weg. Rechts haben Sie Wald und auf der linken Seite stehen die letzten Häuser von Wildeshausen.

Nach etwa 500 m stoßen Sie auf eine quer verlaufende Straße, die Sie überqueren. Sie marschieren in den nicht befestigten, leicht nach links versetzt gegenüberliegenden, mit einer Schranke versehenen Weg hinein, der Sie in den Wald führt. Sie wandern nun für 1,6 km auf einem nahezu schnurgeraden Weg durch einen herrlichen Mischwald, genießen die Natur und hören dem Singen der heimischen Vögel zu. Nach etwa 1 km dieses Wegs führt ein Weg mit einem Hinweisschild „Hohe Steine 250 m" nach links.

⌘ Hohe Steine

Hohe Steine ist ein Großsteingrab zwischen Wildeshausen und Aumühle, das aus der Jungsteinzeit stammt. Es ist ein ca. 17 m langes sogenanntes Ganggrab, das in Ost-West-Richtung erbaut wurde, wobei der Eingang mittig auf der Südseite lag. Es wurde aus 26 Tragsteinen und 12 Decksteinen, von denen jeweils einer fehlt, erbaut und war von 32 Findlingen eingefasst.

🚶 Kurz vor Ende des Waldwegs steht eine Bank, auf der Sie nochmals rasten und die Natur genießen können. Etwas weiter stoßen Sie auf eine quer verlaufende Asphaltstraße, wo Sie nach rechts gehen müssen. Hier ist der nächste Ort, Aumühle, in einer Entfernung von 0,7 km ausgeschildert.

✋ Der Jakobsweg ist hier nur unzureichend markiert, Sie werden, wenn überhaupt, nur vereinzelt die Jakobsmuschel als Wegweiser finden.

Sie gelangen dann auch bald an die ersten Häuser von **Aumühle** und ins Dorf hinein. Sie überqueren die Aue, wo Sie noch eine alte Wassermühle vorfinden. An einer Weggabelung in der Ortsmitte bei der „Runaway Horse Ranch" gehen Sie geradeaus weiter (oder folgen dem unten beschriebenen ↯ Abstecher) und biegen nach 200 m nach links in die Straße Bösenberg ab. Hier habe ich nochmals eine Jakobsmuschel an einem Baum vorgefunden. Nach wenigen Metern zweigt nach links in den Wald ein Wanderpfad ab, auf dem Sie weiterwandern.

Am Ende des Pfades stoßen Sie auf eine quer verlaufende Asphaltstraße einer Ferien-/Wochenendhaussiedlung, auf der Sie nach links gehen. In der sogleich folgenden Rechtskurve führt geradeaus ein unscheinbarer nicht befestigter Wanderpfad weiter, den Sie nehmen müssen. Am Ende des Pfades stoßen Sie auf eine quer verlaufende asphaltierte Straße. Sie müssen hier nach rechts gehen.

↯ Wenn Sie den Weg nach links gehen, finden Sie gleich schöne Dorfteiche und linksseitig ein herrliches Anwesen, das anzuschauen sich lohnt. Diese Straße führt auch auf die durch Aumühle führende Hauptstraße zurück, auf die Sie dann bei der bereits genannten „Runaway Horse Ranch" stoßen, sodass Sie auch bereits dort diesen Weg wählen könnten.

Sie setzen Ihren Weg in südwestliche Richtung fort und erreichen nach Passieren eines großen steinernen Tores die Bundesstraße B 213. Direkt an der Einmündung befindet sich das 🛏 ✕ **Landgasthaus Auetal** mit angeschlossenem Campingplatz (☞ Wildeshausen).

Sie überqueren die B 213 und wandern dann auf dem asphaltierten Geh- und Radweg nach rechts, wobei die neben dem Weg stehenden Bäume Schatten spenden. Nach 400 m verlassen Sie die Bundesstraße nach links in einen nicht befestigten Waldweg hinein.

Rund 200 m weiter zweigt links ein Weg ab, Sie bleiben aber auf dem geradeaus führenden Weg. Gelegentlich finden Sie hier mal ein Wegzeichen des Pickerwegs. Eine sodann folgende quer verlaufende Waldstraße überqueren Sie und wandern die geradeaus führende geschotterte Fahrspur weiter. Sie befinden sich weiterhin im Wald, der gelegentlich durch landwirtschaftliche Nutzflächen unterbrochen wird. Nach einem weiteren Kilometer stoßen Sie auf eine Asphaltstraße, die Sie überqueren, dann nehmen Sie den auf der gegenüberliegenden Seite weiterführenden, nicht befestigten Waldweg. Nach weiteren 200 m stoßen Sie auf die „Visbeker Braut", ein kulturhistorisches Grabmal.

Visbeker Braut

⌘ Visbeker Braut

Erste urkundliche Erwähnungen fand die Visbeker Braut erst im Jahr 1765, obwohl sie bereits rund 5.000 Jahre alt sein dürfte. Die Visbeker Braut, ein Großsteingrab aus der Jungsteinzeit, das etwa 80 m lang und 7 m breit ist, scheint zusammen mit seiner im westlichen Teil gelegenen Kammer relativ unbeschadet. Die Tragsteine der Kammer stecken noch bis zu deren Oberkante im Erdreich und der - wenn auch verrutschte - Deckstein ist noch erhalten. Auch die Steine der Umrandung scheinen bis auf die an der nordöstlichen Längsseite noch erhalten zu sein.

Der Sage nach entstand die Visbeker Braut anlässlich einer Zwangsheirat einer jungen Frau mit einem ihr verhassten Mann aus Visbek. Als sie zusammen mit ihrem Gefolge zur Heirat nach Visbek geführt wurde und den Ort aus der Ferne sah, wünschte sie sich, zu Stein zu erstarren, um den gehassten Bräutigam nicht heiraten zu müssen. So wurde sie zusammen mit ihren Begleitern an Ort und Stelle in Stein verwandelt.

Dasselbe geschah ihrem wenige Kilometer entfernten Visbeker Bräutigam. Dieses Großsteingrab hat eine Länge von 104 m und eine Breite von 8 bis 9 m. 170 Findlingsblöcke waren beim Visbeker Bräutigam zur Umfassung des Hünengrabes nötig.

🚶‍♂️ Bänke laden hier im Wald zur Rast ein. Am anderen Ende der Grabstätte führt der Wanderweg dann weiter. Sie halten sich hier links, auf den Wanderpfad. Der durch den Wald führende Weg ist abschüssig. Nach 400 m halten Sie sich rechts, nach weiteren 300 m stoßen Sie auf eine quer verlaufende Asphaltstraße, die Sie überqueren. Sie gehen in den gegenüberliegenden landwirtschaftlichen Weg und kommen an einem links des Wegs gelegenen Gehöft vorbei. Ihr Weg, der nun mit Gras bewachsen ist, führt Sie abwechselnd durch Waldstücke und Felder.

Sie stoßen dann nach etwa 800 m auf eine asphaltierte Straße, die Sie nach links gehen, wandern gleich auf einer hölzernen Brücke über die Aue und erreichen eine Straßenkreuzung. Hier finden Sie eine Schutzhütte, an der Sie auch rasten können. Sie müssen hier die rechts abgehende Schotterpiste wählen. An dieser Stelle sind Hinweisschilder für die Forellenfarm Auetal (2 km) sowie u.a. für Engelmannsbäke (3,8 km) angebracht, welche beide in Ihre Marschrichtung weisen.

Ihr Weg führt Sie weiter durch Wiesen, Felder und Wald. Auf der linken Seite des Wegs befinden sich dann riesige landwirtschaftliche Hallen. Eine nach links führende Asphaltstraße lassen Sie auch links liegen und wandern weiter auf Ihrem geradeaus führenden Weg. Nach weiteren 200 m verlassen Sie Ihre Straße nach links in eine geschotterte Straße. Hier ist mal wieder ein „P" für den Pickerweg zu sehen. Ein schöner Platz lädt Sie hier zu einer Rast ein. Die Straße, auf der Sie weiterwandern, ist geschottert und führt abwechselnd durch Wald und landwirtschaftliche Nutzflächen. Für 2 km folgen Sie dem Verlauf dieses größtenteils wunderschönen Waldwegs.

☺ Kurz vor dem Gelände der **Bullmühle** habe ich mal wieder eine Jakobsmuschel gefunden.

Sie kommen dann zur **Bullmühle**.
✗ **Bullmühle Restaurant & Café**, Bullmühle 19, 49429 Visbek, ☏ 044 45/957 13 85, 🖥 www.bullmühle.de, 🍴 Mi bis Sa ab 14:30 und So ab 10:00. Das heutige Restaurant war einst eine Wassermühle, die dem Gut Bullmühle aus dem 15. Jh. angehörte. Die Mühle war bis in die 40er-Jahre des letzten Jahrhunderts in Betrieb. Im Jahr 1998 wurde sie durch ein Feuer vernichtet und anschließend durch die Besitzer wiederaufgebaut und als Gastronomiegebäude geöffnet.

An einer Weggabelung müssen Sie den linken Weg wählen, sollten aber zunächst noch einen kleinen ↳ Abstecher nach rechts zu den Teichen dort machen, um die Gegend zu genießen. Der nach links führende gepflasterte Weg geht alleeartig weiter. Nach rund 700 m kommen Sie wieder in den Weiler Siedenbögen. An einige Häuser, die neben Ihrem Weg liegen, schließen sich eine Industriefläche und ein rechts gelegenes Gehöft an. Sie stoßen dann auf eine Asphaltstraße, wo Sie nach rechts gehen müssen. Hier finden Sie auch mal wieder Zeichen für den Jakobsweg und den Pickerweg. Nach rund 350 m erreichen Sie eine quer verlaufende Landstraße. Sie gehen hier nach rechts. Unmittelbar an der Einmündung befindet sich rechts der **Fischzuchtbetrieb Holzenkamp**, wo Sie angeln, wo Sie sich aber auch stärken können.
✗ **Fischzuchtbetrieb Holzenkamp Verkaufsladen und Restaurant**, Siedenbögen 11, 49429 Visbek, ☏ 044 46/76 70, 🖥 www.fisch-holzenkamp.de, 🍴 1. April bis 14. Okt.: Mo bis Sa 8:00 bis 20:00, So 10:00 bis 20:00, 15. Okt. bis 31. März: Mo bis Sa 9:00 bis 19:00, So 10:00 bis 19:00

Sie gehen an der Landstraße rund 500 m, überqueren diese und wandern dann in die gegenüberliegende Straße Hubertusmühle hinein. Sie sind nun wieder im Wald und treffen nach weiteren 250 m auf eine Kreuzung, an der es nach links zu dem **Hof Hubbermann**, der sogenannten **Hubertusmühle** geht, zu der Sie auf jeden Fall einen kleinen ✥ Abstecher machen sollten.

✠ Der Hof Hubbermann ist seit als 500 Jahren im Familienbesitz, dabei ist aufgrund archäologischer Funde nachzuweisen, dass das Gelände bereits im 10. Jh. besiedelt war. Die auf dem Gelände befindliche Wassermühle mit dem dazugehörigen Sägewerk wurde noch bis 1970 betrieben. Das Mühlengebäude brannte im Jahr 2007 vollständig nieder. Die Eigentümer errichteten an gleicher Stelle Ferienwohnungen.

☞ **Hof Hubbermann**, Zimmer und Ferienwohnungen, Hubertusmühle 4, 49429 Visbek, ☏ 044 45/15 17, 🖥 www.hof-hubbermann.de, ✉ info@hof-hubbermann.de, €€

An der Kreuzung halten Sie sich ganz rechts und wandern auf einem nicht befestigten Weg weiter. Ihr Weg geht dann in eine befestigte Straße über und Sie gelangen zu den ersten Häusern von **Visbek**. Sie kommen an Sportanlagen, u.a. dem Tennisverein von Visbek, vorbei und stoßen dann auf die quer verlaufende Schützenstraße, die Sie nach rechts gehen. Sie kommen dann sogleich an die Landstraße L 873, die Wildeshauser Straße, auf der Sie nach links weitergehen.

Nach 500 m biegen Sie nach rechts in die Vitusstraße ab. An der folgenden Kreuzung halten Sie sich links, gehen in die Schulstraße und vor einem Eiscafé in einen kleinen gepflasterten Fußweg und kommen zur katholischen Kirche St. Vitus in Visbek, Ihrem Etappenziel.

In unmittelbarer Nähe der Kirche finden Sie ☕ Cafés, Bäcker, 🏦 Geldinstitute, ⚕ Apotheke und Geschäfte.

Visbek

ℹ **Gemeinde Visbek - Tourismus**, Rathausplatz 1, 49429 Visbek,
☏ 044 45/89 00-35, 🖥 www.visbek.de, ✉ rathaus@visbek.de, 🕒 Mo bis Fr 8:00 bis 12:30, Mo, Mi und Do 14:00 bis 16:00, Di 14:00 bis 18:30, jeder 1. Sa im Monat 10:00 bis 11:30

| ⇤ | **Hotel Wübbolt**, Astruper Str. 19, 49429 Visbek, ☎ 044 45/96 77-0,
🖳 www.hotel-wuebbolt.de, ✉ info@hotel-wuebbolt.de, €€
♦ **Hotel Mensing**, Hauptstraße 8, 49429 Visbek, ☎ 044 45/28 92,
✉ hotel-mensing@t-online.de, €€
♦ **Flair Hotel Stüve**, Hauptstraße 20, 49429 Visbek, ☎ 044 45/96 70 10,
🖳 www.hotel-stueve.de, ✉ hotelstueve@aol.com, €€

Erstmalig urkundlich erwähnt wurde der Ort Visbek im Jahr 819, als der damalige Kaiser Ludwig der Fromme dem zuständigen Abt und seinen Kirchen Steuerfreiheit und eine eigene Gerichtsbarkeit verlieh. Dabei war die Gegend um Visbek bereits Tausende von Jahren früher besiedelt, wie es u.a. die Großsteingräber (☞ Visbeker Braut) und weitere archäologische Funde beweisen. Damit zählt Visbek zu den ältesten besiedelten Orten zwischen Weser und Ems. Historiker erklärten deshalb die Region um Visbek zu einem klassischen Gebiet deutscher Vorgeschichte.

Der Ort lag bereits zu früheren Zeiten äußerst verkehrsgünstig. So kreuzen sich in der Stadt der von Nord nach Süd verlaufende Pickerweg und der von Ost nach West gerichtete Reuterweg.

In Visbek wurde um das Jahr 800 herum die erste Kirche des Missionsbezirks, die sogenannte Urkirche, errichtet. An gleicher Stelle steht heute als siebter Nachfolger die in den Jahren 1872 bis 1876 erbaute **Kirche St. Vitus**. Diese im neugotischen Stil errichtete Kirche hat Platz für ca. 800 Personen, während die aus Holz gebaute Urkirche mit einer geschätzten Größe von ca. 6 x 9 m weitaus weniger Platz für die Gläubigen bot.

5. Etappe: Visbek - Vechta

➲ 20,2 km | ⌛ ca. 5 Std. | 🚆 🚌 ⇤ 🏠 ✕ 🚗

Visbek	⇧ 49 m		20,2 km
Astrup	⇧ 49 m	5,0 km	15,2 km
Abzweig Alternative	⇧ 52 m	2,8 km	12,4 km
Lutten	⇧ 54 m	4,4 km	8,0 km
Gut Füchtel	⇧ 42 m	5,6 km	2,4 km
Vechta	⇧ 39 m	2,4 km	

🚶 Der Startpunkt zur fünften Etappe ist vor der **St.-Vitus-Kirche** in Visbek. Sie gehen die Straße Am Klostergang entlang, stoßen auf die Hauptstraße, halten sich hier rechts und wandern an der Astruper Straße nach links in südliche Richtung.

☺ Der Weg ist nunmehr wieder gut mit entsprechenden Wegweisern, den gelben Jakobsmuscheln auf blauem Grund, ausgezeichnet.

Direkt bei dem **Hotel Wübbold** verlassen Sie die Astruper Straße nach links in den Döller Damm.

> ✍ Sie sollten hier noch einen kurzen Abstecher zur Lourdes-Grotte machen. Direkt gegenüber der Einmündung der Döller Straße führt nach rechts von der Astruper Straße weg unmittelbar vor dem Haus dort ein Pfad leicht abwärts direkt zur Grotte.
>
> ⌘ Lourdes-Grotte Visbek
> Die an der Astruper Straße in Visbek gelegene Lourdes-Grotte wurde von einem Visbeker Bürger im Jahr 1906 errichtet. Dankerfüllt für die Gesundung seiner schwerst erkrankten Frau erbaute er mit extra aus Südfrankreich beigeschafften Steinen diese Grotte. Die hölzerne Statue der Maria kaufte er im für seine Schnitzereien bekannten Oberammergau. Die Visbeker Grotte ähnelt der Lourdes-Grotte in Südfrankreich sehr.

Sie folgen dem Verlauf der Straße, kommen an einem Hofladen vorbei und gelangen dann zu den letzten Häusern von Visbek. Ihr Weg ist von Bäumen und Buschwerk, hauptsächlich Nuss, beschattet. Sie stoßen dann auf einen Kreisverkehr und wandern den auf der gegenüberliegenden Seite weiterführenden Döller Damm in Richtung der Hausnummern 30 usw. weiter. Sie können hier auf den beidseitig der nahezu schnurgeraden Asphaltstraße befindlichen geschotterten Streifen gehen. Der alleeartige Weg führt Sie an einem Jesuskreuz und an einzeln stehenden Häusern und Gehöften vorbei. 1,4 km hinter dem Kreisverkehr kommen Sie an eine Kreuzung, an der Sie den rechten, geschotterten Weg nehmen, der Sie durch landwirtschaftliche Nutzflächen führt, vereinzelt auch an bäuerlichen Anwesen vorbei. Sie passieren

dann noch eine auf der rechten
Seite gelegene ehemalige Öl-Pumpstation. Nach etwas mehr als 600 m
kommen Sie an eine Kreuzung, an
der Sie nach links gehen müssen.
Der Weg führt weiter durch Felder
und wird von großen alten Bäumen
begleitet. Sie kommen an einem
schönen Rastplatz vorbei und folgen
dem Straßenverlauf, der dann eine
90-Grad-Rechtskurve macht. Auf
der rechten Seite auf einer Weide
stehen kleine strohgedeckte Viehställe, die schön anzuschauen sind.
Kurz hinter der Kurve kommen Sie
zu den ersten Häusern und Gehöften von **Astrup**.

Kurz hinter einem Dorfplatz, auf
dem mehrere Bänke stehen, müssen
Sie hinter einem bäuerlichen Anwesen eine gepflasterte Straße nach
links nehmen. Nach 20 m stoßen
Sie dann auf eine asphaltierte Straße, auf der Sie nach rechts weitergehen. 200 m weiter erreichen Sie eine quer verlaufende Hauptstraße, die
Astruper Straße, auf der Sie nach links weiter in den Ort hineinwandern.
Unmittelbar an der Kreuzung befindet sich die ✕ **Gaststätte J. Lübberding**
(Astrup 35, 49429 Visbek, ☏ 044 45/375). Am Weg durch den beschaulichen Ort stehen noch mehrere Bänke, die zum Verweilen und Rasten einladen.

Sie folgen dem Verlauf der Straße und verlassen dann Astrup. Ihr Weg
führt Sie dann durch Felder, wobei Sie an Windkrafträdern - zwei links und
zwei auf der rechten Seite - sowie an einer ehemaligen Ölförderanlage und
einem Wasserspeicher vorbeikommen. Es folgt eine weitere Ölförderanlage.
Der Straßenbelag hat zwischenzeitlich zu Kopfsteinpflaster gewechselt. Rund
einen Kilometer hinter dem Ortsausgang kommen Sie dann in einen Wald.

Hier endet der gepflasterte Weg, Sie marschieren nun auf einer nicht befestigten Fahrspur weiter. An einer Weggabelung nehmen Sie den linken Weg, rechts liegen bereits wieder Felder und Wiesen. An einer weiteren Weggabelung nehmen Sie wieder den linken Weg, der Sie erneut in den Wald und in Richtung Goldenstedt führt.

Alternative über Holzhausen

Hier bietet sich eine mit der Jakobsmuschel ausgeschilderte Möglichkeit, den Weg abzukürzen. Sie marschieren hier geradeaus weiter, passieren einen rechts gelegenen Modellflugplatz und folgen weiter dem Verlauf der durch landwirtschaftliche Nutzfläche führenden Asphaltstraße. Sie kommen an einzeln gelegenen Häusern und Gehöften vorbei.

Die quer verlaufende Langförder Straße überqueren Sie und marschieren auf der gegenüberliegenden Seite weiter. Hier ist der Radweg nach Vechta mit 6,3 km ausgeschildert. Sie gelangen dann in den Weiler Holzhausen. Nach 1,1 km, an einer Straßengabelung, nehmen Sie die links weiterführende Möglichkeit. Sie treffen auf die Kreisstraße K 255, die Straße Holzhausen, an der Sie nach links wandern, um nach 160 m nach rechts in die Straße Zum Dorfplatz zu wechseln, an deren Ende Sie wieder auf den ursprünglichen, über Lutten führenden Pilgerweg stoßen und nach rechts weitermarschieren.

Eine Bank, die abseits des Wegs steht, lädt hier zu einer Rast ein. Auf Ihrem weiteren Weg überqueren Sie auf einer hölzernen Brücke den Lutter Mühlenbach, kurz danach macht der unbefestigte Waldweg eine leichte Linkskurve. Durch die Bäume hindurch können Sie auf der rechten Seite landwirtschaftliche Hallen sehen. Sie kommen aus dem Wald und befinden sich sogleich wieder zwischen Feldern und Wiesen. Die rechts neben der Asphaltstraße gelegenen landwirtschaftlichen Hallen - es handelt sich um Mastbetriebe - sind nun deutlich zu sehen. Sie folgen dem Verlauf der Straße und kommen an einem rechts gelegenen Teich mit einem schönen Rastplatz vorbei. Dann stoßen Sie an eine zweispurige Straße und gehen diese nach rechts auf dem Geh- und Radweg in südliche Richtung. Auf der linken Seite der Straße liegt die ✕ **Gaststätte Suing-Kallage** (❒ Mi, Fr und Sa ab 17:00, So ab 10:00). Unmittelbar neben der Gastwirtschaft befindet sich eine Mariengedenkstätte.

Sie kommen zunächst an einem weiteren Mastbetrieb vorbei, dann an einigen Wohnhäusern. Auf Ihrem weiteren Weg gelangen Sie in den Flecken Höven, laufen durch ein kleines Wäldchen und sind anschließend wieder zwischen Ackerflächen unterwegs. Sie folgen weiter dem Verlauf der Visbeker Straße und überqueren die Timpner Straße, wo sich ein weiterer Rastplatz befindet. Links, hinter einem Feld sehen Sie einen Industriebetrieb. Kurz darauf folgen bereits die ersten Wohnhäuser von **Lutten**.

Lutten

Die Geschichte von Lutten reicht bis in das 9. Jh. zurück. Um 870 wurde der Ort als adliges Gut zum ersten Mal urkundlich erwähnt. Die Gemeinde hat heute etwas mehr als 3.300 Einwohner und gehört seit 1974 zur Gemeinde Goldenstedt. Nur gegen den Willen der Bürger wurde Lutten an die Gemeinde Goldenstedt angeschlossen. Die Einwohner wünschten eigentlich einen Anschluss an die Stadt Vechta, da sie sich aufgrund der Nähe (3 km) weitaus intensiver mit dieser Stadt identifizierten als mit dem 9 km entfernten Goldenstedt. Lutten gehört zum sogenannten Speckgürtel der Stadt Vechta. Die gute Anbindung an den öffentlichen Nahverkehr hat etliche Bürger Vechtas in den letzten Jahrzehnten dazu bewogen, sich in Lutten niederzulassen.

Die Ursprünge der katholischen **St.-Jakobus-Kirche** gehen bis auf das Jahr 1300 zurück. Neben einem Jakobusfenster direkt über dem Portal weist die im neugotischen Stil erbaute Kirche eine Jakobusstatue auf. Diese steht nahezu direkt gegenüber dem Eingang, links des Altarraums.

Sie überqueren an einem beschrankten Bahnübergang eine Bahnlinie und passieren hier, weiter auf der Visbeker Straße marschierend, den Bahnhof von Lutten. Etwa 200 m hinter dem Bahnhof kommen Sie an dem Ortschild von Lutten vorbei. Sie stoßen auf die quer verlaufende Oststraße, die Sie überqueren, und wandern in die gegenüberliegende Straße hinein. Sie befinden sich nun im Ortszentrum von Lutten. Es folgt sogleich ein Denkmal („Dein Bruder wird auferstehen"), außerdem finden Sie hier ✗ Gasthäuser, Grills, einen Fahrradhandel sowie weitere Geschäfte. Etwa 200 m nach Überquerung der Oststraße kommen Sie zu der Kirche der katholischen Kirchengemeinde **St. Jakobus**. Sie folgen weiter dem Straßenverlauf der Großen Straße und kommen an der ⚕ Jakobusapotheke und der [BANK] Volksbank vorbei. Sie verlassen dann Lutten. Wenige Meter hinter dem Ortsschild steht auf der rechten Seite ein hölzernes Jesuskreuz. Unmittelbar hinter diesem geht rechts ein Wanderpfad ab, den Sie nehmen müssen, Sie stoßen dann auf eine quer verlaufende Fahrspur, in die Sie nach links weitergehen.

Nach 150 m kommen Sie an eine asphaltierte Straße und laufen auf dieser nach links. An dieser Einmündung steht ebenfalls ein hölzernes Jesuskreuz und direkt der Einmündung gegenüber befindet sich ein bäuerliches Anwesen. Nach 50 m gehen Sie nach rechts in die Amerbuscher Straße, die auch asphaltiert ist. Sie kommen an landwirtschaftlichen Gebäuden vorbei. Nach Passieren der letzten Häuser wird Ihre Straße zu einem landwirtschaftlichen Nutzweg, der in der Mitte einen Rasenstreifen aufweist. Sie sind jetzt wieder zwischen Wiesen und Feldern unterwegs. Auf einer hölzernen Brücke, die nicht zu befahren ist, überqueren Sie den Vechtaer Moorbach, wo eine Bank zu einer kleinen Rast einlädt. Sie können Ihren Füßen hier aber auch ein erfrischendes Fußbad gönnen.

Nach 300 m kommen Sie zu einer Kreuzung, wo Sie auf dem gegenüberliegenden Stegenweg weitergehen. Dieser ist zunächst geschottert und dann asphaltiert. Sie folgen dem nahezu gerade verlaufenden Weg und kommen an eine quer verlaufende Straße, die Sie nach rechts gehen. Nach weiteren 250 m gehen Sie nach links in die Straße Bei Thesings Kreuz, eine Asphaltstraße, die beidseitig geschottert ist. Auf der rechten Seite befindet sich ein Brunnen unter schönen Bäumen, leider eine private Anlage. Nach 600 m kommen Sie zu einem wunderschönen Rastplatz unter Bäumen, hier steht auch ein Jesuskreuz. Die dann folgende links abgehende Straße Greten Grund nehmen Sie. Sie kommen an mehreren links liegenden Sportplätzen vorbei und gelangen schließlich in den Vechtaer Ortsteil **Oythe**. Dann stoßen Sie auf eine quer verlaufende Asphaltstraße und gehen nach links. Nach knapp 100 m kommt auf der rechten Seite die Pfarrkirche St. Marien in Oyte, die Sie unbedingt anschauen sollten.

✞ St. Marien in Oythe

Die ehemals im romanischen Stil errichtete **Kirche St. Marien** ist eine der letzten noch erhaltenen aus Findlingen erbauten Kirchen des Oldenburger Münsterlandes. Die Kirche stammt aus der Zeit um 1300. Ein zuerst an der Kirche angebauter Holzturm wurde in den Jahren 1769 bis 1775 durch einen

Turm aus Findlingen und Steinen ersetzt. Diese stammen aus der geschleiften Zitadelle in Vechta. Durch ständige Um- und Ausbauten in den letzten Jahrhunderten verlor die Kirche ihren ehemals wehrhaften Charakter. So wurden u.a. die kleinen Fensteröffnungen durch größere ersetzt.

St. Marien-Kirche

Eine Besonderheit am Turm ist ein an der Nordseite befindlicher Sandstein, der sogenannte Teufelstritt, der dem Abdruck eines Pferdefußes ähnelt. Der Legende nach hat der Teufel versucht, den Bau der Kirche zu verhindern, was ihm aber nicht gelang. Ob dieser Stein in seiner Art künstlich hergestellt oder von Natur aus derart gestaltet ist, lässt sich nicht feststellen. Im Innenraum sind der barocke Altar und die aus dem Jahr 1698 stammende, ebenfalls barock gestaltete Kanzel besonders erwähnenswert.

Auf der linken Seite des Wegs, gegenüber der Kirche, befindet sich eine Schule. Ihr weiterer Weg führt Sie über eine breite Straße in die gegenüberliegende Telbraker Straße. Hier an der Kreuzung befindet sich das ✕ **Restaurant Zum Treffpunkt** (Oythe 20, 49377 Vechta, ☎ 044 41/21 03). Sie folgen dem Verlauf der Telbraker Straße und kommen an einzeln stehenden

Häusern vorbei. Nach 600 m, bei einem steinernen Jesuskreuz, geht rechts ein Fuß- und Radweg ab, den Sie nehmen müssen. Dieser führt zunächst leicht abschüssig durch einen Stadtwald. Rechts dieses Wegs befindet sich das Stadion des VFL Oythe und links ein älteres Fachwerkgebäude. An der folgenden Weggabelung nehmen Sie den rechten Weg. Sie befinden sich auf dem Gelände des Guts Füchtel und stoßen an dessen Ende auf eine quer verlaufende Straße, auf der Sie nach rechts gehen.

☺ Ich empfehle Ihnen, hier auf der mit der Jakobsmuschel ausgeschilderten Alternativroute nach Vechta zu wandern, in der Stadt zu nächtigen und sie zu entdecken.

Wenn Sie nicht nach Vechta pilgern möchten, sondern den Ort umgehen und gleich auf dem Pilgerweg weitermarschieren wollen, so müssen Sie an der folgenden Kreuzung, unmittelbar hinter dem letzten Gebäude des Guts, nach links gehen. Es folgen auf der linken Seite Ihres Wegs noch Gebäude, die zum Gut gehören, u.a. befindet sich dort noch das ☎ **Café Gut Füchtel** (🕐 Di bis Sa ab 14:30, So ab 12:00). Sie laufen auf einem nicht befestigten Fahrweg, auf dessen rechter Seite parallel ein Bach verläuft. Links des Wegs liegt dann ein Teich. Sie befinden sich weiter in bewaldeter Gegend. Die nächste Kreuzung, an der eine Bank steht, überqueren Sie und gehen weiter geradeaus. Sie sind in der „grünen Lunge Vechtas" und marschieren einen wunderschönen, mit großen Eichen gesäumten Weg entlang.

Auf einer hölzernen Brücke, der **Theklabrücke**, überqueren Sie den Moorbach, wandern über eine quer verlaufende Asphaltstraße und gelangen nach 600 m auf das Gelände des Guts Welpe. Hier hat sich der örtliche Golfclub niedergelassen. Unmittelbar vor einem auf der linken Seite gelegenen Teich nehmen Sie den nach links in den Wald führenden Pfad. Hier stößt auch der Alternativweg über Vechta wieder dazu.

✍ An der Kreuzung unmittelbar hinter dem letzten Gebäude des Guts gehen Sie geradeaus in einen geschotterten Waldweg mit zwei Betonstreifen. Nach 450 m erreichen Sie einen kirchlichen Gedenkstein, an dem Sie auf den linken, nicht befestigten Weg abbiegen. Gleich danach gehen Sie rechts. Sie sind immer noch im Wald und überqueren im weiteren Verlauf des Wegs auf einer hölzernen Brücke einen Bach. Der Weg wird dann ein reiner Wanderweg, den Sie weitergehen, bis Sie an eine gepflasterte Wohnstraße stoßen, an der Sie nach links gehen. Sie sind nun in **Vechta**.

Nach 80 m gehen Sie rechts in die Straße Immentun und weiter durch das Wohngebiet. An ihrem Ende stoßen Sie auf eine breite Straße, die Windallee. Diese überqueren Sie und gehen auf der anderen Straßenseite nach rechts weiter. Sie passieren dann die auf der linken Seite befindliche Strafvollzugsanstalt von Vechta und biegen gleich danach in die links abgehende Willohstraße ab, deren Verlauf Sie folgen, bis Sie vor der Notfallaufnahme des St.-Marien-Hospitals nach links in die Straße Contrescarpe wandern. Diese verläuft parallel zu einem Gewässer. Die Straße Contrescarpe endet dann an der Großen Straße. Sie gehen hier nach rechts, überqueren gleich das Gewässer und befinden sich schon im Zentrum von Vechta. Hier finden Sie ✘ Imbisse, Restaurants, ♀ Apotheken, 🏦 Geldinstitute und alle Geschäfte, die Sie benötigen, um Ihren Bedarf für die weitere Wanderung zu decken.

Nach etwa 270 m kommen Sie zu Ihrem Etappenziel, der katholischen **Propsteikirche St. Georg**.

Vechta

- **Tourist-Information Nordkreis Vechta e. V.**, Kapitelplatz 3, 49377 Vechta, ☏ 044 41/85 86 12, 🖳 www.nordkreis-vechta.de, ✉ info@nordkreis-vechta.de, 🕘 Mo bis Fr 9:00 bis 14:00, Mo, Di und Do 14:00 bis 17:00
- **Hotel Am Kaponier**, Große Straße 47, 49377 Vechta, ☏ 044 41/923 20, 🖳 www.kaponier.de, ✉ info@kaponier.de, €€€
- ♦ **Schäfers Hotel**, Große Straße 115, 49377 Vechta, ☏ 044 41/928 30, 🖳 www.schaefers-hotel.de, ✉ info@schaefers-hotel.de, €€
- **Museum im Zeughaus Vechta**, Zitadelle 15, 49377 Vechta, ☏ 044 41/930 90, nur auf Voranmeldung. Im ehemaligen Zeughaus, in dem bis 1991 das Gefängnis ungebracht war und in dem sich jetzt ein Museum befindet, wurden Räumlichkeiten für Pilger hergerichtet, wo diesen gegen eine Spende eine Unterkunft angeboten wird. Achtung: Es handelt sich hierbei um Matratzenlager, Schlafsäcke sind mitzubringen.
- ♦ **Familie Wehry**, Telbraker Straße 22, 49377 Vechta, ☏ 044 41/44 59, telefonische Voranmeldung acht Tage im Voraus erforderlich

- 🏠 **Pension Jakob**, Inh.: Ludwig Willenborg, Kreuzweg 9, 49377 Vechta, ☎ 01 75/626 02 99, €€
- ♦ **St. Antoniushaus**, Klingenhagen 6, 49377 Vechta, ☏ 044 41/99 91 90, 🖥 www.antoniushaus-vechta.de, ✉ info@bmo-vechta.de, €€
- ♦ **BDKJ Jugendhof**, Moorkamp 21, 49377 Vechta, ☏ 044 41/840 35, 🖥 www.bdkj-jugendhof.de, ✉ info@bdkj-jugendhof.de, €€, am Weg von Vechta nach Damme (6. Etappe)
- ✝ **St. Georg**, An der Propstei, 49377 Vechta, ☏ 044 41/92 40, 🖥 www.mariae-himmelfahrt-vechta.de
- ⌘ **Museum im Zeughaus**, Zitadelle 15, 49377 Vechta, ☏ 04 441-93 09-0, 🕐 Di bis So von 14:00 bis 18:00 Uhr, 🖥 www.vechta.de. ☺ Im Museum besteht die Möglichkeit, die Historie praktisch zu erfahren, so ist beispielsweise das Anziehen einer Ritterrüstung ausdrücklich erlaubt.

Die Geschichte der rund 30.000 Einwohner zählenden Stadt Vechta, die mitten im Münsterland liegt, reicht in das 11. Jh. zurück. Um das Jahr 1080 wurde in der dortigen Moorniederung eine Burg errichtet. Sie diente der Sicherung der von Lübeck und Hamburg über Bremen und Osnabrück nach Köln verlaufenden „Rheinischen Straße". In der Folgezeit siedelten sich im Schutz der Burg Kaufleute und Handwerker an. Um 1220 wurde die Stadt Vechta gegründet, die sich in den folgenden Jahrhunderten prächtig entwickelte.

Die **Propsteikirche St. Georg** wurde im 15./16. Jh. erbaut. Es handelt sich um eine dreischiffige Hallenkirche, die im spätgotischen Stil als Backsteinbau errichtet wurde. Sie ist Sitz des oldenburgischen Bischofs. Der wertvollste Schatz der heutigen Propsteikirche sind zwei silberne Armreliquiare von 1220/1230 aus dem Alexanderstift aus Wildeshausen sowie eine silberne Strahlenmadonna aus den Jahren 1636/1640.

Von 1667 bis 1676 wurde die Zitadelle, eine Festungsanlage, erbaut und im Jahr 1698 das dazugehörige Zeughaus, in dem heute ein Museum (☞ oben) untergebracht ist, das Ausstellungen über Festungen und Strafanstalten zeigt.

Im Zitadellenpark sind heute lediglich noch Teilrekonstruktionen der ehemaligen Festung zu sehen. Als Gebäude sind nur das Zeughaus und das Kaponier erhalten.

Propsteikirche St. Georg

Im 16. und 17. Jh. wurde Vechta mehrfach geplündert und gebrandschatzt, im Jahr 1684 vernichtet ein Großfeuer die Stadt fast vollständig. Anschließend wurde sie neu aufgebaut, der Grundriss ist heute noch erhalten. Im Jahr 1731 erbaute man die Franziskanerkirche. Anfang des 19. Jh. wurde das ehemalige Kloster zur Strafanstalt.

1830 fand in Vechta der erste Kurs zur Lehrerausbildung statt. Seitdem hat sich die Stadt zum Zentrum für die Ausbildung von Pädagogen entwickelt.

6. Etappe: Vechta - Damme

⊃ 34,1 km | ⏳ ca. 8½ Std. | 🚌 🛏 🏠 ✕ 🚉

Vechta	⇧ 39 m	. . . 34,1 km	
Südlohner Moorblick	⇧ 57 m	. . . 12,4 km	. . . 21,7 km
Abzweig Steinfeld	⇧ 52 m	. . . 5,0 km	. . . 16,7 km
Mordkuhlenberg	⇧ 136 m	. . . 10,3 km	. . . 6,4 km
Damme (Benediktinerkloster)	⇧ 92 m	. . . 6,4 km	

6. Etappe: Vechta - Damme

✋ Die 6. Etappe ist die längste auf diesem Jakobsweg, Sie haben aber die Möglichkeit, sie in Lohne und Steinfeld zu unterbrechen.

🚶 Sie starten an der Propstei St. Georg. Entweder wandern Sie zurück zum Gut Füchtel, wo Sie den Jakobsweg verlassen haben, und setzen ihn dort fort, oder Sie nehmen die ausgeschilderte Alternative. Marschieren Sie dazu in die gegenüberliegende Bahnhofstraße, überqueren Sie die Kolpingstraße und wenden Sie sich dann unmittelbar hinter dem Gebäude der Polizei und vor dem Bahnübergang nach links in die Franz-Vorwerk-Straße. Sie folgen dem Verlauf der Straße für 700 m und laufen an der ersten Kreuzung mit Ampel nach links in die Rombergstraße. Nach etwas mehr als 200 m gehen Sie nach rechts in die Münsterstraße und halten sich dann nach weiteren 200 m links, in die Welper Straße und Richtung Gut Welpe und Golfplatz. Sie folgen nun dem Verlauf der Welper Straße, überqueren u.a. die zur Hochschule Vechta führende Universitätsstraße und haben hinter dem auf der linken Seite gelegenen Friedhof und der Auferstehungskirche den Ortsausgang von Vechta erreicht. Der aus der Stadt führende Weg steigt die ganze Zeit leicht an. Sie gelangen dann auf das Gelände des **Guts Welpe**, wo sich auch der Golfclub niedergelassen hat. Gleich an der ersten Kreuzung wandern Sie die asphaltierte Straße nach links. Nach 100 m, unmittelbar hinter einem auf der rechten Seite gelegenen Teich, biegen Sie rechts in einen Wanderweg ein.

☺ Hier stoßen Sie wieder auf den Pilgerweg.

Der Weg führt Sie links an dem See vorbei in einen wunderschönen Wald hinein. An einer folgenden Weggabelung gehen Sie links. Der Weg ist leicht abschüssig und durch die Bäume hindurch können Sie immer noch das Gelände des Golfclubs sehen. Sie stoßen dann auf eine Schotterpiste, die Sie überqueren, und gelangen in einen hauptsächlich aus Fichten und Tannen bestehenden Nadelwald (Stangenwald). Ihr Weg macht eine Rechtskurve, deren Verlängerung eine Asphaltpiste ist, auf der Sie weitermarschieren (nehmen Sie nicht den geradeaus führenden Wanderweg). Auf Ihrem weiteren Weg befindet sich dann links ein Sanddepot. Unmittelbar bevor Sie zu einem weiß gestrichenen Haus kommen, wenden Sie sich nach links in einen nicht befestigten Weg, an dessen Ende Sie aber bereits wieder eine Asphaltstraße

6. Etappe: Vechta - Damme

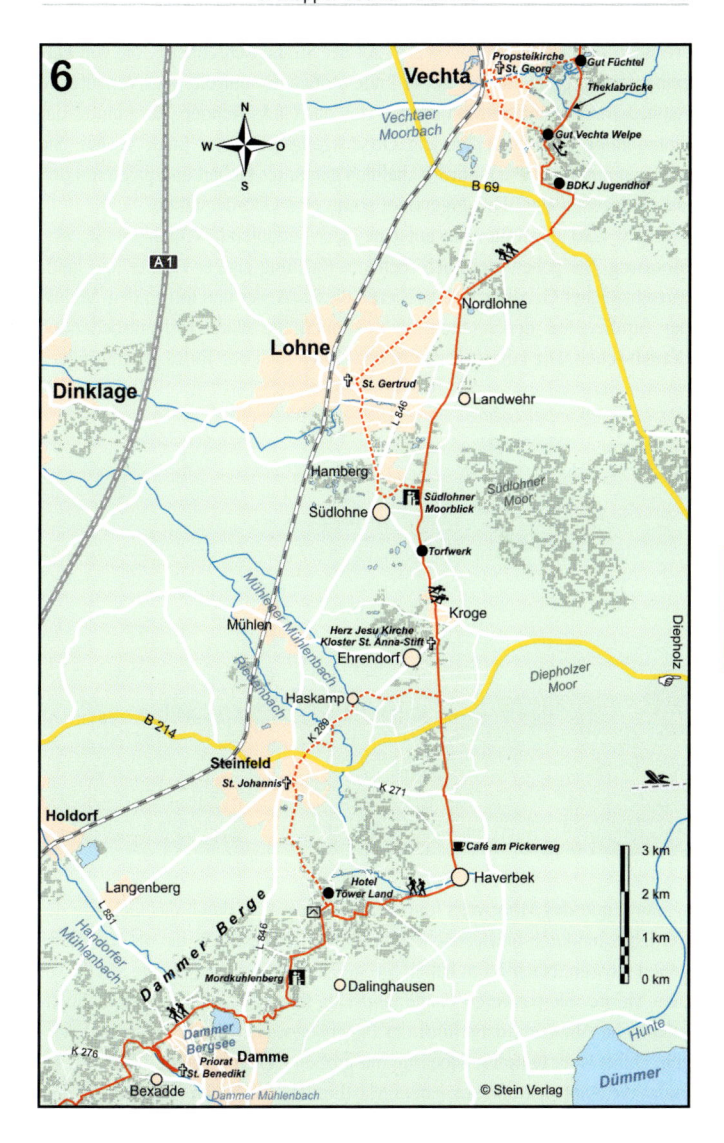

erkennen können. Sie befinden sich auf der Straße Rehschneise, die von Einzelhäusern geprägt ist. An ihrem Ende stoßen Sie auf die quer verlaufende Asphaltstraße Moorkamp, in der Sie sich nach links wenden. Kurz hinter der Einmündung steht nochmals ein Ortsausgangsschild der Stadt Vechta. Sie kommen nun wieder in landwirtschaftlich genutztes Gebiet und passieren den links gelegenen 🏠 BDKJ-Jugendhof sowie eine Ölförderstation.

Nach 750 m stoßen Sie auf eine quer verlaufende Asphaltstraße, den Moorweg. Sie gehen hier nach rechts in Richtung einiger Häuser und landwirtschaftlicher Gebäude. Sie passieren diesen Weiler und folgen dem Verlauf der Straße. Auf der rechten Seite können Sie einen torfverarbeitenden Betrieb sehen. Die Luft ist von dem erdigen Geruch des Torfes geschwängert.

Blick ins Moor bei Lohne

Am Ende des Moorwegs führt Sie der Weg dann durch das Gelände des Betriebes hindurch und erreichen die Bundesstraße B 69, die Sie nach links gehen müssen. Nach 75 m halten Sie sich rechts und gehen in die Straße Vor dem Moore. Sie passieren einige beidseitig Ihres Wegs befindliche landwirtschaftliche Anwesen, dann führt der Pilgerweg wieder durch Felder und Wiesen. Dabei ist er teilweise alleeartig mit großen Eichen gesäumt. Nach 1,3 km endet die Asphaltstraße vor einem Mastbetrieb, Sie gehen nach links in eine

Schotterpiste. Nach einer 50 m langen Linkskurve halten Sie sich rechts auf eine sandige Fahrspur, die in einen Wald führt. Auf diesem fast schnurgerade verlaufenden Forstweg, der Sie für 1 km durch einen Mischwald führt, können Sie die Stimmen der heimischen Vogelwelt genießen. Am Ende des Waldes kommen Sie an links gelegenen Industriehallen und einem auf der rechten Seite befindlichen landwirtschaftlichen Gehöft vorbei. Sie stoßen dann auf eine quer verlaufende Asphaltstraße, die Brägeler Straße, und gehen geradeaus weiter in den Brägeler Pickerweg.

☞ Ihnen bietet sich hier die Möglichkeit, einen Abstecher nach Lohne zu machen, wobei der Weg nicht mit der Jakobsmuschel ausgezeichnet ist. Sie marschieren dazu rechts auf die Brägeler Straße. Bei dem folgenden Kreisverkehr gehen Sie nach links in Richtung Lohne. Am nächsten Kreisverkehr wenden Sie sich in die Vechtaer Straße Richtung Lohne/Dinklage. Sie erreichen dann den Ortsteil Nordlohne. Nach 800 m gelangen Sie an eine Straßengabelung. Hier wandern Sie jetzt auf der linken, der Lindenstraße, weiter bis ins Zentrum von Lohne. Auf dem Weg in die Stadt sehen Sie bereits die Türme der Kirche. Sie stoßen direkt auf die katholische **Kirche St. Gertrud**.

Lohne

- **Tourist-Information Nordkreis Vechta e.V.**, Bürgermeister-Kühlin-Platz 3, 49377 Vechta, ☎ 044 41/85 86-12, 🖥 www.nordkreis-vechta.de, Mo bis Fr 9:00 bis 14:00, Mo, Di und Do 14:00 bis 17:00
- **Hotel Hopener Wald**, Burgweg 16, 49393 Lohne, ☎ 044 42/32 60, 🖥 www.hotel-hopener-wald.de, ✉ wilfried-niehues@t-online.de, €€
- **Hotel Wilke**, Brinkstraße 43, 49393 Lohne, ☎ 044 42/733 70, 🖥 www.hotel-wilke.de, ✉ info@hotel-wilke.de, €€
- **Lohne Business Hotel**, Am Bahnhof 12, 49393 Lohne, ☎ 044 42/934 30, 🖥 www.lbhotel.de, ✉ info@lbhotel.de, €€
- Katholische **Kirche St. Gertrud**, Brinkstraße 8, 49393 Lohne, ☎ 044 42/32 68, 🖥 www.sankt-gertrud.com

Lohne, eine Kleinstadt mit rund 26.500 Einwohnern, wurde urkundlich erstmals im Jahr 980 in einer Schenkungsurkunde von Kaiser Otto II. als „Laon" erwähnt. Im Jahr 1221 fand die katholische Kirche St. Gertrud erstmalig Erwähnung. Eine erste hölzerne Kirche soll bereits um 800 vorhanden gewesen sein. Sie wurde um 1100 durch eine aus Feldsteinen errichtete Kirche ersetzt. Die im Laufe der Jahrhunderte ständig durch Anbauten vergrößerte Kirche riss man im Jahr 1815 ab, da sie für die Gemeinde immer noch nicht ausreichend war. In den Jahren 1815 bis 1817 wurde der heutige Bau als klassizistische Wandpfeilerkirche mit neugotischen Elementen errichtet. Rund 1.000 Gläubige haben in der Kirche Platz.

Inzwischen hat sich Lohne zur zweitgrößten Stadt des Kreises Vechta entwickelt, sie ist **"Stadt der Spezialindustrien"** und einer der ältesten Industriestandorte im Oldenburger Land. Angefangen hat die Industrialisierung im Jahr 1801 mit Gerhard Heinrich Kreymborg, der gewerbsmäßig aus Gänsekielen Schreibfedern fertigte und sie anschließend auf dem Markt verkaufte. In den folgenden Jahren exportierte er die Schreibfedern weltweit und eröffnete drei weitere Fabriken. Mitte des 19. Jh., als die stählerne Feder den Markt eroberte, geriet die Gänsefeder in Vergessenheit und die Produktion wurde eingestellt. Die Bürger aus Lohne setzten nun auf andere Produkte, wie z.B. Tabak, Pinsel, Korken, Leder und Torf. Heute dominieren Produktionszweige der Kunststoff- und Ernährungsindustrie, der Agrarwirtschaft und der Baubranche.

🚶‍♂️🚶 Sie haben nun die Möglichkeit, zu der Stelle, an der Sie den Jakobsweg verlassen haben, zurückzuwandern und den Weg dort fortzusetzen, oder Sie marschieren von der Kirche nach rechts in die Brinkstraße und gelangen so im weiteren Verlauf südöstlich von Lohne wieder auf den Pilgerweg. In diesem Fall folgen Sie dem Verlauf der Brinkstraße und gehen an der links abzweigenden Landwehrstraße, der rechts abgehenden Nieberdingstraße der links abgehenden Josefstraße vorbei. Sie folgen weiter dem Verlauf der Brinkstraße, die Sie dann fast schnurgerade aus Lohne herausführt. In Höhe der Habelschwerdter Straße geht die Brinkstraße nahtlos in die Steinfelder Straße über. Hier endet auch die Wohnbebauung. Links Ihres Wegs haben Sie nun eine große Sportanlage, auf der rechten Seite kleinere Industriebetriebe. Sie erreichen einen Kreisverkehr und folgen dem Verlauf der gegenüber weiterführenden Steinfelder Straße, bis Sie auf die Landstraße L 846, den Bergweg, stoßen. Sie wandern hier nach rechts die Landstraße entlang. Nach 400 m gehen Sie nach links in die landwirtschaftliche Straße Hinter der Klus,

> hier ist ein Parkplatz. Sie folgen dem Verlauf dieses Wegs, der Sie an wenigen Gehöften vorbeiführt. Sie stoßen dann auf eine Kreuzung und gehen auf dem rechts wegführenden Feldweg weiter. Nach 450 m, die Sie durch Wiesen und Felder laufen, gelangen Sie wieder auf den Jakobsweg, wo Sie sich rechts halten müssen.

Wenn Sie keinen Abstecher nach Lohne machen wollen, führt Sie der Jakobsweg zunächst durch ein Industriegebiet, woran sich wieder landwirtschaftlich genutzte Flächen anschließen. Sie folgen weiter dem Verlauf der Straße und überqueren eine Straße. Sie kommen an einzeln gelegenen Häusern vorbei, auch an einer Fahrzeugwaage. Sie bleiben auf dem Pickerweg, der Sie durch Felder führt, und kommen an dem Geflügelhof Viswick vorbei, der Weg ist dabei oft von imposanten Hecken begrenzt. Sie überqueren die Landwehrstraße, die rechts nach Lohne führt, und folgen weiter dem nahezu eben verlaufenden Pickerweg. Sie passieren weitere Mastbetriebe. Der Brägeler Pickerweg geht dann in den Hamberger Pickerweg über, auf dem Sie weitermarschieren. Es folgt dann auf der linken Seite des Wegs das nicht mehr im Betrieb befindliche Torfwerk Gellhaus. Gegenüber dem Torfwerk befindet sich der **Gedenkstein Bullenberg**.

Sie stoßen auf eine quer verlaufende Asphaltstraße, die Sie überqueren, und bleiben auf dem Hamberger Pickerweg. Unmittelbar hinter der Kreuzung befindet sich neben dem Weg eine Hütte, die Heinrich-Gier-Hütte, die zur Rast einlädt. Ihr Weg, der dann nicht mehr befestigt ist, führt Sie weiter durch Felder und Wiesen, die sich mit Waldstücken abwechseln. Nach etwa 800 m kommen Sie an eine Einmündung, an der auf der rechten Seite der alternative Weg aus Lohne wieder auf den Jakobspfad trifft. Unmittelbar hinter dieser Einmündung steht rechts des Wegs ein 🗼 Aussichtsturm, der **Südlohner Moorblick**. Hier ist die höchste Erhebung der **Südlohner Bergmark**. Sie genießen hier bei gutem Wetter eine wunderschöne Fernsicht.

Der weiterführende Weg, er heißt nun Südlohner Pickerweg, verläuft wieder durch Felder, Wiesen und kleine Wälder, am Rande des Moores. Im weiteren Verlauf überqueren Sie eine Asphaltstraße und gehen in den gegenüberliegenden landwirtschaftlichen Weg. Sie kommen an einigen abseits des Wegs gelegenen Häusern vorbei und erreichen den Kroger Pickerweg. Sie überqueren eine weitere asphaltierte Piste und gelangen direkt auf das

Gelände eines Torfwerks. Auf der linken Seite befinden sich große Torfhalden, rechts stehen Gebäude. Sie setzen Ihren Weg geradeaus fort, überqueren die Gleise der Torfbahn und gehen den Weg hinter dem Torfwerk weiter. Hier verlaufen nun Gleise der Torfbahn parallel zu Ihrem Weg. Es ist faszinierend, auf der Wanderung von dem frischen Torfgeruch eingehüllt zu sein. Nach 400 m passieren Sie einen weiteren torfverarbeitenden Betrieb, der sich links Ihres Wegs befindet. Wenn Sie Glück haben, können Sie hier miterleben, wie Torf aus den Loren der Torfbahn entladen und weitertransportiert wird.

Kurz hinter diesem Torfwerk stoßen Sie auf eine breite asphaltierte Straße, die Diepholzer Straße. Hier befindet sich das Asphaltmischwerk Osnabrück, Werk Kroge. Die Diepholzer Straße überqueren Sie sogleich und gehen dann auf dem Gehweg nach links weiter. Sie laufen dann geradeaus weiter und folgen dem Verlauf der Diepholzer Straße, bis Sie in einer lang gezogenen Linkskurve kurz nach einem rechts gelegenen Wildgehege nach rechts der Straße in den Ort Kroge hinein folgen. Sie sind nun wieder auf dem Kroger Pickerweg, der Sie an beidseitig des Wegs stehenden Einzelhäusern vorbeiführt, dabei mal leicht ansteigt und mal abschüssig ist.

Nach 700 m gelangen Sie an die quer verlaufende Kroger Straße. Direkt an der Kreuzung steht die **Herz-Jesu-Kirche** mit dem angeschlossenen Kloster St. Anna-Stift. Gegenüber der Kirche befindet sich ein beeindruckender Friedhof. An dieser Kreuzung finden Sie außerdem eine Bäckerei mit einem angeschlossenen ☕ Café sowie eine Bank, auf der Sie eine Rast einlegen können.

Kroge

Kroge gehört zur Stadt Lohne und bildet den geografischen Mittelpunkt des Lohner Ortsteils Kroge-Ehrendorf. Zuerst stand hier nur eine Gastwirtschaft, im Laufe der Zeit entwickelte sich um diese herum die Siedlung. Sie gab dem Ort auch den Namen, denn „Kroge" stammt von dem Wort Krug ab.

Das St.-Anna-Stift wurde zusammen mit der **Herz-Jesu Kirche** im Jahr 1925 eingeweiht. Die Stiftung wurde durch die beiden Töchter der benachbarten Landwirtsfamilie Wassenberg ins Leben gerufen, von denen eine den elterlichen Hof weiterführte und die zweite - Antonia, mit späterem Ordensnamen Stanislaua - Ordensschwester bei den Franziskanerinnen wurde. Sie spendeten ihren gemeinsamen Erbteil für den Bau eines Erholungsheims und einer Kapelle für „genesende und abgearbeitete" Ordensschwestern. Heute dient das Kloster **St. Anna-Stift** als Altenheim sowie als Exerzitien- und Gästehaus der Franziskanerinnen.

✝ **St. Anna-Stift und Herz-Jesu-Kirche**, Kroger Straße 51, 49393 Lohne-Kroge, ☎ 044 42/80 50

Sie setzen Ihren Weg fort, indem Sie die Kroger Straße überqueren und in einen gegenüberliegenden Waldweg hineingehen. Hier stoßen Sie sofort auf die **Lourdes-Grotte von Kroge**. Der nicht befestigte Weg führt Sie schließlich weiter um das Kloster herum durch einen Mischwald, dann gelangen Sie wieder in landwirtschaftlich genutztes Gebiet, das durch kleine Wälder unterbrochen ist. 1,2 km nach der Lourdes-Grotte stoßen Sie auf eine quer verlaufende Asphaltbahn und marschieren geradeaus den Jakobsweg weiter.

✋ Wenn Sie nach **Steinfeld** gehen wollen, müssen Sie hier rechts laufen. Der Pilgerweg ist an dieser Stelle auch ausgeschildert. Sie wandern weiter an Wiesen und Feldern vorbei. Nach rund 700 m kommen Sie zu einem schönen Rastplatz am Kokenberg. Sie folgen weiter dem Verlauf der Straße und stoßen auf die Kreisstraße K 289, wo Sie sich links halten. Sie bleiben zunächst auf der Kreisstraße und kommen an dem rechts der Straße liegenden Weiler Haskamp vorbei. 750 m hinter dem letzten Haus von Haskamp geht links ein Feldweg ab, den Sie nehmen müssen. Sie passieren eine Mastanlage, marschieren über das Grundstück eines Gehöfts und kommen auf eine asphaltierte Fahrbahn, deren Verlauf Sie folgen, um dann wieder auf die Kreisstraße K 289 zu treffen, die Sie nach links weitergehen. Nach 350 m gelangen Sie an die Bundesstraße B 214, die Sie überqueren, und gehen nach Steinfeld hinein. Sie befinden sich nun im Ort auf der Kroger Straße. Diese wandern Sie 300 m entlang und wenden sich dann nach links in die Große Straße. Sie kommen direkt zur Kirche **St. Johannis** in **Steinfeld**.

Steinfeld

🛈 **Gemeinde Steinfeld**, Am Rathausplatz 13, 49439 Steinfeld, ☎ 054 92/86-0, 🖥 www.steinfeld.de, ✉ olberding@steinfeld.de

♦ **Tourist-Information Dammer Berge e. V.**, Mühlenstraße 12, 49401 Damme, ☎ 054 91/99 66 67, 🖥 www.dammer-berge.de, ✉ info@dammer-berge.de

- **Old&New - Bed&Breakfast**, Familie Beavan, Große Straße 15, 49439 Steinfeld, ☎ 054 92/962 99 22, 🖥 www.old-and-new.com, ✉ kontakt@old-and-new.com, €€
- **Hotel Töwer Land**, Schemder Bergmark 20, 49439 Steinfeld, ☎ 054 92/890, 🖥 www.hotel-toewerland.de, ✉ info@toewerland.com, €€, am Weg zurück zum Jakobsweg (☞ unten)

Die heute etwas mehr als 10.000 Einwohner zählende Gemeinde **Steinfeld** gehörte bis zum Jahr 1187 zum Kirchspiel **Damme**. Dann wurde Steinfeld eigenständig. In der Gemeinde wurde fast ausschließlich Landwirtschaft betrieben. Erst durch die Anbindung an die Eisenbahn beim Wechsel zum 20. Jh. wurde Steinfeld für die gewerbliche Wirtschaft erschlossen.

Heute ist **Steinfeld** insbesondere durch den Pferdesport bekannt. Die Brüder **Alwin und Paul Schockemöhle** leben hier auf einem prächtigen Reiterhof. In **Steinfeld** trifft sich die Reitsportelite aus ganz Europa. Auch die vielen in der Gemeinde aufgestellten, bunt angemalten Pferdestatuen bezeugen die große Nähe der Bevölkerung zum Pferdesport.

Von der Kirche St. Johannis in Steinfeld aus gehen Sie auf der Diepholzer Straße weiter und wenden sich sogleich nach rechts in die Ziegelstraße, deren Verlauf Sie folgen. Die Straße steigt leicht an und führt an einem Sportplatz, dem Falkenstadion, und an einem Denkmal des Steinfelder Ziegelwerks J. Wilberding, einem **Kollergang**, vorbei.

Wie auf einer dortigen Hinweistafel niedergeschrieben, diente der Kollergang dem Zerkleinern von Ton für die Ziegelherstellung. Der Ton wurde darin von zwei schweren Rädern, die in einer überdimensionierten Schale liefen, durch die Löcher einer Eisenplatte gepresst.

Nun verlassen Sie Steinfeld und Ihr Weg führt Sie wieder durch landwirtschaftliche Nutzflächen. Sie marschieren für 2,3 km diese Asphaltstraße entlang, die durch Felder, Wiesen und Waldflächen verläuft. In einer 90-Grad-Linkskurve, wo die Straße zum **Hotel Töwer Land** und einem Pferdegestüt führt, gehen Sie nach rechts in den Wald in einen Wanderweg hinein. Sie befinden sich auf einem wunderschönen Waldweg. Nach 300 m stoßen Sie auf eine quer verlaufende geschotterte Fahrspur, wo Sie nach rechts gehen und nun wieder auf dem Jakobsweg sind.

Pferdestadt Steinfeld

Der historische Jakobspfad führt hier geradeaus weiter. Sie kommen an einer Schutzhütte vorbei und folgen weiter diesem landwirtschaftlichen Nutzweg, in dessen Verlauf Sie dann die Bundesstraße 214 überqueren. Sie laufen wieder durch ein Waldstück und anschließend durch Felder und Wiesen, die sich mit kleinen Wäldchen abwechseln. 600 m hinter der Bundestraße befindet sich rechts Ihres Wegs eine Kies-/Sandgrube.

Von der B 214 bis zur Einfahrt der Kiesgrube müssen Sie mit starkem Lkw-Verkehr rechnen.

Sie folgen weiter dem Verlauf des Wegs und stoßen dann auf eine asphaltierte Straße, die nach links zu einem Gehöft führt. Sie gehen hier geradeaus weiter und kommen nach 100 m auf die Kreisstraße K 271, die Sie nach links gehen. Sie passieren ein Denkmal für gefallene Soldaten und marschieren nach 50 m halb rechts in eine Schotterpiste, die Richtung Haverbek führt. Rechts Ihres Wegs, der dann mit Gras bewachsen ist, finden Sie noch ein bäuerliches Anwesen. Sie wandern weiter zwischen Wiesen und Feldern hindurch und überqueren eine Asphaltstraße. Kurz hinter der Kreuzung liegt auf der linken Seite ein Hof, in dem das ☕ **Café am Pickerweg** untergebracht ist (🕗 So und feiertags 14:00 bis 18:00). Gegenüber dem Bauernhof befindet sich noch ein schöner Rastplatz. Sie wandern weiter die in südliche Richtung führende Asphaltbahn entlang, die dann bald in einen gepflasterten Zustand übergeht und Sie in das Dorf Haverbek führt. Am Ende des Dorfes gehen Sie nach rechts in die Straße Alter Kirchweg.

✋ Ab Haverbek ist der weiterführende Weg fast ausschließlich mit dem „P" für den Pickerweg ausgezeichnet. Jakobsmuscheln für den Jakobspfad finden Sie hier lediglich vereinzelt.

Sie laufen über das Gelände einer Mastanlage, an deren Ende Sie an einem breiten verschlossenen Tor vorbeigehen können. Sie folgen dann weiter dem Feldweg, der an einem weiteren Mastbetrieb vorbei und durch die Feldmark führt. Dann geht es in einen Mischwald. Sie können hier wieder dem Gezwitscher der heimischen Vogelwelt lauschen. Nach 300 m verlassen Sie den Forstweg und gehen nach rechts in einen Waldwanderweg, der Sie in eine Senke führt und anschließend wieder ansteigt. Sie überqueren eine Asphaltbahn und wandern in den gegenüberliegenden Feldweg, der Sie an Feldern und Waldflächen vorbeiführt. Nach 350 m gehen Sie nach links in einen Forstweg.

✋ Hier wird vor Zecken gewarnt.

Kurz vor dem Ende eines abschüssigen Teilstücks des Forstwegs zweigt in einer Linkskurve, noch vor einem Tümpel, ein Wanderpfad nach rechts ab, den Sie nehmen müssen. Sie wandern nun auf einem wunderschönen Waldweg. An einer folgenden Weggabelung wählen Sie den nach links führenden Weg, der mal ansteigt und dann wieder abschüssig ist. Sie kommen an einem wunderschönen Rastplatz mit einer Bank vorbei, kurz danach gabelt sich der Weg nochmals und Sie laufen wieder den linken Weg weiter. Sie wandern durch eine Senke und müssen vor einer Hütte, die rechts oberhalb der Senke steht, in Richtung der Hütte hoch und an dieser vorbei gehen. Die Hütte selbst ist verschlossen, vor ihr stehen aber Bänke, die Sie sicherlich zu einer Rast verleiten. Der durch den Wald führende Weg steigt weiter an. Sie haben dann auch bald den höchsten Punkt erreicht, nach dem Sie auf einen quer verlaufenden unbefestigten Weg stoßen, wo Sie links Richtung Damme weitergehen können. Hier stößt auch der aus Steinfeld kommende Weg wieder auf den Jakobspfad.

Der Weg führt Sie weiter durch den Wald der **Dammer Berge**. Nach 200 m stoßen Sie auf eine orange-rote Straßenschranke, hinter der ein sandiger Weg weiterführt. Sie nehmen hier den links weiterführenden Weg. Hier stehen eine Schutzhütte und ein Hinweisschild auf Imeldas Stubencafé in Dalinghausen. Sie wandern weiterhin durch bewaldetes Gebiet. Nach 700 m kommen Sie an einer hölzernen Wegsperre vorbei, unmittelbar hinter dieser stoßen Sie auf eine Asphaltstraße, auf der Sie nach rechts weiter durch den Wald der Dammer Berge wandern. Die Vögel veranstalten hier ein schönes Konzert. Nach 850 m gelangen Sie auf einen freien Platz, an dem rechts eine Bank zur Rast einlädt.

Aussichtsturm Mordkuhlenberg

Direkt gegenüber der Bank geht ein Forstweg nach links ab, den Sie nehmen müssen und auf dem Sie dann zum Aussichtsturm **Mordkuhlenberg** ansteigen. Sie befinden sich 141,6 m über NN. Der Turm selbst hat eine Höhe von 22 m und Sie können von der oberen Aussichtsplattform des aus massiver Eiche gebauten Turmes einen herrlichen Blick über die Dammer Berge und die weitere Umgebung genießen. Am Turmfuß befinden sich auch schöne Rastmöglichkeiten, u.a. steht direkt unter dem Turm eine Schutzhütte.

Der Weg setzt sich auf der anderen Seite des Turms fort. Er ist nun abschüssig. An der folgenden Wegegabelung nehmen Sie den nach rechts führenden Weg. Der Wanderweg ist weiterhin sehr abschüssig, mit großen treppenartigen Absätzen. Er wird dann zu einem forstwirtschaftlichen Weg, der weiterhin nicht befestigt ist. Sie stoßen auf einen quer verlaufenden Forst-/Waldweg, den Sie nach links weitergehen. Hier steht auf der linken Seite eine Schutzhütte. Nach wenigen Metern folgt dann auf der rechten Seite eine große Ackerfläche, linksseitig haben Sie immer noch Wald. Der Weg ist abschüssig und führt Sie wieder in den Wald. Etwa 100 m nach Ende des Ackers geht von dem Forstweg nach rechts ein Wanderweg ab, den Sie nehmen. Er steigt abwechselnd mal an, mal ab. Nach 250 m haben Sie den höchsten Punkt erreicht, wo ein schöner Rastplatz auf Sie wartet.

Am Waldrand haben Sie einen wunderschönen Ausblick und können bereits im Hintergrund den Bergsee bei Damme sehen.

Sie wandern weiter durch einen wunderschönen Mischwald, der Weg wird Sie begeistern. In einer Senke stoßen Sie auf einen quer verlaufenden Waldweg, den Sie nach links gehen müssen. Nach rechts ist hier Bärental ausgewiesen.

Bei Regen ist der Weg in der Senke sehr schlammig.

Links voraus können Sie ein landwirtschaftliches Anwesen mit mehreren Gebäuden sehen, der Weg macht hier eine serpentinenartige Kurve. Sie gehen im Scheitelpunkt der Kurve geradeaus in einen unscheinbaren Wanderweg, der Sie leicht ansteigend an einer Reihe von Buchen entlangführt, die, wie an einer Perlenkette aufgezogen, den Weg begleiten. Nach 175 m treffen Sie auf einen weiteren unscheinbaren Wanderweg, den Sie nach links weitergehen müssen. Hier, an einer kapitalen Buche, finden Sie auch wieder das Symbol der Jakobsmuschel und die Ziffer 32. Der Weg ist leicht abschüssig. Nach wenigen Metern folgt dann eine abwärtsführende Treppe, an deren Ende Sie auf einen quer verlaufenden Weg stoßen. Linksseitig befindet sich ein landwirtschaftliches Anwesen und auf der rechten Seite ein braun gestrichenes Holzhaus. Sie gehen geradeaus weiter auf einem nicht befestigten

Forstweg, der zunächst eben, dann aber leicht ansteigend ist. Sie folgen dem Verlauf des Wegs, bis Sie an eine breite asphaltierte Straße, die L 846, stoßen.

Sie halten sich hier rechts und gehen über den Parkplatz, an dessen Ende Sie die Landstraße überqueren und nach weiteren 30 m diese nach links in einen Wanderweg verlassen. Hier steht ein auf den Bergsee hinweisendes Schild. Sie folgen dem nicht befestigten Wanderweg, der Sie zunächst über einige Stufen und einen quer verlaufenden Weg weiter in Richtung des Sees führt. Sie passieren einen links des Wegs stehenden hölzernen Zaun und können bereits den See, den Sie nach wenigen Metern erreichen werden, durch den Birkenwald hindurch sehen.

Dammer Bergsee

In den Jahren 1937 und 1938 fanden um Damme herum Sondierungsbohrungen statt, um den Eisenerzgehalt des Bodens festzustellen. In den Folgejahren wurde hier das nördlichste deutsche Eisenerzbergwerk errichtet, das bis in die 60er-Jahre betrieben wurde. Mit dem Abbau des Eisenerzes wurde erst nach Kriegsende 1948 begonnen, stillgelegt wurde das Bergwerk 1967. Damals verloren fast 1.000 Mitarbeiter der Grube ihre Arbeit. Spuren des Bergbaus sind auch heute noch zu sehen und zu erleben.

So ist der Bergsee ein künstlich geschaffenes Gewässer, das zu Zeiten des Erzabbaus als Klärteich diente, um den Erzgehalt des Abraums durch Waschen zu erhöhen. Das beim Waschen entstandene Wassergemisch, das mit Steinen, Sand und Tonen durchsetzt war, wurde durch Rohre in den Klärteich geleitet, wo sich die Minerale absetzen konnten. Das oben im Teich befindliche, relativ reine Wasser wurde abgepumpt und weiterhin zum Waschen genutzt.

So entstand in der Zeit von 1948 bis 1952 zuerst der Kleine Klärteich, der etwa 500 m nördlich des Großen Klärteichs (dem heutigen Bergsee) liegt, der dann von 1952 bis zur Stilllegung des Bergwerks entstand.

Erst Mitte der 70er-Jahre begann der Landkreis mit Aufforstungen und Anpflanzungen, um die verödete Zechenlandschaft zu renaturieren. Dabei wurden auch für die dortige Landschaft untypische Gehölze wie z.B. Liguster, Grünerle und Birke gepflanzt, die heute die Landschaft der ehemaligen Zeche und des Bergsees prägen. Andere Pflanzen wie z.B. die Silberdistel, der Fingerhut und die wilden Rosen verleihen dem Gelände seinen Reiz. Auch die Tierwelt hat um den See herum Fuß gefasst. Neben den heimischen Waldvögeln werden Sie Enten, Gänse und andere Vogelarten vorfinden, die sesshaft sind oder nur vorübergehend hier eine Rast einlegen. Auch die Liebhaber von Reptilien und Amphibien werden hier auf ihre Kosten kommen. So wurden neben der häufigsten Amphibienart, der Erdkröte, weitere Krötenarten sowie mehrere Molch- und Froscharten nachgewiesen. Unter anderem können Sie den Teichmolch, den Bergmolch und den Seefrosch entdecken.

Anfang der 90er-Jahre wurde dann das Naturschutzgebiet „Dammer Bergsee" ausgewiesen, das heute, besonders an schönen Tagen, ein Freizeitmagnet für die Bevölkerung der umliegenden Gemeinden und Städte ist.

☺ Ich konnte der Versuchung nicht widerstehen, hier sogleich eine Rast einzulegen und die Zeit zu genießen. Natur pur, Vogelkolonien auf dem See und am Ufer. Es ist wunderschön, hier die Natur zu erleben, obwohl es sich um ein künstliches Gewässer handelt.

🚶 Sie wandern dann weiter nach rechts, der Weg durch den Wald führt Sie entgegen dem Uhrzeigersinn um den See. Sie halten sich unmittelbar hinter einer Schutzhütte links, stoßen dann auf eine nicht befestigte Fahrspur, an der Sie wieder nach links weiterwandern, und kommen zu einem wunderschönen Rastplatz, an dem sich auf einer hölzernen Aussichtsplattform, die wie eine Brückennock in Richtung des Sees gebaut ist, Bänke und Tische befinden.

Ihr Weg führt Sie dann vom Rastplatz weg in nordwestliche Richtung auf ein graues Häuschen zu. An dem fensterlosen Haus, das mit einer Eisentür versehen ist, laufen Sie vorbei und stoßen auf eine Schranke, hinter der Sie die Häuser einer Siedlung sehen. Unmittelbar vor der Schranke geht links ein Wanderpfad ab, den Sie nehmen müssen. Der Weg führt leicht abschüssig durch den Wald. Sie folgen dem Verlauf des Pfads, überqueren zwei quer verlaufende Wege, kommen aus dem Wald heraus und gelangen auf eine geschotterte Straße, an der linker Hand Häuser stehen. Rechts befinden sich landwirtschaftliche Nutzflächen. Nach 300 m kommen Sie an die quer verlaufende Landstraße L 851, die Sie überqueren, bevor Sie nach links gehen. Nach wenigen Metern wenden Sie sich nach rechts in einen Wanderweg, der durch einen Wald, hauptsächlich aus Nadelhölzern, führt. 250 m weiter erreichen Sie eine Gabelung, an der Sie den rechten Weg nehmen, wenige Meter weiter wählen Sie an einer zweiten Gabelung den linken. Sie passieren ein rechts gelegenes, rot verblendetes Haus und stoßen auf eine gepflasterte Straße, die Bergstraße, die Sie nach links marschieren, um nach wenigen Metern nach rechts in die Schenkendorfstraße abzubiegen. Sie sind im Randbereich von **Damme**. Ihr Weg führt für rund 200 m durch ein Wohngebiet, wird dann wieder unbefestigt und führt Sie leicht abschüssig durch einen Wald.

☺ Nach 280 m geht links ein abwärtsführender Wanderweg ab, den Sie nehmen können, um zu dem **Benediktinerkloster** zu gelangen.

Der **Jakobsweg** führt hier geradeaus weiter und Sie können in dieser Richtung mit Holzzäunen eingefasste Weiden sehen. Sie marschieren hier nach links und kommen durch einen herrlichen, hautsächlich aus Buchen bestehenden Wald. Der Weg verläuft parallel zu einem Bach, der rechts fließt. Nach 850 m, an einer Wegkreuzung, an der sich rechts ein mit Maschendrahtzaun eingefriedetes Grundstück befindet, gehen Sie nach links. Nach einem kurzen Anstieg verlassen Sie den Wald und stehen unmittelbar vor dem Gebäude des Benediktinerklosters in Damme, Ziel dieser Etappe.

✟ Priorat St. Benedikt

In den Jahren 1968 bis 1970 entstand in der Nachbarschaft der Glückauf-Siedlung ein Schülerinternat als Nachfolgeinstitution für ein Internat des Dammer Gymnasiums, das in den 60er-Jahren von den Benediktinermönchen in angemieteten Räumen betrieben wurde. Das Internat wurde bereits im Jahr 1983 wieder geschlossen und zu einem Gästehaus umfunktioniert, da das Interesse an der kirchlichen und religiösen Arbeit stetig wuchs. Heute werden Kurse aus den unterschiedlichsten Bereichen wie z.B. Meditation, Spiritualität, Lebensorientierung und Familienarbeit angeboten. Neben der Führung des Gästehauses ist das Abhalten der täglich fünfmal stattfindenden Gottesdienste wesentlicher Bestandteil des klösterlichen Lebens.

Priorat St. Benedikt, Benediktstraße 19, 49349 Damme, ☎ 054 91/958-125, 🖥 www.benediktiner-damme.de, ✉ kloster@benediktiner-damme.de, €€,
Mo bis Fr 8:30 bis 12:30 und Do 16:00 bis 18:00

Damme

- **Stadt Damme**, Mühlenstraße 18, 49401 Damme, ☏ 054 91/662-0, 🖳 www.damme.de, ✉ info@damme.de, 🕒 Mo bis Fr 8:30 bis 12:30, Mo bis Do 14:00 bis 16:30
- **Tourist-Information Dammer Berge e. V.**, Mühlenstraße 12, 49401 Damme, ☏ 054 91/99 66 67, 🖳 www.dammer-berge.de, ✉ info@dammer-berge.de
- **Waldhotel zum Bergsee**, Wellenweg 6, 49401 Damme, ☏ 054 91/95 66-0, 🖳 www.waldhotel-zum-bergsee.de, ✉ waldhotel-zum-bergsee@t-online.de, €€€
- **Lindenhof Hotel Tepe**, Osterdammer Straße 51, 49401 Damme, ☏ 054 91/971 70, 🖳 www.lindenhof-hotel-tepe.de, ✉ info@lindenhof-hotel-tepe.de, €€€€
- **Priorat St. Benedikt**, ☞ oben
- **Stadtmuseum Damme**, Lindenstraße 20, 49349 Damme, ☏ 054 91/46 22, 🖳 www.heimatverein-damme.de, 🕒 Mi und So 15:00 bis 18:00, vier ständige Ausstellungsbereiche und wechselnde Sonderausstellungen

Damme mit heute etwa 16.500 Einwohnern wurde urkundlich erstmalig im Jahr 1180 erwähnt, obwohl die Besiedelung der dortigen Gegend bis in die Steinzeit (um 4.000 v. Ch.) zurückreicht, was archäologische Funde bestätigen. Großsteingräber aus der Jungsteinzeit und Grabfelder aus der Bronze- und Eisenzeit belegen, dass die Dammer Gegend nahezu ununterbrochen besiedelt war. Damme hatte aufgrund seiner Lage - im Norden von einem Wald und an den drei anderen Seiten von Moorgebieten umgeben, wie ein Damm oder Wall am Rand der Dammer Berge - große Anziehungskraft für Siedler.

Um das Jahr 800 wurden die Bewohner anlässlich der Eroberungen Karls des Großen christianisiert und es wurde eine erste Kirche errichtet. Ab dem 13. Jh. bis zu Beginn des 19. Jh. kam es zwischen den Fürstbischöfen von Münster und Osnabrück zu ständigen Streitigkeiten wegen der Hoheitsrechte am Kirchspiel Damme. Diese Auseinandersetzungen, die eine erhebliche Belastung für die Bürger darstellten, fanden ein Ende, als Damme 1817 ein Teil des Herzogtums Oldenburg wurde.

Seit dem frühen Mittelalter war der Ort Handels- und Handwerkszentrum, wobei die Einwohner als sogenannte Ackerbürger die Landwirtschaft als

Nebenerwerb bzw. zur Eigenversorgung nutzten, während in den Randgebieten die Bauernschaften intensive Land- und Viehwirtschaft pflegten. Mit Beginn der Industrialisierung veränderte sich auch das wirtschaftliche Bild in Damme. Die Industrie erhielt jedoch erst mit dem 1939 eröffneten Eisenerzbergwerk, das 1967 bereits wieder geschlossen wurde, Einzug. Heute sind nahezu 2.500 Arbeitnehmer in unterschiedlichsten Industriezweigen tätig.

St. Viktor ist die katholische Pfarrkirche, die wegen ihrer Größe und Bedeutung für den dortigen Raum auch Dammer Dom genannt wird. Die aus Sandstein in den Jahren 1904 bis 1906 im neugotischen Stile errichtete Kirche, die einen Eindruck wie eine Kathedrale hinterlässt, ist ein Nachfolgebau der im 15. Jh. erbauten Kirche. Lediglich der aus dem 13. Jh. stammende Sockel des Turms, der aus Feldsteinen errichtet ist, blieb erhalten. Der im romanischen Stil gehaltene Taufstein aus dem 12. Jh. und das aus dem 15. Jh. stammende Sakramenthäuschen sind besonders sehenswert.

7. Etappe: Damme - Vörden

⊃ 11,7 km | ⌛ ca. 3 Std. | 🚌 🛏 🏠 ✕ 🚏

Damme . . . .⇧ 92 m . . . . .11,7 km
Schutzhütte . . . . .⇧ 111m . . . . . .5,8 km . . . . .5,9 km
Astrup . . . .⇧ 58 m . . . . . .3,6 km . . . . .2,3 km
Vörden . . . .⇧ 42 m . . . . . .2,3 km

🚶 Sie starten die Etappe am Benediktinerkloster und marschieren in den Wald gegenüber der Klostertreppe. Am quer verlaufenden Weg geht es gleich wieder rechts. Sie wandern den durch den Wald führenden Weg in nordwestliche Richtung, bis Sie nach 850 m auf einen quer verlaufenden Waldweg stoßen, an dem Sie nach links gehen. Sie marschieren in die Richtung der eingezäunten Weiden, passieren ein links neben Ihrem Weg gelegenes Gehöft und stoßen dann auf einen quer verlaufenden sandigen landwirtschaftlichen Weg. Hier steht auch eine Gruppe mächtiger Eichen. An dem Weg wandern Sie nach rechts und sehen auf Ihrer linken Seite eine Ackerfläche. Rechts ist Wald. Nach wenigen Metern kommen Sie wieder in den Wald. Der Weg steigt leicht an. Auf der rechten Seite folgt dann ein eingefriedetes Grundstück, auf dem Sie mehrere Gebäude sehen. Am Ende des Grundstücks gabelt sich der Weg und Sie nehmen den linken Ast. Nach wenigen weiteren Metern geht auf der linken Seite rechtwinklig ein Weg ab, den Sie weiterwandern müssen. Hier steht auch eine Bank, die zur Rast einlädt. Der sandige Weg führt weiterhin durch den Wald, hier sind es hauptsächlich Lärchen. Nach 200 m macht der Weg eine 90-Grad-Linkskurve, der Sie folgen - gehen Sie nicht geradeaus. Der Weg, der abwechselnd mal leicht ansteigt und dann wieder leicht abschüssig ist, führt Sie an einer Schutzhütte vorbei, die etwa 15 m rechts vom Weg steht. Sie passieren eine eiserne Wegschranke und stoßen an die Kreisstraße K 276 die Sie überqueren und auf der anderen Straßenseite leicht nach links versetzt wieder in einen nicht befestigten Forstweg verlassen. Sie befinden sich nunmehr in einem Nadelwald.

Nach 350 m endet der Weg und Sie kommen an eine Wegkreuzung. Geradeaus können Sie einige Häuser des Ortes Bexadde sehen. Sie nehmen hier den im 90-Grad-Winkel nach rechts abzweigenden Weg, der auf eine hölzerne Schranke zuführt. Sie marschieren nun für 1,2 km auf fast schnurgeradem Pfad durch den Wald. Der Weg, ein unbefestigter Forstweg, ist relativ eben. Nach einem Viertel des Wegs steht rechts eine Bank. Sie stoßen dann auf einen quer verlaufenden Forstweg, an dem Sie sich links halten. Der Weg steigt hier an und nach 60 m wandern Sie nach rechts in einen grasbewachsenen Forstweg, der nunmehr wieder abschüssig ist und Sie durch einen Nadelwald führt. An einem geschotterten Forstweg, auf den Sie dann stoßen, halten Sie sich links. Nach 100 m verlassen Sie den Forstweg nach rechts in einen absteigenden Wanderpfad, der Sie durch einen Stangenwald führt. Sie stoßen dann auf einen quer verlaufenden Forstweg, auf dem Sie nach links gehen. Sie wandern nun wieder durch einen herrlichen Mischwald.

An der folgenden Wegkreuzung, vor der auf der rechten Seite eine Schutzhütte steht, nehmen Sie den linken Forstweg in Richtung Kreuzberg. Sie folgen dann dem Verlauf des Wegs, der nahezu eben durch einen Nadelwald führt, bis Sie an die quer verlaufende Kreisstraße K 277 gelangen. Diese gehen Sie wenige Meter nach rechts, überqueren sie und marschieren auf der anderen Seite in den geschotterten Forstweg, der zunächst abwärts führt. Nach 550 m gelangen Sie an eine Kreuzung, an deren linker Seite eine Schutzhütte mit Sitzmöglichkeiten steht, ein schöner Platz zum Rasten. Sie wandern hier einen Pfad weiter, der direkt gegenüber der Hütte und vom

7. Etappe: Damme - Vörden

Forstweg rechts in Richtung Kreuzberg abgeht. Er steigt an, nach 200 m haben Sie den höchsten Punkt erreicht.

Sie nehmen hier den halb links und stark abwärts weiterführenden Weg. Nach einer lang gezogenen Linkskurve kommen Sie aus dem Wald heraus und stehen zwischen landwirtschaftlichen Nutzflächen. Sie gelangen an einen quer verlaufenden landwirtschaftlichen Weg, den Sie nach links weitergehen. Hier steht ein hölzerner Wegweiser, der in Wanderrichtung Astrup ausweist. Nunmehr haben Sie auf der rechten Seite Wald. Nach 120 m geht rechts ein unbefestigter landwirtschaftlicher Weg ab, den Sie nehmen, und der Sie leicht ansteigend wieder in den Wald führt. Der Wald wird dann auf der linken Seite von einem Acker unterbrochen. Hier haben Sie über die freie Fläche einen herrlichen Ausblick und können an einem Rastplatz eine Ruhepause einlegen.

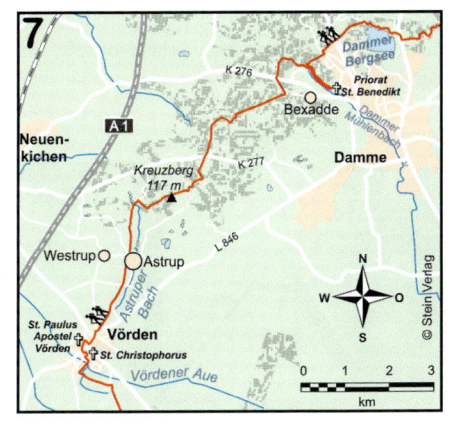

An einer folgenden Weggabelung nehmen Sie den rechts weiterführenden Weg. Sie kommen dann wieder aus dem Wald heraus, auf der linken Seite liegt ein Feld. Nach 120 m macht der Weg eine 90-Grad-Rechtskurve und Sie kommen nochmals kurz in den Wald, können hier aber an dessen Ende bereits eine Asphaltbahn erkennen, auf der Sie dann weiter in Richtung eines bäuerlichen Anwesens marschieren. Der Weg führt durch das Anwesen hindurch. Am Ende des Wegs halten Sie sich links und verlassen auf einer gepflasterten Straße das Gehöft. Sie passieren einen rechts gelegenen Teich, an dem mehrere Bänke stehen - ein herrlicher Platz, an dem man gut eine Pause machen kann. Unmittelbar hinter dem Teich steht am Wegesrand ein Wegweiser, der den restlichen Weg bis Vörden mit 3 km ausweist. Sie folgen dem Verlauf dieses landwirtschaftlichen, unbefestigten Wegs und nehmen an einer Gabelung den nach links führenden Weg. Dieser wird zu einer asphaltierten Straße, die leicht abschüssig durch Felder und Wiesen führt. Sie passieren eine auf der linken Seite gelegene bäuerliche Hofstelle und erreichen die Ortschaft **Astrup**.

Am Weg durch Astrup

Astrup

Das heute rund 165 Einwohner zählende Dorf Astrup wurde urkundlich erstmalig um die Jahrtausendwende (1000) erwähnt. Anlässlich der Gemeindereform wurde Astrup 1975 nach Neuenkirchen eingemeindet.

Wenige Meter vor dem Ortseingang können Sie noch an einem wunderschönen Rastplatz eine Ruhepause einlegen. Hier befindet sich auch ein Feldstein mit einer darauf befestigten, blau-gelb angestrichenen Jakobsmuschel. Diese Steine werden Sie in der Gemeinde Astrup noch mehrmals finden.

Sie folgen weiter dem Verlauf der Straße, die Sie aus Astrup heraus und durch Felder und Wiesen führt. 400 m nach Verlassen des Ortes gabelt sich die Straße und Sie müssen die rechts weiterführende Piste nehmen. Hier ist wieder ein schöner Rastplatz, außerdem steht hier eine Informationstafel der Gemeinde Astrup.

Nach 500 m gelangen Sie auf der Astruper Straße in die Ortschaft **Vörden**. Sie laufen an den Wohnhäusern vorbei, dann endet die Astruper Straße an der quer verlaufenden Westruper Straße, die Sie nach links weitergehen. Sie stoßen auf einen Kreisverkehr, an dem Sie sich rechts halten, dann die rechts abgehende Lindenstraße überqueren und gleich hinter der [BANK] Volksbank nach rechts in die Osnabrücker Straße wandern. Hier finden Sie eine ✕ Pizzeria, ein ☕ Eiscafé und eine [BANK] Sparkasse. Wenn Sie die Osnabrücker Straße geradeaus weitergehen, können Sie weitere Geschäfte entdecken, die die täglichen Bedürfnisse befriedigen.

Direkt vor dem 🛏 ✕ **Gasthof Wellmann** müssen Sie sich nach rechts in die Straße Am Burggraben wenden. Sie gehen an dem links liegenden Burggraben vorbei, halten sich nach 120 m links und gelangen über eine hölzerne Brücke zu dem Etappenziel, der **St.-Paulus-Apostel-Kirche Vörden**.

Vörden

- **ℹ** **Gemeinde Neuenkirchen-Vörden**, Küsterstraße 4, 49434 Neuenkirchen-Vörden, ☎ 054 93/987 10, 🖥 www.neuenkirchen-voerden.de,
  ✉ info@neuenkirchen-voerden.de, 🕐 Mo bis Fr 8:00 bis 12:00, Di und Fr 14:00 bis 16:00
- ♦ **Tourist-Information Dammer Berge e. V.**, Mühlenstraße 12, 49401 Damme, ☎ 054 91/99 66 67, 🖥 www.dammer-berge.de, ✉ info@dammer-berge.de
- 🛏 ✕ **Gasthof Wellmann**, Osnabrücker Straße 22, 49434 Neuenkirchen-Vörden, ☎ 054 95/232, 🖥 www.gasthof-wellmann.de, ✉ gasthof-info@ewetel.net, 🕐 tägl. außer Mi, ab 17:30
- 🛏 **Gasthaus Dalinghaus**, Osnabrücker Straße 9, 49434 Vörden, ☎ 054 95/364, 🖥 www.pension-dalinghaus.de, ✉ info@pension-dalinghaus.de, €€
- ☕ **Bäckerei-Café Schröder**, Osnabrücker Straße 26, 49434 Vörden, ☎ 054 95/296
- ✝ **St. Christophorus**, Heiligen Wall 15, 49434 Neuenkirchen-Vörden, ☎ 054 95/238, 🖥 www.kirchenkreis-bramsche.de
- ♦ **St. Paulus Apostel Vörden**, Am Burghof 1, 49434 Neuenkirchen-Vörden, ☎ 054 95/12 51, 🖥 www.st-paulus-voerden.de

Vörden mit etwa 2.400 Einwohnern ist Teil der Gemeinde Neuenkirchen-Vörden, die noch mit weiteren kleineren Ortschaften zusammengeschlossen ist. Obwohl Vörden und die umliegenden Ortschaften bereits weitaus früher besiedelt waren, wurde der Ort erst im Jahr 1361, als nördliche Verteidigungslinie des Bistums Osnabrück, urkundlich erwähnt. In den Folgejahren errichtete Bischof Dietrich eine Stiftsburg mit der **Kirche St. Christophorus** und gründete damit Vörden. Im 17. Jh. erweiterte Graf Gustavson die Stiftsburg und schaffte zusätzliche Befestigungen. 1747 vernichtete ein verheerendes Feuer nahezu die ganze Stadt einschließlich der Kirche. Bei einem weiteren Großbrand im Jahr 1842 brannte die St.-Christophorus-Kirche erneut bis auf die Grundmauern und den Westturm nieder, anschließend wurde sie am selben Ort bis 1851 wieder aufgebaut.

1858 wurde die katholische Kirche **St. Paulus Apostel Vörden**, die im Kirchschiff eine wunderschöne hölzerne Decke hat, eingeweiht. Bis dato wurden die Gottesdienste wechselnd für Katholiken und Protestanten in der evangelischen St.-Christophorus-Kirche abgehalten.

8. Etappe: Vörden - Engter

⮎ 21,5 km | ⏳ ca. 5 ½ Std. | 🚌 🛏 🏠 ✕ 🚉

Vörden	⇧ 42 m	. . .21,5 km	
Moorerlebnispfad	⇧ 45 m	. . .5,1 km	. . . .16,4 km
Wasserburg Alt Barenaue	⇧ 45 m	. . .4,4 km	. . . .12,0 km
Aussichtsturm Venner Berg . . .	⇧ 156 m	. . .6,2 km	. . . . .5,8 km
Engter	⇧ 72 m	. . .5,8 km	

🥾 Die 8. Etappe beginnt vor der St.-Paulus-Apostel-Kirche in Vörden. Sie gehen in süd-östliche Richtung auf eine große Kastanie zu, an dem Baum rechts in einen gepflasterten Weg, der Sie auf eine mit Feldsteinen gepflasterte Straße, die Kleine Hinterstraße, führt. Hier gehen Sie nach rechts und kommen sogleich an dem schmucken **Ackerbürgerhaus** vorbei, einem aus dem Jahr 1843 stammenden Fachwerkhaus, das vom örtlichen Heimatverein restauriert wurde. Es dient nun als ⌘ Heimatmuseum und ☕ Café (❏ jeden ersten Sonntag im Monat 14:00 bis 18:00).

8. Etappe: Vörden - Engter

Sie überqueren dann die Osnabrücker Straße und wandern auf der Großen Hinterstraße weiter. 50 m hinter der 90-Grad-Linkskurve geht nach rechts ein Fußweg ab, in den Sie hineinmarschieren. Sie stoßen auf eine quer verlaufende Straße, den Heiligen Wall, und halten sich rechts. Ihr Weg führt Sie weiter durch eine Wohngegend. Nach 100 m biegen Sie nach links in den Mußteilswall ab. Nach weiteren 100 m macht der Mußteilswall eine 90-Grad-Rechtskurve, der Sie folgen. Dann gehen Sie geradeaus über eine hölzerne Fußgängerbrücke, die über ein kleines Gewässer führt, und stoßen auf die Straße In der Aue, die Sie bis zu ihrem Ende entlangwandern. Unmittelbar hinter einem rechts gelegenen Industriegelände gehen Sie nach links und verlassen gleichzeitig die Ortschaft Vörden.

Der Weg führt Sie nun zwischen Feldern hindurch. Nach 800 m stoßen Sie auf eine quer verlaufende asphaltierte Straße, Sie marschieren hier nach rechts. Direkt an der Einmündung stehen zwei Viehställe. Sie folgen dem Verlauf der Asphaltbahn, die nach 950 m eine 90-Grad-Linkskurve macht. Hier zweigt nach rechts ein alleeartiger landwirtschaftlicher Weg ab. Nach weiteren 60 m müssen Sie dem Weg in einer 90-Grad-Rechtskurve folgen. Gleich hinter der Kurve haben Sie auf einer Bank, die unter einer schattenspendenden Eiche steht, die Möglichkeit, eine kleine Rast einzulegen. An einer Straßenkreuzung marschieren Sie nach links. In Gehrichtung sind u.a. Campemoor mit 4,2 km und das Gelände der **Varusschlacht** ausgeschildert.

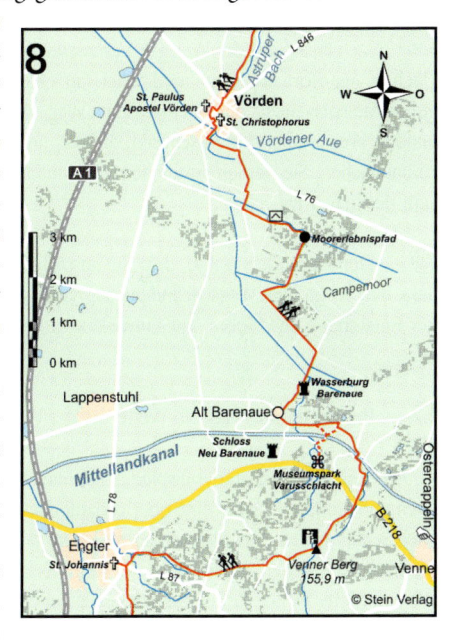

Der Weg, der teilweise von Bäumen gesäumt ist, stößt nach 700 m auf einen quer verlaufenden landwirtschaftlichen Schotterweg, den Sie überqueren. Hinter der Kreuzung stehen auf der linken Seite gleich eine Schutzhütte und eine Bank. Hier ist auch ein Hinweisschild auf den **Moorerlebnispfad**. Der weitere Weg ist nun von Bäumen gesäumt. Nach 950 m sind Sie am Beginn des Moorerlebnispfades angekommen, der Sie durch das Campemoor leitet. Nach links führt der Weg zur Vernassungsstrecke, geradeaus sehen Sie Flächen, wo Torf abgebaut wird. Hier, an einer einsam stehenden Eiche, gehen Sie nach rechts auf einen grasigen Weg. Auf der rechten Seite des folgenden Wegs haben Sie Mischwald, auf der linken Seite das Moor mit den Abbauflächen. Sie werden Torfhalden, Abraumfahrzeuge, Loren usw. auf diesem riesigen Areal sehen.

☺ Der Moorerlebnispfad, dem Sie nun folgen, hat 13 Stationen, die sich links und rechts des Wegs befinden. Sie haben Schautafeln mit Erklärungen zur Entstehung des Moors, zur Entwicklung, zur wirtschaftlichen Bedeutung usw.

✋ Bei Regen oder nassem Wetter ist der Weg moorig und weich.

Am Ende des Moorerlebnispfades kommen Sie durch ein kleines Wäldchen und stoßen dann auf eine quer verlaufende grasige Fahrspur, auf der Sie nach rechts gehen. Der Weg endet an einem landwirtschaftlichen Weg, den Sie nach links gehen. Gleich hinter der Einmündung steht eine Schutzhütte. Wenige Meter weiter stoßen Sie nochmals auf einen quer verlaufenden Weg, auf dem Sie wieder nach links gehen. Sie folgen nun diesem fast schnurgerade verlaufenden Weg, der an landwirtschaftlichen Flächen, Wäldern und an einem Fischteichgelände vorbeiführt für 1,9 km. Hier, an einer Kreuzung, an der Sie auf eine quer verlaufende Asphaltstraße stoßen, marschieren Sie nach rechts. Direkt an dieser Kreuzung steht rechts ein Buswartehäuschen mit einer Bank, die Sie zur Rast nutzen können, links befindet sich ein bäuerliches Anwesen.

Sie folgen dem Verlauf der Straße Campemoorweg, überqueren auf einer Brücke einen Wasserlauf, unterqueren eine Überlandleitung und kommen dann zu der links der Straße liegenden **Wasserburg Alt Barenaue**.

♜ Wasserburg Alt Barenaue

Die Ursprünge der Wasserburg Alt Barenaue liegen im 13. Jh. In Urkunden aus dem 14. Jh. wurde die Burg bereits erwähnt. Sie wurde auf einer Sandinsel im Großen Moor in Kalkriese erbaut und ist von einem Wassergraben umschlossen. Besonders erwähnenswert ist der achteckige Turm auf dem Torgebäude. Die Wasserburg kann nicht besichtigt werden.

♦ **Wasserburg Alt Barenaue**, Campemoorweg 1, 49565 Bramsche (Alt Barenaue), Kontakt: ☎ 054 61/935 50

Lindenallee bei Alt Barenaue

🚶 Sie folgen weiter dem Verlauf des Campmoorwegs, der nun durch eine Lindenallee führt, an der die Kronen der Bäume nach außen gekippt sind, sodass das Ganze einen trichterförmigen Eindruck hervorruft. Sie folgen weiter dem Straßenverlauf und kommen in den Weiler Alt Barenaue, wo Sie einen auf einem Privatgelände stehenden, herrlich anzuschauenden Baumstumpf, der sich wie ein Kunstwerk präsentiert, passieren. An einer folgenden Kreuzung, vor der auf der linken Seite noch ein schöner schattiger Rastplatz ist, halten Sie sich links und marschieren hier die Alte Heerstraße weiter.

> ↪ Wenige Meter vor Alt Barenaue geht nach links der Pickerweg ab, der im weiteren Verlauf auf der Alten Heerstraße wieder auf den Pilgerweg stößt.

Nach 320 m geht rechts die Straße Barenaue ab, die u.a. zum Schloss Neu Barenaue führt. Sie folgen aber weiter dem Verlauf der geradeaus führenden Alten Heerstraße, passieren vereinzelt gelegene Häuser und kommen dann zu einer Straßengabelung, ↪ wo nach rechts die Straße Zum Langholz zu dem Gelände der **Varusschlacht** und zum Museumspark führt. Sie überqueren den Mittellandkanal und laufen anschließend weiter die Cheruskerstraße entlang zum Gelände des Museumparks.

Varusschlacht

In der Varusschlacht, auch „Schlacht im Teutoburger Wald" genannt, wurden im Jahr 9 n.Chr. die Bemühungen des P. Q. Varus, der mit einem römischen Heer den Auftrag hatte, das römische Reich vom Rhein zur Elbe hin auszudehnen, durch die von Arminius („Hermann"), einem Cheruskerfürsten, geführte germanische Streitmacht vereitelt. Dieser besiegte die römischen Heere, was das Ende der römischen Bemühungen, in Germanien Einfluss zu gewinnen, bedeutete.

Der Cheruskerfürst Arminius war vermutlich als Kind nach Rom entführt und dort dann später zu einem römischen Offizier ausgebildet worden. Er verfügte über hervorragende Kenntnisse der römischen Streitkräfte und ihrer Taktiken und diente als Kommandeur der Hilfstruppen. Er war als Kamerad im Offiziersrang angesehen und galt als zuverlässig. Er wandte sich jedoch gegen die römische Oberherrschaft und führte in einem Aufstand die Cherusker zusammen mit anderen germanischen Stämmen gegen die römische Streitmacht, was mit der Vernichtung der römischen Heere in der Varusschlacht endete.

Über die Orte, an denen die Varusschlacht geführt wurde, gibt es Hunderte unterschiedliche Theorien. Neben Stätten in den Niederlanden, in Norddeutschland und in Ostwestfalen gibt es auch Hinweise darauf, dass die Schlacht im Bereich des Teutoburger Waldes, nördlich des Wiehengebirges bei Kalkriese, westlich des Teutoburger Waldes, stattfand. So belegen u.a. archäologische Funde, dass in Kalkriese eine kriegerische Auseinandersetzung zwischen Römern und Germanen stattgefunden hat.

✠   **Varusschlacht im Osnabrücker Land GmbH, Museum und Park Kalkriese**, Venner Straße 69, 49565 Bramsche-Kalkriese, ☏ 054 68/920 42 00, 🖥 www.kalkriese-varusschlacht.de, 🕐 April bis Okt.: Mo bis So 10:00 bis 18:00, Nov. bis März: Di bis So 10:00 bis 17:00

Sie bleiben auf der geradeaus führenden Asphaltstraße. Nach 550 m gehen Sie an einer Straßenkreuzung nach rechts in die Straße Zum Langholz und nach 100 m nach links in die Straße Am Timpen. Hier verweist ein Hinweisschild auf Ostercappeln in 11,7 km und Venne in 4,6 km Entfernung. Die Straße führt Sie weiterhin durch Felder und Wiesen, die zeitweilig von Hecken abgegrenzt sind, und an einzeln gelegenen Gehöften vorbei. Sie passieren die links abgehende Straße Kuhdamm und folgen weiter der nunmehr leicht ansteigenden Straße Am Timpen. Nach 130 m biegt rechts eine Asphaltstraße ab, die Sie nehmen und die Sie dann auf einer Brücke über den **Mittellandkanal** führt.

Mittellandkanal
Mit dem Bau des Mittellandkanals (MLK), der in seiner jetzigen Form eine Länge von etwas mehr als 320 km aufweist, wurde im Jahr 1906 begonnen. Das erste Teilstück zwischen Bergeshövede und Hannover wurde 1915

vollendet. 1938 wurde er in seinem jetzigen Streckenverlauf in Betrieb genommen. Er stellt eine Verbindung zwischen dem Dortmund-Ems-Kanal nördlich von Rheine und der Elbe und dem Elbe-Havel-Kanal bei Magdeburg dar, dabei verläuft er nördlich des Teutoburger Waldes und des Wiehengebirges an Hannover vorbei.

Über seine Zubringer ermöglicht der Kanal Schiffsverkehr zwischen dem Rhein und den westlich des Rheins gelegenen Staaten mit Berlin und den weiter im Osten gelegenen Staaten Polen und Tschechien. Innerdeutsch sind über den MLK und die abzweigenden Stichkanäle Städte wie z.B. Osnabrück, Minden, Hildesheim, Hannover, Salzgitter, Braunschweig und Wolfsburg mit Binnenschiffen erreichbar. In seinem Verlauf überquert der MLK in Kanalbrücken u.a. den Lauf der Weser und der Elbe.

Auf der dann folgenden quer verlaufenden Straße halten Sie sich links, gehen dann für wenige Meter in südöstliche Richtung parallel zum Kanal und folgen schließlich weiter dem Verlauf der Straße Voßhohle, die Sie an einigen Häusern vorbeiführt. Ihr Weg verläuft nun für geraume Zeit parallel zu einer Telefonoberlandleitung. Nach einer 90-Grad-Rechtskurve führt Ihr Weg beinahe schnurgerade zur Bundestraße B 218, die Sie überqueren. Dann marschieren Sie in die gegenüber befindliche Asphaltstraße, den Burlagen Weg.

Ein Hinweisschild weist hier in Ihre Richtung auf den Aussichtsturm Venne hin, weiterhin bietet hier die Familie Strebost Fremdenzimmer an.

Familie Strebost, Engterstraße 13, 49179 Ostercappeln-Venne, ☏ 054 76/12 47

Ihr Weg, der bis kurz hinter dem Mittellandkanal nahezu eben verlief, steigt jetzt merklich an. Auf der linken Seite folgt dann ein Parkplatz mit mehreren Infotafeln, links von diesem führt eine Treppe zu einem Wassertretbecken und einer Armbadestelle. Hier zweigt auch links der Pickerweg ab. Sie folgen weiter dem Verlauf der ansteigenden Asphaltstraße, die Sie zunächst durch einen Wald führt und nach einer lang gezogenen Linkskurve wieder durch Felder und Wiesen verläuft. Rechts des Wegs stehen vereinzelt Häuser und ein Sendemast. Sie gelangen dann an den **Aussichtsturm Venner Berg**.

Venner Berg

Der Venner Berg ist mit 155,9 m über NN die höchste Erhebung in der Gemeinde Ostercappeln. Von dem im Jahr 1976 errichteten Aussichtsturm können Sie bei guter Sicht im Westen bis Lingen, im Norden über die Dammer Berge, im Osten auf das Wiehengebirge und im Süden in das Osnabrücker Land schauen. Sie werden von hier aus u.a. den Turm der evangelischen St.-Katharinen-Kirche sowie das Iduna-Hochhaus in Osnabrück erkennen. Die Aussichtsplattform des aus Lärchenholz errichteten Turms hat eine Höhe von 20 m. Bei klarer Sicht sind mehr als 35 Kirchtürme vom Turm aus zu erkennen. Unter dem Turm können Sie im Schatten einiger Eichen und Birken auf einer Sitzgruppe schön rasten.

Der Weg führt nun nahezu eben weiter. An einer Straßengabelung nehmen Sie die rechte Möglichkeit, die Straße Im Hasselbrock. Hier ist ein Hinweisschild auf Osnabrück mit 20 km und Kalkriese mit 5,8 km Entfernung in Wanderrichtung zu sehen. Nach 700 m, an einer weiteren Weggabelung, nehmen Sie wieder die rechts weiterführende Straße, die Sie durch Felder und Wiesen und kleinere Wälder führt. Sie gelangen nach 600 m an eine Straßenkreuzung und nehmen hier den nach rechts weiterführenden Weg. An der Kreuzung haben Sie die Möglichkeit zu rasten und bei schlechtem Wetter in einer Hütte Schutz zu finden. Sie kommen an vereinzelt beidseitig des Wegs liegenden Häusern vorbei und folgen weiter dem Verlauf der Straße Im Hasselbrock, die Sie wechselnd an forst- und landwirtschaftlichen Flächen vorbeiführt. Sie stoßen dann auf eine quer verlaufende asphaltierte Straße, überqueren diese und marschieren den dort in den Wald führenden geschotterten Forstweg weiter. Der Weg führt Sie durch Misch- und Stangenwald sowie durch Neuaufforstungen. Er ist leicht abschüssig. Nach 1,1 km stoßen Sie auf einen quer verlaufenden unbefestigten Forstweg und gehen hier nach links. Sie durchqueren einen nunmehr hauptsächlich aus Buchen bestehenden Wald, folgen dann dem weiter abschüssigen Verlauf des Wegs, gelangen aus dem Wald heraus und sehen bereits die ersten Häuser von Engter. Sie stoßen auf eine Asphaltbahn und halten sich links. Nach wenigen Metern, an einer Weggabelung, nehmen Sie die links führende Straße Am Meyerhof. Sie kommen nun an den ersten Häusern von Engter vorbei und erreichen dann die Landstraße L 87, die Evinghausener Straße, wo Sie nach rechts in den

Ort Engter gehen. An einer folgenden Kreuzung mit der Landstraße L 78 gehen Sie wenige Meter nach rechts und haben auf der gegenüberliegenden Straßenseite den Eingang zu Ihrem Etappenziel, der evangelischen **Kirche St. Johannis** in Engter, erreicht. Wenn Sie die Landstraße L 78 weiter in den Ort gehen, finden Sie Geschäfte und ✕ Restaurationsbetriebe vor.

Engter

- **Tourismusverband Osnabrücker Land e.V.**, Krahnstraße 52/53, 49074 Osnabrück, ☎ 05 41/95 11 10, 🖳 www.osnabruecker-land.de, ✉ team@tvosl.de, 🕘 Mo bis Fr 9:00 bis 18:00, Sa:00 bis 14:00
- **Gasthof Bei der Becke**, Im alten Dorf 14, 49565 Bramsche-Engter, ☎ 054 68/312, €€
- **Heinz Ferch**, Gebrüder-Grimm-Str. 17, 49565 Bramsche-Engter, ☎ 054 68/17 04
- **St. Joahnnis**, Im Alten Dorf, 49565 Bramsche

Funde von Hünengräbern und Brandurnen beweisen, dass die Gegend um Engter bereits in der Steinzeit besiedelt war. Die erste schriftliche Erwähnung findet Engter 1147 in einer Urkunde des Bischofs von Osnabrück. 1229 erteilte der Bischof den Einwohnern von Engter die Erlaubnis, eine Kirche zu bauen, die dann bis zum Jahr 1250 errichtet wurde. Ein Feuer vernichtete im Jahr 1720 große Teile des Ortes. Seit 1972 gehört Engter aufgrund der Gebietsreform zusammen mit weiteren ehemals selbstständigen Gemeinden zur Stadt Bramsche. In Engter leben heute rund 2.400 Einwohner.

9. Etappe: Engter - Osnabrück

➲ 19,7 km | ⌛ ca. 5 Std. | 🚆 🚌 🛏 🏨 ✕ 🚗

Engter	⇧ 72 m		19,7 km
Piusgarten	⇧ 105 m	5,2 km	14,5 km
Rulle	⇧ 87 m	2,2 km	12,3 km
Knollmeyers Mühle	⇧ 89 m	3,2 km	9,1 km
Nettebad	⇧ 67 m	4,6 km	4,5 km
Bürgerpark	⇧ 89 m	3,0 km	1,5 km
Osnabrück (Dom St. Peter) . .	⇧ 68 m	1,5 km	

9. Etappe: Engter - Osnabrück

🚶‍♂️ Sie starten diese Etappe an der evangelischen St. Johannis Kirche in Engter und gehen an der großen Kreuzung in die gegenüberliegende Evinghausener Straße. Nach 140 m zweigt rechts eine Asphaltstraße ab, die Sie nehmen müssen und auf der Sie nach wenigen Metern die Ortschaft Engter verlassen. Ihr Weg führt Sie leicht aufwärts durch Felder und Wiesen. Die Asphaltstraße endet an einer Wegkreuzung,

Sie wandern geradeaus weiter auf einem unbefestigten landwirtschaftlichen Weg in den Wald. An einer Weggabelung nehmen Sie den rechts weiterführenden Weg, wenige Meter danach gabelt sich der Weg nochmals und Sie nehmen wieder den rechts abgehenden Weg. Es ist nun ein Waldwanderpfad, der Sie durch einen Mischwald führt.

Sie haben dann bald den höchsten Punkt des Wegs erreicht und der Pfad führt Sie abwärts in eine Senke, wo es moorig und matschig ist. Sie passieren ein rechts gelegenes, eingezäuntes Brunnengelände. Wenige Meter danach stoßen Sie auf einen quer verlaufenden unbefestigten Forstweg und marschieren rechts weiter. Nach 400 m gelangen Sie an eine Kreuzung, an der sich rechts zwei Häuser befinden. Sie gehen hier geradeaus weiter und biegen nach 140 m nach links in einen forstwirtschaftlichen Weg ab. In Wanderrichtung steht ein Wegweiser, der u.a. den Wanderweg nach Osnabrück mit 18 km ausweist. Sie passieren eine Schutzhütte und nehmen an einer nach 450 m folgenden Weggabelung den rechten Weg.

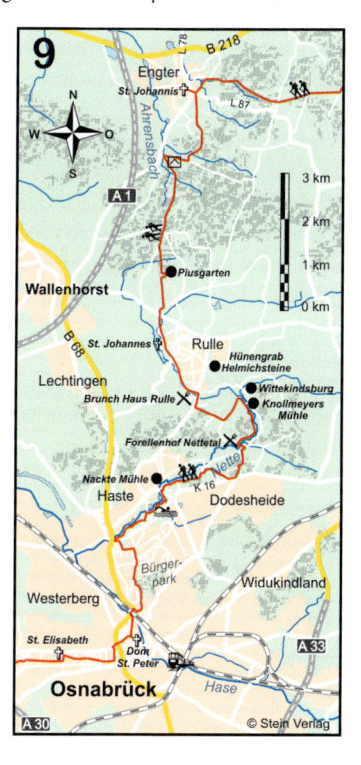

✋ Besonders im Wald sind die Wegzeichen oft schwer auszumachen, da sie u.a. auch zuwachsen.

An einer folgenden Wegkreuzung gehen Sie geradeaus weiter und folgen dem Verlauf des nahezu geradlinig verlaufenden Forstwegs, der Sie wechselnd an- und absteigend durch alten Baumbestand und Neuanforstungen führt. Sie passieren eine hölzerne Schranke, folgen weiter dem Verlauf des Wegs, gehen an einer folgenden Kreuzung auch geradeaus weiter und stoßen dann auf eine Weggabel. Geradeaus führt die geschotterte Piste weiter, Sie nehmen hier aber den links abzweigenden forstwirtschaftlichen Weg. Nach 600 m geht links ein wunderschöner Waldweg ab, den Sie nehmen. Ein Schild weist auf den **Piusgarten** hin, zu dem Sie nach wenigen Schritten gelangen. Hier haben Sie die Möglichkeit, eine Rast einzulegen.

Piusgarten

Der Piusgarten befindet sich auf dem Piusberg, wo bereits seit „ewigen Zeiten" ein Kreuz steht. Als Papst Pius IX. im Jahr 1871 sein 25-jähriges Papst-Jubiläum feierte, wurde von einer in Rulle lebende Familie an diesem Ort eine Gedenkstätte angelegt. Ein für die Opfer des Ersten Weltkrieges errichteter Gedenkstein ergänzt diese Stätte. Der Piusgarten wird weiterhin von Gemeindemitgliedern aus Rulle ehrenamtlich gepflegt und instand gehalten.

Es ist fast ein Muss, hier eine Pause zu machen, um zu verweilen und dem Piusgarten Respekt zu erbringen.

🚶🚶 Über einen Wanderpfad, der rechts vor dem Garten abgeht, gelangen Sie wieder auf den Forstweg, den Sie verlassen hatten, um zum Piusgarten zu kommen. Sie lassen dann auch den Wald hinter sich und marschieren zwischen landwirtschaftlich genutzten Flächen hindurch. Sie haben auf der linken Seite einen schönen Blick auf ein Pferdegestüt, rechts voraus sind einige Windkrafträder zu sehen. Der abschüssige und unbefestigte Weg führt dann schnurgerade an eine Asphaltstraße, an der Sie nach rechts laufen. Nach 100 m gehen Sie nach links in die Straße Dammhus und über einen gepflasterten Weg unmittelbar an einem Wohnhaus vorbei. Sie stoßen auf die Landstraße L 109, die Ruller Straße, die Sie überqueren, und marschieren anschließend leicht nach links versetzt in die Klosterstraße.

Sie gelangen nun in die Ortschaft Rulle, hier in den Ortsteil Wallenhorst, und überqueren dann auch gleich den Fluss Nette, einen knapp 20 km langen Fluss, dessen Quelle westlich von Ostercappeln entspringt und der in Osnabrück in die Hase mündet. Sie folgen weiter dem Verlauf der Straße und erreichen die katholische Kirche **St. Johannes von Rulle**.

Rulle

- **Gemeinde Wallenhorst**, Rathausallee 1, 49134 Wallenhorst, ☏ 054 07/888-0, 🖳 www.wallenhorst.de, ✉ posteingang@wallenhorst.de, 🕒 Mo, Mi und Fr 8:00 bis 16:00, Di und Do 8:00 bis 17:30, Infos außerdem unter 🖳 www.rulle.de
- **Hotel Lingemann**, Vehrter Landstraße 21, 49134 Wallenhorst-Rulle, ☏ 054 07/61 26, 🖳 www.hotel-lingemann.de, ✉ info@hotel-lingemann.de, €€
- **Gaststätte Zum Alten Kloster**, Klosterstraße 17, 49134 Wallenhorst, ☏ 054 07/61 31
- **Kirche St. Johannes**, Klosterstraße 9, 49134 Wallenhorst, ☏ 054 07/61 36, 🖳 www.st-johannes-rulle.de

Die Geschichte des heute knapp 5.000 Einwohner zählenden Ortes Rulle reicht bis ca. 3.500 v.Chr. zurück, bereits zur damaligen Zeit war die Gegend besiedelt. Davon zeugen archäologische Funde sowie die **Helmichsteine**, die Reste eines Großsteingrabes aus Findlingen, die Sie über die Straße Im Esch in Rulle erreichen. Um 800 n.Chr. haben etwa 25 Familien mit insgesamt ca. 150 Personen in Rulle gelebt.

Ende des 12. Jh. wurde direkt neben der Marienquelle die Pfarrkirche St. Ulrich erbaut, die später in den Bau der St.Johannes-Kirche integriert wurde und heute als Gnadenkapelle Bestandteil dieser Kirche ist. Mitte des 13. Jh. wurde das Zisterzienserinnenkloster Marienbrunn (später Kloster Rulle) gegründet, das bis 1803 aktiv betrieben wurde. Heute wird das Kloster als Jugendbildungszentrum genutzt. 1250 erbaute man eine neue Kirche direkt neben der St.-Ulrich-Kirche.

Im Jahr 1347 fand das Blutwunder von Rulle statt, das zu einer wahren Pilgerflut bis in die heutigen Jahre führte. Im 17. Jh. nahm die Marienverehrung immer weiter zu, sodass seitdem ein Gnadenbild der Schmerzhaften Muttergottes als zweites Pilgerziel anzusehen ist. Nach dem Ersten Weltkrieg nahm die Anzahl der Wallfahrer aufgrund der allgemeinen Not wieder erheblich zu, weshalb in den Jahren 1928 bis 1930 die heutige Wallfahrtskirche **St. Johannes** erbaut wurde. In den Bau sind die gotische Kirche aus dem 13. Jh. und die Gnadenkapelle integriert.

Einer Legende zufolge wurde die **Marienquelle**, aufgrund derer das Kloster zunächst Marienbrunn hieß, von einem erblindeten Schäfer entdeckt, der an dieser Stelle seinen Schäferstab in die Erde steckte. Beim Herausziehen des Stocks floss Wasser aus dem Loch, mit welchem er sich seine Augen benetzte. Wenige Zeit danach habe er wieder sehen können.

Rulle ist heute Ortsteil der Gemeinde Wallenhorst.

🚶 Sie folgen dann nicht der Vorfahrtsstraße, sondern gehen geradeaus weiter die Straße Am Eichholz entlang, die in Richtung Friedhof führt. In einer 90-Grad-Linkskurve nehmen Sie halb links einen für Fahrzeuge gesperrten Weg, den Nonnenpfad, der Sie am Friedhof vorbeiführt. Hier haben Sie mehrfach die Möglichkeit, auf Bänken, die beidseitig des Wegs stehen, eine Rast einzulegen. Sie stoßen auf eine quer verlaufende Asphaltstraße, die Sie überqueren, dann wandern Sie die gegenüberliegende Straße Am Haupthügel weiter. Auf der rechten Seite begleitet Sie ein Stadtwald, auf der linken haben Sie schöne, z.T. aus Natursteinen gemauerte Häuser, die anzuschauen sich lohnt. Sie passieren das ✕ **Brunchhaus Rulle** (🕒 Mo, Mi, Do 9:00 bis 13:00 und 14:30 bis 18:00, Fr 9:00 bis 13:00, Sa 9:00 bis 18:00, So 9:30 bis 18:00), wo Sie auf der Terrasse eine schöne Pause machen können.

Am Ende der Straße Am Haupthügel gehen Sie in einer 90-Grad-Kurve in die Straße Am Haster Berg, auf der Sie die örtliche Kläranlage passieren und erneut die Nette überqueren, um dann nach links in die Straße Auf dem Hohn abzubiegen. Nun haben Sie auch die letzten Häuser von Rulle hinter sich gelassen, Ihr Weg führt wieder durch landwirtschaftliche Nutzflächen. Nach 700 m stoßen Sie auf den quer verlaufenden Hohnweg und gehen hier nach links. Vor der Einmündung liegt noch ein schöner Rastplatz mit einem hölzernen Jesuskreuz. Das Kreuz hier ist ganz schlicht gehalten, da die bronzene Jesusfigur vor Jahren von unbekannten Dieben gestohlen wurde. Sie folgen weiter dem Verlauf der asphaltierten Straße und gelangen, nachdem Sie eine Minigolfanlage passiert haben, zu **Knollmeyers Mühle**, einer Wassermühle im Nettetal.

Gegenüber der Mühle befindet sich das **Gasthaus Knollmeyer**.

✗ **Gasthaus Knollmeyer**, Nettetal 4, 49134 Wallenhorst, ☏ 054 06/44 32, 🖥 www.gasthaus-knollmeyer.de, 🕐 Mo bis Fr ab 15:00, Sa ab 14:00, So und feiertags ab 11:00

Knollmeyers Mühle

↳ Von hier führt ein ausgeschilderter Weg zur **Wittekindsburg**, der etwa eine halbe Stunde in Anspruch nimmt.

♜ Wittekindsburg

Für die ehemalige Wittekindsburg gibt es keine urkundlichen Nachweise. Jedoch ist aufgrund der archäologischen Funde anzunehmen, dass die Burg im 8. Jh. gegründet und anschließend als Befestigungsanlage mit Wällen und Gräben sowie Vor- und Hauptburg errichtet wurde.

Als zum Ende des 8. Jh. Karl der Große mit kriegerischen Mitteln versuchte, die heidnischen Sachsen zu christianisieren, leistete der Adlige Widukind in einer Schlacht in der Nähe von Detmold zwar erheblichen Widerstand, musste aber dennoch nach schweren Verlusten aufgeben und flüchtete in die

> Wittekindsburg. Nach Sachlage hat die Burg der damaligen Bevölkerung als Fluchtburg gedient, sie war offensichtlich niemals langfristig bewohnt. Bei Ausgrabungen wurden die Grundmauern der Wittekindsburg so weit freigelegt, dass heute der Grundriss der Festung vor Ort zu erkennen ist.

Ihr durch den Wald weiterführender Weg verläuft nun parallel zur Nette. Sie kommen an einem Erlebnispark mit einem Hochseilgarten vorbei. Der Weg endet an einer quer verlaufenden Asphaltstraße. Folgen Sie der Straße nach rechts, so gelangen Sie nach wenigen Metern zum **Forellenhof Nettetal**. Sie können sich hier für den weiteren Weg mit Fischspezialitäten versorgen oder im Bistro stärken.

✕ **Forellenhof Nettetal**, Am Forellenteich 19, 49090 Osnabrück, ☎ 05 41/625 22, 🖥 www.forellenhofnettetal.de, 🕐 Di bis Sa 9:00 bis 18:00

Sie gehen an der Asphaltstraße weiter, überqueren auf einer hölzernen Brücke die Nette und stoßen erneut auf eine asphaltierte Straße, an der Sie nach rechts gehen. Sie passieren ein bäuerliches Anwesen auf der rechten Seite und marschieren nach 120 m nach links in die landwirtschaftliche Straße Im Hollen, die ansteigend ist. Sie gelangen in den Wald und stoßen dann auf einen quer verlaufenden forstwirtschaftlichen Weg, den Sie nach rechts weiterwandern. Auf der rechten Seite folgt sogleich eine Ziegenfarm und unmittelbar hinter dieser geht nach rechts ein landwirtschaftlicher Weg ab, den Sie nehmen müssen. Er endet an einem weiteren quer verlaufenden Weg, auf dem Sie nach rechts wandern. Der Weg geht in eine asphaltierte Straße über, deren Verlauf Sie folgen. Sie erreichen die Straße Zum Gut Nette und gehen geradeaus weiter in diese Straße.

✋ In einer dann folgenden Rechtskurve unmittelbar vor dem Gut Nette, dessen Mauern Sie bereits sehen können, führt links ein Wanderpfad in den Wald, den Sie nehmen müssen. Er ist schwer zu erkennen, auch das Wegzeichen ist von belaubten Zweigen bedeckt und nicht zu erkennen.

Der Weg steigt heftig an, macht eine 90-Grad-Rechtskurve und erreicht ein Feld. Sie gehen nach rechts, haben nun auf der linken Seite das Feld und rechts den Wald und folgen nach 120 m einem Wanderweg nach rechts in den Wald. Sie gehen jetzt eine geraume Zeit parallel zu einem Holzzaun. An einer Weggabelung nehmen Sie den rechten Weg. Sie kommen aus dem Wald heraus und haben links wieder ein Feld. Rechts können Sie durch das Buschwerk die Nette sehen, die nunmehr wieder parallel zu Ihrem Wanderpfad fließt.

Nach 300 m können Sie nach rechts in einen Waldweg gehen, der Sie in wenigen Minuten über die Nette zur **Nackten Mühle** führt - ein Abstecher lohnt sich auf jeden Fall.

Der Pfad führt Sie an dem Feld zu einer asphaltierten Straße, der Haneschstraße, die Sie wenige Meter nach rechts gehen, um Sie dort zu überqueren und dann in den gegenüberliegenden, unbefestigten Geh- und Radweg zu wandern. An einer sogleich folgenden Gabelung nehmen Sie den links weiterführenden Weg. Sie gehen nun wieder parallel zur Nette und überqueren auf einer Holzbrücke den Klusbach, der hier in die Nette mündet. Hinter der Brücke wenden Sie sich scharf nach rechts. Sie passieren das links des schattigen Wegs gelegene **NetteBad**.

NetteBad, Buschstr. 26, 41334 Nettetal-Kaldenkirchen, ☏ 021 57/87 58 78, 🖳 www.stadtwerke-nettetal.de, Mo 8:45 bis 20:45, Di bis Fr 7:00 bis 21:00, Sa 9:00 bis 16:00, So 9:00 bis 17:00

Hinter dem Bad stoßen Sie auf einen gepflasterten Weg, den Sie kurz nach rechts gehen müssen, um dann nach 20 m auf eine asphaltierte Fahrspur nach links abzubiegen. Nach 200 m müssen Sie, bevor Sie an eine breite Asphaltstraße gelangen, fast rechtwinklig nach rechts in eine asphaltierte Fahrspur, die Straße An der Nette, wechseln. Links des Wegs folgt dann ein Kleingartengebiet und rechts haben Sie eine den Weg lange begleitende Mauer. Sie befinden sich nun im Randbereich der Stadt **Osnabrück**.

Sie stoßen dann auf die Kreisstraße K 16, die Vehrter Landstraße, überqueren sie und gehen nach 100 m nach rechts in einen Fußweg, der durch eine parkartige Anlage mit Sitzmöglichkeiten führt. Beidseitig der Anlage sind Kleingärten. Am Ende des Wegs treffen Sie auf die asphaltierte Erzberger Straße und gehen hier nach links. Sie führt Sie an Wohnhäusern vorbei. Am Ende der Erzberger Straße laufen Sie nach rechts, stoßen auf einen Kreisverkehr und nehmen dort gleich wieder die erste Straße rechts, die Hügelstraße. Diese geht in die Süntelstraße über und Sie folgen auch deren Verlauf.

Nachdem Sie 250 m an der Friedhofsmauer entlanggegangen sind, gehen Sie nach links in die Veilchenstraße, in Richtung des Katharina-von-Bora-Hauses. Sie folgen dem Weg zum Haus Veilchenweg 24 und zum Katharina-von-Bora-Haus. Gleich hinter diesem gabelt sich der Weg und Sie nehmen den rechts weiterführenden.

Nun sind Sie im Bürgerpark und folgen dem Weg, der Sie in einer lang gezogenen Rechtskurve durch den Park, in dem viele Bänke zur Rast einladen, führt. Auf dem höchsten Punkt gabelt er sich und Sie nehmen den rechts abgehenden Weg. Durch steinerne Pfosten mit angrenzenden Mauern verlassen Sie den Park und wandern die geradeaus führende Straße Am Gertrudenberg weiter. Nach 150 m gehen Sie rechts auf einen unbefestigten Weg, der durch große Felssteine für den Fahrzeugverkehr gesperrt ist. Der alleeartige Weg führt an Gärten vorbei, macht am Ende eine 90-Grad-Rechtkurve und stößt dann auf eine kopfsteingepflasterte Straße, die Ziegelstraße, die Sie nach rechts weitergehen. Sie stoßen dann auf den Hasetorwall, auf dem Sie nach links unter der Bahnbrücke weitergehen, und überqueren anschließend den Erich-Maria-Remarque-Ring. Sie halten sich hier links und wandern nach 70 m nach rechts in die Hasestraße, überqueren sogleich die Hase und, folgen dem Verlauf der Hasestraße, die Sie an unterschiedlichsten Geschäften vorbei ins Zentrum von Osnabrück und zum Etappenziel, dem Dom St. Peter, führt.

✞ Dom St. Peter

Der Dom ist die Kathedralkirche des Bistums **Osnabrück**. Er ist im spätromanischen Stil als dreischiffige Hallenkirche errichtet. Der erste Dom, eine Bischofskirche, die Ende des 8. Jh. geweiht wurde, wurde relativ schnell durch einen zweiten Bau ersetzt. Dieser wiederum wurde durch ein Feuer um 1100 zerstört. Auf den Mauerresten wurde das dritte Kirchenhaus errichtet. Es hatte bereits den kapitalen achteckigen Vierungsturm. Im 13. Jh. bekam der Bau seine heutige Struktur. Der im romanischen Stil gebaute Nordwestturm ist einer der schönsten Türme Deutschlands. Der zur damaligen Zeit im Westen errichtete zweite Turm (Zwillingsturm) wurde im 15. Jh. durch einen mächtigen, im spätgotischen Stil erbauten Turm ersetzt.

Zu den Prunkstücken im Inneren des Doms gehören neben dem aus dem Jahr 1225 stammenden bronzenen Taufbecken und dem 1230 gefertigten

hölzernen Triumphkreuz die acht übergroßen Apostel aus dem 16. Jh., die auf den Pfeilern stehen, unter ihnen auch **Jakobus d. Ä.**
- Dom St. Peter, Große Domfreiheit , 49074 Osnabrück, ☎ 05 41/318-428, 🖥 www.bistum-osnabrueck.de, 🕑 Mo bis So 7:00 bis 19:00

Osnabrück

- 🛈 **Tourist-Information,** Bierstr. 22-23, 49074 Osnabrück, ☎ 05 41/323 22 02, 🖥 www.osnabrueck.de, ✉ tourist-information@osnabrueck.de, 🕑 Mo bis Fr 9:30 bis 18:00, Sa 10:00 bis 16:00
- 🛏 **Hotel Neustadt,** Miquelstraße 34, 49082 Osnabrück, ☎ 05 41/512 00, 🖥 www.hotel-neustadt.com, ✉ info@hotel-neustadt.com, €€
- **Hotel Sieme,** Meller Straße 113, 49082 Osnabrück, ☎ 05 41/57 24 54, 🖥 www.hotel-sieme.de, ✉ info@hotel-sieme.de
- **Intourhotel,** Maschstraße 10, 49078 Osnabrück, ☎ 05 41/466 43, 🖥 www.intourhotel.de, ✉ info@intourhotel.de, €€
- 🏠 **Auf dem Klushügel,** Privatzimmer Frau Menke, Humboldtstr. 34, 49074 Osnabrück, ☎ 05 41/255 67
- **DJH Jugendherberge Osnabrück,** Iburger Straße 183 a, 49082 Osnabrück, ☎ 05 41/542 84, 🖥 www.osnabrueck.jugendherbergen-nordwesten.de, ✉ osnabrueck@jugendherberge.de, €€
- ✝ **Johanniskirche,** Johannisstraße 40, 49074 Osnabrück, ☎ 05 41/350-630, 🖥 www.st-johann-os.de, 🕑 Mo bis So 7:30 bis 19:00, Besichtigung der Schatzkammer So 11:00 anlässlich der Kirchenführung. Die Johanniskirche wurde im 13. Jh. im frühgotischen Stil errichtet und hat einen besonders hohen und lichten Innenraum. Verblüffende Ähnlichkeit mit dem Dom St. Peter hat die Johanniskirche von der Westseite aus betrachtet. Im Inneren sind der Kreuzgang sowie das aus dem 15. Jh. stammende Sakramenthaus und die Schatzkammer hervorzuheben.
- **Kirche St. Katharinen,** An der Katharinenkirche 7, 49074 Osnabrück, ☎ 05 41/600 28 30, 🖥 www.katharinen.net, 🕑 Mo bis Fr 14:30 bis 16:30, Sa 11:00 bis 12:30. Der Bau der im spätgotischen Stil als Hallenkirche errichteten St. Katharinen hat rund 200 Jahre, bis 1500, angedauert. Der 1511 fertiggestellte Turm ist mit einer Höhe von 103 m das höchste mittelalterliche Gebäude Niedersachsens. Die Kirche wurde im Zweiten Weltkrieg während des letzten Luftangriffs erheblich zerstört, der Wiederaufbau wurde bis 1950 durchgeführt.

Auch im Inneren wurde nahezu alles zerstört, Reste des Hochaltars aus dem 19. Jh. können in der Kirche aber noch betrachtet werden. Die Kirche ist das höchste mittelalterliche Bauwerk Niedersachsens.

✟ **Lutherkirche**, Miquelstraße 5, 49082 Osnabrück, ☎ 05 41/569 01 66, 🖥 www.suedstadtkirchengemeinde.de. Die von 1907 bis 1909 erbaute Lutherkirche wurde im Stil einer Burg in Kalkbruchstein erbaut, der rund 50 m hohe Turm hat eine Aussichtsplattform in 37 m Höhe. Die in den 50er-Jahren mit weißer Farbe übermalte Innenmalerei wurde anlässlich von Restaurierungsarbeiten ab 1985 wiederhergestellt, sodass jetzt die beeindruckenden Jugendstilmalereien für jedermann zu sehen sind.

♦ **Kirche St. Marien**, Markt, 49074 Osnabrück, ☎ 05 41/283 93, 🕐 Apr. bis Sep.: tägl. 10:00 bis 12:00 und 14:00 bis 17:00, Okt. bis März: tägl. 10:30 bis 12:00 und 14:00 bis 16:30, Kirchturmbesteigung So 11:30 bis 13:00. Ein erster, vermutlich einschiffiger Kirchbau aus dem 9. Jh. wurde in den folgenden Jahrhunderten ständig zur jetzigen gotischen Hallenkirche mit dreischiffigem Langhaus erweitert. Die Außenansicht der Kirche ist durch die Symmetrie der Nord- und Südseite besonders imposant, da die Optik durch vier Giebel und vier hohe gotische Fenster auf jeder Seite geprägt ist. Zu den wesentlichen Stücken im Inneren zählen das Taufbecken aus dem 16. Jh., das Triumphkreuz aus dem 13. Jh. sowie der zu Beginn des 16. Jh. gefertigte Hauptaltar.

⌘ **Rathaus, Ort des Westfälischen Friedens**, Markt, 49074 Osnabrück, ☎ 05 41/323-21 52, 🖥 www.osnabrueck.de, 🕐 Mo bis Fr 8:00 bis 18:00, Sa 9:00 bis 16:00, So 10:00 bis 16:00

♦ **Kulturgeschichtliches Museum** und **Felix-Nussbaum-Haus**, Lotter Straße 2, 49078 Osnabrück, ☎ 05 41/323-22 07, 🖥 www.osnabrueck.de, 🕐 Di bis Fr 11:00 bis 18:00, jeden ersten Do im Monat bis 20:00, Sa und So 10:00 bis 18:00

♦ **Museum Industriekultur**, Fürstenauer Weg 171, 49090 Osnabrück, ☎ 05 41/912 78 45, 🖥 www.osnabrueck.de, 🕐 Mi bis So 10:00 bis 18:00

♦ **Erich Maria Remarque Friedenszentrum**, Markt 6, 49074 Osnabrück, ☎ 05 41/969-24 48, 🖥 www.remarque.uni-osnabrueck.de, 🕐 Di bis Fr 10:00 bis 13:00 und 15:00 bis 17:00, Sa und So 11:00 bis 17:00

♦ **Botanischer Garten/Regenwaldhaus**, Albrechtstraße 29, 49076 Osnabrück, ☎ 05 41/969-27 39, 🖥 www.osnabrueck.de, 🕐 Botanischer Garten: Sommer (1. April bis 30. Sep.): Mo bis Fr 8:00 bis 20:00, Sa 14:00 bis 20:00, So 10:00 bis 20:00, Winter (1. Okt. bis 31. März): Mo bis Fr 8:00 bis 16:00, So 10:30 bis

16:00, Regenwaldhaus Sommer: Mo, Di und Do 10:00 bis 12:00 und 13:30 bis 18:00, Sa 15:00 bis 18:00, So 11:00 bis 18:00 Uhr, Winter: Mo, Di und Do 10:00 bis 12:00 und 13:30 bis 15:30, So 11:00 bis 15:30

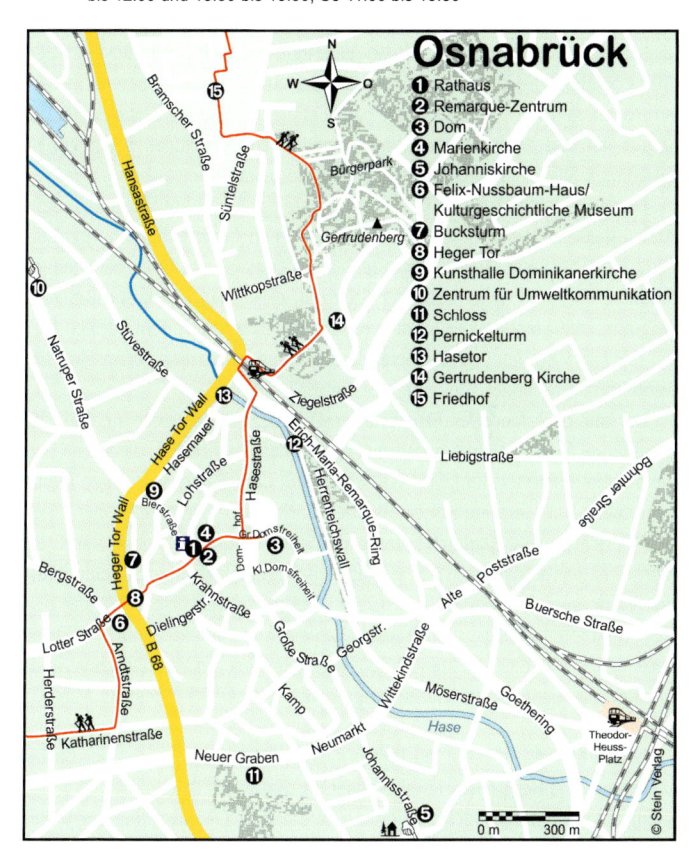

Osnabrück

1. Rathaus
2. Remarque-Zentrum
3. Dom
4. Marienkirche
5. Johanniskirche
6. Felix-Nussbaum-Haus/ Kulturgeschichtliche Museum
7. Bucksturm
8. Heger Tor
9. Kunsthalle Dominikanerkirche
10. Zentrum für Umweltkommunikation
11. Schloss
12. Pernickelturm
13. Hasetor
14. Gertrudenberg Kirche
15. Friedhof

Osnabrück, eine Großstadt mit etwa 163.000 Einwohnern, ist Herz einer Wirtschaftsregion in einem Einzugsgebiet mit 700.000 Einwohnern. Osnabrück ist eine grüne Stadt und liegt als einzige deutsche Großstadt mitten in dem Naturpark „UNESCO Geopark TERRA.vita".

Die attraktive Lage zwischen dem Teutoburger Wald und dem Wiehengebirge ergibt einen hohen Freizeitwert für Bürger und Gäste der Stadt. Die Altstadt im Zentrum spiegelt mit ihren alten Bauwerken, wie z.B. dem Dom, dem barocken Schloss, dem Rathaus sowie den Wehranlagen und Fachwerkhäusern, nicht wider, dass Osnabrück eine Industriestadt ist, in der vielfältige Güter produziert werden. Mehr als 50 % der Arbeitsplätze liegen im metallverarbeitenden Bereich. Die Stadt hat aber noch mehr zu bieten, z.B. die Universität und die international anerkannte Fachhochschule. Außerdem ist Osnabrück Sitz der Deutschen Bundesstiftung Umwelt.

Die Geschichte Osnabrücks ist äußerst interessant und reicht weit zurück. Archäologische Funde belegen, dass die Gegend bereits mehrere Tausend Jahre vor Christus besiedelt war. Auch die im Umkreis um Osnabrück aufgefundenen Großsteingräber aus der Steinzeit weisen auf eine frühe Besiedelung hin. Den Standort der Stadt verdankt Osnabrück Karl dem Großen, der um das Jahr 780 den Ort gründete, da er erkannt hatte, dass gerade dort ein Knotenpunkt wichtiger Handelsstraßen war.

Im Jahr 851 fand der Osnabrücker Dombezirk eine erste urkundliche Erwähnung („monasterium osnabrugga", was den Bischofshof, die Kirche und die Schule umfasste). Im Jahr 1100 wurde mit dem Bau des heutigen Doms begonnen. 1171 erteilte Kaiser Friedrich Barbarossa Osnabrück einen eigenen Gerichtsbezirk. Dadurch wurden die Stadtrechte erheblich gestärkt. Im Jahr 1217 wurde das erste Mal ein eigenes Siegel mit dem noch heute gültigen Wappen verwendet. Im Jahr 1246 verbündete sich Osnabrück mit den Bischofsstädten Minden und Münster, um ihren Handel zu schützen. Diese Vereinigung war Basis für den in der Folge gegründeten Westfälischen Städtebund, der dann in die Hanse aufging, wo Osnabrück ebenfalls Mitglied wurde.

Mitte des 14. Jh. raffte die Pest in Osnabrück einen Großteil der Bevölkerung hin. Zu Beginn des 15. Jh. erhielt die Stadt vom Bischof das Vorrecht, sämtliche im Stift hergestellte Leinwand zu erhalten. Die daraufhin gegründete Osnabrücker Legge handelte mit der Leinwand, Osnabrück wurde für mehrere Jahrhunderte zum nordwestdeutschen Handelszentrum dieser Waren.

In den Jahren 1487 bis 1512 wurde das heutige Rathaus errichtet. Im Jahr 1530 vernichtet ein Großfeuer viele Häuser. Ende des 16. Jh. kam es mehrfach zu Pestepidemien, bei denen große Teile der Bevölkerung starben. Im Jahr 1613 zerstörte erneut ein großer Stadtbrand viele der Altstadthäuser.

Zum Ende des Dreißigjährigen Krieges im Jahr 1641 wurde Osnabrück zusammen mit Münster als neutraler Ort für die Friedensverhandlungen erklärt. In der Folgezeit begannen im Friedenssaal des Osnabrücker Rathauses die Friedenverhandlungen der europäischen Länder, die im „Westfälischen Frieden" vom 25. Oktober 1648 endeten, der letztendlich auch die Beendigung des Dreißigjährigen Krieges bedeutete. Dieser „Westfälische Friede" wurde vom Rathaus aus verkündet.

Mitte des 17. Jh. wurde durch den Reichstag verfügt, dass das Bistum Osnabrück abwechselnd von einem katholischen und evangelischen Bischof zu regieren ist. In den Jahren 1667 bis 1670 wurde das Schloss errichtet. Im Jahr 1855 fuhr die erste Eisenbahn durch Osnabrück, aber erst 40 Jahre später wurde der Bahnhof eingeweiht. Ende des 19. Jh. begann in Osnabrück die Ära der Elektronik, so wurden im Jahr 1887 die ersten Telefonverbindungen geschaltet.

1898 wurde der Schriftsteller Erich Maria Remarque in Osnabrück geboren. 1906 nahm die elektrische Straßenbahn ihren Betrieb auf, die aber 1960 eingestellt wurde. Der Osnabrücker Hafen wurde 1915 mit dem ersten einlaufenden Schiff eingeweiht, damit war Osnabrück an das deutsche Wasserstraßennetz angeschlossen.

Im Zweiten Weltkrieg wurden weite Teile Osnabrücks zerstört, lediglich 15 % der Gebäude der Innenstadt blieben verschont. Im Jahr 1947 wurde Osnabrück in das Bundesland Niedersachsen eingegliedert.

10. Etappe: Osnabrück - Lengerich

↻ 27,1 km | ⌛ ca. 7 Std. |

Ort	Höhe	Teilstrecke	Reststrecke
Osnabrück	⇧ 68 m		27,1 km
Düte	⇧ 69 m	7,1 km	20,0 km
Hasbergen	⇧ 79 m	3,8 km	16,2 km
Natruper Mühle	⇧ 76 m	4,5 km	11,7 km
Leeden	⇧ 107 m	4,7 km	7,0 km
Lengerich	⇧ 77 m	7,0 km	

🚶 Sie beginnen diese Etappe auf dem Domplatz vor St. Peter und gehen in die gegenüberliegende Straße Markt in Richtung der Kirche St. Marien. Sie kommen dann an der Kirche und dem Rathaus der Stadt Osnabrück vorbei, überqueren die Krahnstraße und wandern die Heger Straße bis zu ihrem Ende. Sie stoßen auf die quer verlaufende Straße Große Gildewart, auf der Sie nach links gehen und biegen nach 15 m nach rechts in die Marienstraße ab.

Durch das Heger Tor gelangen Sie auf den Heger Torwall, die Bundesstraße B 68, die Sie überqueren, um in die gegenüberliegende Lotter Straße zu marschieren. Sie kommen dann sogleich an dem **Akzisehaus** vorbei.

Das Heger Tor

⌘ Das **Akzisehaus** wurde zu Beginn des 19. Jh. im klassizistischen Stil als Zollgebäude errichtet. Bis zur Mitte des 19. Jh. wurden Steuern auf Verbrauchsgüter wie alkoholische Getränke und Grundnahrungsmittel, die sogenannte Akzise, für die Stadt erhoben. Ab Ende des 19. Jh. bis 1972 befand sich in dem Gebäude ein Postamt. Heute wird das Akzisehaus von dem kulturgeschichtlichen Museum für Ausstellungen genutzt.

♦ Lotter Straße 2, 49078 Osnabrück, ☎ 05 41/323-24 15, 🖥 www.osnabrueck.de

10. Etappe: Osnabrück - Lengerich

🚶🚶 Nach 80 m halten Sie sich links und wandern in die Arndtstraße. Hier endet der Kernbereich von Osnabrück mit den vielen Geschäften links und rechts des Wegs und Sie gelangen in Wohngebiete. Sie folgen dem Verlauf der Arndtstraße bis zur Katharinenstraße, in die Sie nach rechts einbiegen. Sie folgen dem Straßenverlauf und gehen, nachdem Sie die Herderstraße überquert haben, an der Straßengabelung nach rechts in die Augustenburger Straße. Nun passieren Sie den links liegenden Gustav-Heinemann-Platz, kommen an dem Gelände der Polizei (hinter einer Mauer) vorbei und wandern die Augustenburger Straße bis zu ihrem Ende, wo Sie nach links in die Rückertstraße marschieren. Nach 125 m gehen Sie nach rechts in die Straße In der Barlage. Rechtsseitig haben Sie sogleich die Elisabethkirche (Rückertstraße 24, 49078 Osnabrück, 🖥 www.st-elisabeth-osnabrueck.de) und auf der linken Seite eine Schule. Es folgt dann wieder Wohnbebauung. Die Straße In der Barlage endet an der quer verlaufenden Rheiner Landstraße, die Sie überqueren und auf der Sie für wenige Meter nach links wandern, um dann nach rechts in einen gepflasterten Geh- und Radweg abzubiegen.

Sie wandern nun durch eine parkartige Anlage, links ist ein Spielplatz, und nehmen an einer Weggabelung den links weiterführenden Weg. Sie stoßen auf die asphaltierte Straße Trotzenburg, auf der Sie nach rechts weitergehen. Sie wandern nun an dem links gelegenen Heger Friedhof vorbei. An der Kreuzung mit dem Lotter Kirchweg gehen Sie auf diesem nach links und marschieren weiter am Friedhof entlang. Am Ende des Friedhofs, wo auch der ausgebaute Lotter Kirchweg mit einem Wendehammer endet, gehen Sie geradeaus weiter in einen nicht befestigten forstwirtschaftlichen Weg, der durch einen Wald führt.

An einer nach 250 m folgenden Forstwegkreuzung gehen Sie nach links. Direkt an der Kreuzung steht eine Schutzhütte. Nach 320 m gelangen Sie hinter einer hölzernen Schranke an eine quer verlaufende geschotterte Piste, die Sie nach links gehen. Durch die Bäume können Sie bereits die Autobahn erkennen. Sie kommen dann an die quer verlaufende Rheiner Landstraße, auf der Sie nach rechts weitergehen. Unter der Autobahnbrücke überqueren Sie die Rheiner Landstraße und gehen dort in die Straße An der Lauburg. An der gleich folgenden Straßengabelung gehen Sie nach rechts in Richtung der Häuser. Sie sind nun wieder in einer Wohngegend. Die Straße macht dann einen fast rechtwinkligen Knick nach rechts und stößt schließlich auf die quer verlaufende Große Schulstraße, in die Sie nach links einbiegen. Nach 270 m halten Sie sich rechts und laufen in die Straße Eselspatt. Links der Kreuzung steht die Martinskirche, rechts haben Sie noch ein Eiscafé, in dem Sie sich erfrischen können. Ihr Weg führt Sie an einer Schule und einer großen Sporthalle vorbei. An einer folgenden Weggabelung nehmen Sie den rechts weiterführenden asphaltierten Geh- und Radweg, der Sie durch einen kleinen Mischwald führt. Ein kleiner Bach begleitet jetzt Ihren Weg. Dieser führt Sie dann aus dem Wald heraus in landwirtschaftlich genutztes Gebiet. Auf einer Brücke überqueren Sie die Düte.

Düte

Die Düte ist ein ca. 35 km langes Fließgewässer, dessen Quelle in der Nähe von Bad Iburg im Teutoburger Wald liegt. Ihr Lauf geht über Kloster Oesede, Georgsmarienhütte und Malbergen nach Osnabrück, wo sie in die Hase mündet. Interessant an dem Flusslauf ist, dass er zwischen Ober- und Unterlauf durch Rohre unter einem Stahlwerk verläuft. Während die Düte im Oberlauf nahezu unverändert von Menschenhand durch Laubwälder und offenes Land fließt, ist ihr Bett, nachdem sie in einem Wiesental die Möglichkeit hatte, zu mäandern, im Bereich des Unterlaufs doch an etlichen Stellen von Menschenhand verändert und geprägt.

An einer asphaltierten Kreuzung gehen Sie geradeaus weiter. Sie marschieren den Tecklenburger Fußweg entlang, passieren wenige links gelegene Häuser und stoßen nach einer Linkskurve auf eine weitere asphaltierte Kreuzung, an der Sie nach rechts gehen. Nach 120 m zweigt von der asphaltierten Straße rechts ein nicht befestigter Wanderpfad ab, den Sie weiterwandern müssen. Sie gehen durch die Feldmark, überqueren auf hölzernen Brücken einen Entwässerungsgraben und gleich darauf einen weiteren Graben, halten sich dann links und marschieren parallel zu dem zuletzt überquerten Gewässer. Sie stoßen auf eine quer verlaufende Asphaltstraße und gehen auf dieser nach rechts weiter. Sie sind auf dem Erlenweg, der dann eine 90-Grad-Linkskurve macht. Nach 500 m, kurz hinter einem links gelegenen Gehöft, gabelt sich die Straße. Der Erlenweg geht rechts weiter, links zweigt ein unbefestigter Wanderweg ab, den Sie nehmen müssen. Rechts sehen Sie bereits die ersten Häuser des Ortsteils Gaste von **Hagen a.T.W**.

10. Etappe: Osnabrück - Lengerich

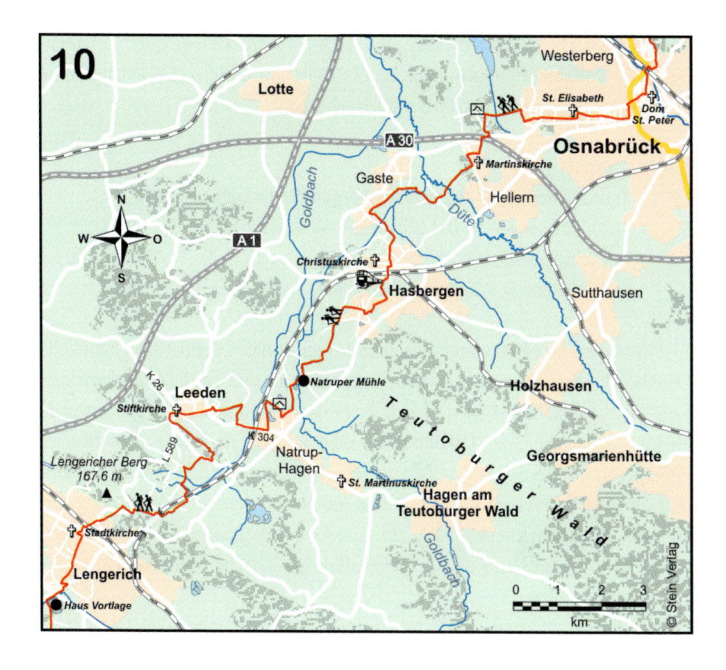

Sie stoßen dann auf eine quer verlaufende Schotterpiste, halten sich rechts und kommen gleich an eine asphaltierte Straße, die Sie nach links gehen. Sie befinden sich auf der Jahnstraße, die Sie an auf der rechten Seite gelegenen Wohnhäusern vorbeiführt, links des Wegs sind landwirtschaftliche Nutzflächen. Auf der rechten Seite folgen dann mehrere Sportplätze und direkt gegenüber dem letzten Sportplatz geht links eine Schotterpiste ab, auf der Sie weitermarschieren. Hier ist auch die Jahnstraße 15 in Wanderrichtung ausgeschildert. Sie passieren ein rechts des Wegs gelegenes Wohnhaus und sind gleich wieder in landwirtschaftlich genutztem Gebiet. Sie kommen dann an einen quer verlaufenden Wander- und Radweg und halten sich rechts. Links ist eine große Wiese, rechts stehen einige Bäume. Sie stoßen auf eine asphaltierte Fahrbahn und gehen nach links. Hier an der Einmündung steht unter einer Eiche eine Bank, auf der Sie gut rasten können. Nach 70 m macht die Asphaltstraße eine 90-Grad-Rechtskurve, Sie nehmen den geradeaus führenden, nicht befestigten Weg, um nach 175 m an einer quer verlaufenden unbefestigten Fahrbahn nach rechts weiterzuwandern. So gelangen Sie zu den ersten Häusern der Ortschaft Hasbergen.

Hasbergen

Tourist-Information Rathaus Hasbergen, Martin-Luther-Straße 12, 49205 Hasbergen, ☏ 054 05/502-204, 🖥 www.hasbergen.de, ✉ info@gemeinde-hasbergen.de, 🕘 Mo bis Mi 8:30 bis 12:00 und 14:00 bis 16:00, Do und Fr 8:30 bis 12:00 und 14:00 bis 18:00

Hasbergen im Nordwesten des Teutoburger Waldes gehört zum Landkreis Osnabrück, der Ort grenzt im Nordosten an die Kreisstadt. Die Gemeinde hat rund 11.000 Einwohner. Urkundlich erwähnt wurde Hasbergen erstmals im Jahr 836. Mit einer Urkunde aus dem Jahr 1150 wurde dem Bischof Philipp von Osnabrück gegen Zahlung einer entsprechenden Summe der Hof und die Kapelle Wersen mit den darauf lebenden Menschen übertragen. Bis zum 15. Jh. lebten auf der Burg, auf dem Gut Haslage und im benachbarten Gaste und Ohrbeck nur wenige selbstständige Bauern sowie unfreie Landleute.

Seit 1971 gehören die früheren selbständigen Gemeinden Gaste und Ohrbeck zu Hasbergen.

Der Name Hasbergen dürfte aus dem Niederdeutschen stammen, wobei „Hers"/„Hors" Pferd bedeutet.

Sie überqueren die Straße Im Malingskamp und marschieren den Gaster Kirchweg geradeaus weiter. An der rechts abgehenden Martin-Luther-Straße können Sie einen kurzen Abstecher zur evangelisch-lutherischen **Christuskirche** machen.

Die **Christuskirche** in der Martin-Luther-Straße wurde zur Jahrhundertwende zum 20. Jh. erbaut. Die Besonderheit dieser im neugotischen Stil errichteten Kirche ist, dass sie aus sogenannten „Hüttensteinen", zementgebundener Hüttenschlacke aus der nahe gelegenen Georgsmarienhütte, erbaut wurde. Die Christuskuche weist neben einem imposanten Turm fast 50 m breite Seiten- und Mittelschiffe auf.

🥾 Sie gehen anschließend den Gaster Kirchweg weiter, bis Sie auf die quer verlaufende Tecklenburger Straße stoßen. Hier, an einem kleinen Einkaufszentrum mit 🅰 Apotheke, 🏦 Sparkasse, Bäcker und ☕ Café, wandern Sie rechts weiter und nach 80 m nach links in die Schulstraße. In Marschrichtung sind u.a. das Schulzentrum, das Mütterzentrum sowie die Sporthallen ausgeschildert. Auf einer Brücke überqueren Sie die Bahngleise und den Bahnhof von Hasbergen. Sie folgen weiter dem Verlauf der Schulstraße, die zunächst eine Rechtskurve und dann eine lang gezogene Linkskurve macht, kurz hinter dieser wandern Sie nach links in die Berliner Straße. Sie sind jetzt mal wieder zwischen Wiesen und Feldern unterwegs, kommen aber sofort wieder in den Ort Hasbergen hinein.

Gleich bei den ersten Wohnhäusern geht rechts die Frankensteiner Straße ab, die Sie nehmen müssen und auf der Sie an schönen Wohnhäusern vorbeikommen. Die Straße endet mit einem Wendehammer und Sie folgen dem geradeaus führenden Geh- und Radweg. Nach einer 90-Grad-Linkskurve führt der Weg wieder geradeaus weiter und läuft an einem rechts des Wegs gelegenen Schulgelände entlang. Sie stoßen dann auf die quer verlaufende Schulstraße, die Sie nach rechts weiterwandern, um nach 75 m nach links in die Straße Friedenshöhe abzubiegen. Nach 260 m passieren Sie die letzten Häuser von Hasbergen, hier endet auch die ausgebaute Straße Friedenshöhe und Sie folgen dem geradeaus weiterführenden landwirtschaftlichen Weg, der Sie wieder durch Wiesen und Felder leitet.

An einer quer verlaufenden Asphaltstraße, der Stüvestraße, halten Sie sich links. Direkt an dieser Einmündung steht ein Jesuskreuz, außerdem lädt eine Bank zu einer Rast ein. Die Stüvestraße führt stark abschüssig an einigen Häusern, die wiederum zur Ortschaft Hasbergen gehören, vorbei. Sie folgen dem Verlauf der Stüvestraße, passieren das Ortsausgangschild von Hasbergen und bleiben auf der Straße, die Sie wieder durch Wiesen und Felder führt. Nach rechts geht eine Asphaltstraße ab, die zum Reiterhof Heinrich Wiebusch führt, Sie bleiben aber auf der Stüvestraße, die mal ansteigt und mal wieder abschüssig ist. Sie passieren das Gelände eines Gestüts, wo auch die Stüvestraße an der quer verlaufenden, asphaltierten Straße Haslage endet, auf der Sie nach rechts weitermarschieren. Sie folgen dem Straßenverlauf, der zunächst eine Rechtskurve, dann eine lang gezogene Linkskurve und anschließend eine fast 90-Grad-Rechtskurve macht.

Sie kommen an einzeln gelegenen Häusern vorbei, wandern aber weiter durch landwirtschaftlich genutztes Gebiet. 450 m hinter der letztgenannten Rechtskurve geht nach links eine asphaltierte Straße, der Mittelweg, ab, die Sie nehmen, um an der folgenden Kreuzung nach rechts in die Grafenstraße zu wandern. Nach Lengerich sind es für Radfahrer noch 7,7 km. Sie folgen dem Straßenverlauf und kommen dann zu der **Natruper Mühle**, einer Wassermühle. Unmittelbar hinter dem Mühlengebäude gehen Sie rechts weiter, überqueren auf einer Betonbrücke den Goldbach und folgen weiter dem Verlauf des jetzt unbefestigten landwirtschaftlichen Wegs. Dieser endet an einer quer verlaufenden Asphaltstraße, dem Ziegeleiweg, den Sie nach links weitergehen. Sie wandern an dem rechts der Straße gelegenen Klärwerk vorbei und erreichen die Ortschaft **Hagen a.T.W.** (am Teutoburger Wald).

Hagen am Teutoburger Wald

- **Gemeinde Hagen a.T.W.,** Schulstraße 7, 49170 Hagen a.T.W., ☎ 054 01/977-40, 🖥 www.hagen-atw.de, ✉ info@Hagen-atw.de, 🕓 Mo bis Fr 8:00 bis 12:30, Mo und Di 14:00 bis 16:00, Do 14:00 bis 18:00
- **Pension Kasselmann,** Zum Erika-See 8, 49170 Hagen a.T.W., ☎ 054 01/95 91
- **Gaststätte Zur Hüggelschlucht,** Zur Hüggelschlucht 34, 49170 Hagen a.T.W., ☎ 054 01/940 00
- **Landhotel Buller,** Iburger Straße 35, 49170 Hagen a.T.W., ☎ 054 01/88 40, 🖥 www.landhotel-buller.de, ✉ info@landhotel-buller.de, €€€

Steinzeitliche Funde sowie Gräber und Urnen aus der Bronzezeit belegen, dass in Hagen bereits seit Jahrtausenden Menschen wohnen. Die ersten urkundlichen Erwähnungen Hagens a.T.W. stammen aus dem Jahr 1097.

Ende des 9. Jh. wurde in Hagen die erste Kirche, auch für die umliegenden Bauernschaften Natrup, Sudenfeld, Gellenbeck, Altenhagen, Mentrup und Beckerode, gebaut. Jahrhundertelang bildeten diese Gemeinden das „Kirchspiel Hagen". Seine Fläche stimmt mit der Fläche der heutigen Gemeinde Hagen a.T.W. überein.

Ende des 15. und Anfang des 16. Jh. wurde die St.-Martinus-Kirche erbaut, sie weist spätgotische Bauelemente auf. Der imposante Turm, der aus Sandsteinblöcken erbaut wurde, ist das älteste Bauwerk Hagens.

Durch Großfeuer in den Jahren 1723 und 1892 wurden weite Teile des Ortes vernichtet. Zeitzeugen des Wiederaufbaus sind u.a. die Giebel des Hauses Dorfstraße 5 und des alten Pfarrhauses.

🥾 Direkt hinter dem Ortseingang befindet sich ein schöner Rastplatz, der zum Verweilen einlädt. Auf der rechten Seite Ihres Wegs sehen Sie dann auch wieder Wohnhäuser, links ist ein Erdwall. Direkt beim Ziegelwerk macht der Ziegeleiweg dann eine fast rechtwinklinge Linkskurve, Sie gehen aber die Asphaltbahn nach rechts und dann nach 150 nach links die Friedensallee in den Buchenwald hinein. Hier steht eine Schutzhütte, auch Bänke laden zur Rast ein.

Rast im Wald

Sie passieren einen Gedenkstein des Heimatvereins Hagen und wandern auf einem ansteigenden, nicht befestigten Weg in den Wald. Sie haben den höchsten Punkt auf Höhe des links des Wegs stehenden Funkmasts erreicht. 150 m hinter dem Funkmast gabelt sich der Weg und Sie gehen nach rechts.

Der Weg ist weiterhin abschüssig. Sie stoßen dann auf eine Asphaltbahn, die Sie nach links gehen. Der Weg verläuft zunächst parallel zu Bahngleisen, dann wieder in den Wald. Sie passieren eine rot-weiß gestrichene Straßensperre und kommen dahinter auf der Industriestraße in ein Industriegebiet. Sie stoßen dann auf die quer verlaufende Kreisstraße K 304, die Sie nach rechts weitergehen. Sie überqueren auf einer Brücke die Bahngleise und wandern an der nächsten folgenden Kreuzung nach rechts in die Straße Heideweg.

Nach 420 m, kurz vor einer Elektrokompaktstation, müssen Sie nach links in einen unscheinbaren Wanderweg abbiegen, der Sie durch ein kleines Wäldchen führt.

Sie folgen dem Verlauf des Wegs, kommen aus dem Wald heraus, unterqueren eine Überlandleitung, passieren einen einsam stehenden, mächtigen Baum und gelangen an einen quer verlaufenden unbefestigten Weg, an dem Sie sich nach links wenden. Hier befindet sich ein schöner Rastplatz, an dem Sie einen herrlichen Blick auf den Dorfteich genießen können. Der weitere Weg führt Sie durch einen Mischwald und geht dann in einen befestigten Weg über. Der Wald endet und Sie kommen zu den ersten Häusern der Ortschaft Leeden.

Leeden

- **Hotel Restaurant Stiftsschänke Leeden,** Stift 1, 4954 Leeden,
  054 81/63 41, www.stiftschaenke-schwermann.de,
  willkommen@stiftschaenke-schwermann.de, €€€
- **Nijhofs Gaststätte**, Rosenstraße 5, 49545 Leeden, 05 41/811 82,
  Di bis So ab 17:00
- **Gasthaus Antrup,** Stift 5, 49545 Leeden, 054 81/63 03,
  www.leeden.de/antrup, antrup@leeden.de
- **Gastwirtschaft Zur Post,** Stift 24, 49545 Leeden, 054 81/24 91,
  www.wellemeyer.de

Seit 1975 gehört der etwa 2.500 Einwohner zählende Stiftsort Leeden zur Stadt Tecklenburg und damit zum Kreis Steinburg.

Erstmalig erwähnt wurde Leeden im 11. Jh. Im Jahr 1240 wurde dort ein Zisterzienserinnenkloster gegründet, das ab 1538 als adliges Damenstift weitergeführt wurde. Wenige Jahre nach der Gründung wurde auch die Klosterkirche St. Marien gebaut. Das heute noch erhaltene Stiftshaus wurde im Jahr 1490 erbaut. Es dürfte das älteste Fachwerkhaus des Kreises Steinburg sein.

1812 wurde das Stift von Napoleon aufgehoben. Die Stiftskirche, die spätgotische Bauelemente hat, schenkte der damalige preußische König später der Gemeinde. Sie wurde Ende des Zweiten Weltkriegs bei einem Bombenangriff zerstört, während das unmittelbar neben der Kirche befindliche Stiftshaus fast unbeschädigt blieb. Die Kirche wurde bis zum Jahr 1954 erneut aufgebaut. In ihrem Inneren finden Sie eine Taufschale und Abendmahlsgerätschaften aus dem Jahr 1600 sowie ein Wappengrabmal aus dem Jahr 1290.

🚶 Sie sind auf der Fürstenstraße und überqueren die Ringstraße Auf dem Lohesch. Kurz hinter einer Rechtskurve endet die Fürstenstraße an der Straße Auf dem Lohesch, wo Sie nach links weitermarschieren. Sie kommen an einem 🛒 Lebensmittelgeschäft vorbei, überqueren die Kreisstraße K 26, die Natrup-Hagener-Straße, und folgen dem gegenüber weitergehenden Verlauf der jetzt Rosenstraße genannten Straße, die Sie durch Wohngebiet führt. Sie kommen an einem Bäcker, einem Drogeriemarkt, einer 🏥 Apotheke sowie an ✕ **Nijhofs Gaststätte** vorbei.

Gegenüber der Kreissparkasse Steinfurt geht nach links die Stiftstraße ab, die Sie nehmen müssen. Hier steht eine Infotafel, außerdem geht es hier zum Wassertretbecken und zum Skulpturenpark. Bänke laden hier zu einer Rast ein. Nach 100 m zweigt rechts ein Fußweg zur Kirche und zum Stift ab, auf diesen biegen Sie ab. Sie umrunden die Gebäude entgegen dem Uhrzeiger, kommen zuerst zu dem Gebäude des ehemaligen Stifts Leeden, in dem nunmehr der Heimatverein eine Ausstellung hat (🕐 Do von 14:00 bis 17:00), dann zur Stiftkirche Leeden.

Direkt bei der Kirche befindet sich das ✕ **Hotel Restaurant Stiftschänke Leeden,** wo man sich nicht nur stärken, sondern auch ein Nachtlager finden kann. Vom Haupteingang der Kirche gehen Sie zur Straße Stift und halten sich links. Sie kommen gleich an dem ✕ **Gasthaus Antrup** und kurz danach an der ✕ **Gastwirtschaft Zur Post** vorbei. Unmittelbar links hinter der Gaststätte gehen Sie über einen Parkplatz bis zu dessen Ende und dort auf einen gepflasterten Weg. Sie passieren ein Garagenhaus und kommen über eine Grünfläche direkt auf einen aufwärts führenden, unbefestigten Wanderpfad, der Sie in einer serpentinenartigen Kurve am Waldrand entlangführt. Es folgt, an einer Bank vorbei, ein kurzer heftiger Anstieg in einen wunderschönen Buchenwald.

Sie folgen dem Verlauf des Wanderwegs und haben nach 200 m den höchsten Punkt erreicht. Nun ist der Weg wieder nahezu eben. Sie unterqueren quer verlaufende Stromleitungen, der Wald ist jetzt ein Mischwald. Auf der linken Seite kommt dann ein Feld und Sie laufen geradeaus weiter bis zum Ende des Feldes. Sie folgen dem weiterführenden Weg, der eine 90-Grad-Rechtskurve macht, und sind wieder im Wald. Nach 40 m stoßen Sie auf einen quer verlaufenden Forstweg und wandern diesen geschotterten und abschüssigen Weg nach links hinab. Er macht nach 150 m eine starke Rechtskurve und ist weiter abschüssig. Nach nochmals 150 m verlassen Sie diese Piste nach rechts in einen Wanderpfad und stoßen nach wenigen Metern auf eine asphaltierte Straße, die Sie nach rechts weitermarschieren. 220 m weiter, unmittelbar hinter einem bäuerlichen Anwesen, nehmen Sie die links abgehende Asphaltstraße. Ihr Weg wird nun wieder von Feldern und Wiesen begleitet.

Am Ende einer lang gezogenen Rechtskurve, an deren Anfang auf der linken Seite ein Gehöft liegt, biegen Sie nach links in eine asphaltierte Straße, die Talstraße, ab. Sie passieren ein rechts der Straße gelegenes Gehöft und kurz danach folgen Sie dem Verlauf der Straße, die fast rechtwinklig nach links biegt. Nach 200 m macht die Straße eine starke Rechtskurve, hier haben Sie die Möglichkeit, an einem schönen Rastplatz eine Pause einzulegen. Sie folgen weiter dem Straßenverlauf, überqueren auf einer Brücke Bahngleise und stoßen dann auf eine quer verlaufende Straße, den Tunnelweg, die Sie nach rechts weiterwandern. Rechts der Straße ist ein hoher, mit Bäumen bewachsener Wall, dahinter sind die Bahngleise. Sie kommen durch ein kleines Waldstück und halten sich am Ende der Straße, wo sie auf eine weitere quer verlaufende Asphaltstraße stößt, links. Die Straße steigt stetig an und führt wieder in einen Wald. Sie stoßen dann auf die quer verlaufende

Landstraße L 589 und halten sich links. Nach 90 m laufen Sie rechts auf den Parkplatz, Sie sind nun auf dem Lengericher Berg.

Der Weg führt Sie auf dem Hermannsweg in nordwestliche Richtung in ein kleines Waldstück. Nach 230 m halten Sie sich links und gehen wieder in den Wald hinein. Hier steht auch ein Hinweisschild ohne Kilometerangabe zum Zielort Lengerich. Der Hermannsweg geht geradeaus weiter. Der abschüssige Weg führt Sie bis an die L 589, die Sie überqueren. Sie folgen dem weiteren Verlauf des Pfades, passieren ein rechts gelegenes eingezäuntes Feld und stoßen am Ende des Wanderpfades auf eine asphaltierte Straße, den Wilkiensweg, der Sie an Wohnhäusern vorbeiführt.

Sie stoßen auf eine quer verlaufende gepflasterte Straße und wandern rechts weiter. Bei einer weiteren quer verlaufenden Straße halten Sie sich wieder rechts, um nach 10 m nach links auf der L 589 weiter in Richtung Ziel zu wandern. Sie überqueren eine eingleisige Bahnanlage und halten sich gleich danach und noch vor der Post rechts. Hinter dem Postgebäude und vor einem großen Parkplatz gehen Sie nach links, passieren das rechts gelegene Feuerwehrgebäude und überqueren die quer verlaufende Schulstraße. Links vorbei am Busbahnhof laufen Sie über den Kirchplatz zum Etappenziel, der **evangelischen Stadtkirche** von Lengerich.

Lengerich

- **Tourist-Information, Kulturtreff im Alten Rathaus,** Rathausplatz 1, 49525 Lengerich, ☏ 054 81/824 22, 🖥 www.lengerich.de, ✉ info@lengerich.de, 🕐 Di bis Do 9:30 bis 13:00 und 13:30 bis 17:00, Fr 9:30 bis 13:00 und Sa 10:00 bis 12:00
- **Privatzimmer Restaurant Argentina,** Lienener Straße 45, 49525 Lengerich, ☏ 054 81/384 05, ab 17:00 anrufen
- **Alte Turner Clause,** Lienener Straße 164, 49525 Lengerich, ☏ 054 81/84 60 33
- **Hotel Restaurant Hinterding,** Bahnhofstraße 72, 49525 Lengerich, ☏ 054 81/942 40
- **Hotel Haus Werlemann,** Altstadt 8, 49525 Lengerich, ☏ 054 81/938 40
- **Hotel Restaurant Zur Mühle,** Tecklenburger Straße 29, 49525 Lengerich, ☏ 054 81/944 70, 🖥 www.lengerich-hotel.de, ✉ info@hotel-lengerich.de, €€€

- **CVJM e.V.,** Im Hook 15, 49525 Lengerich, ☎ 054 81/817 95
- **Evangelisches Gemeindeamt Martin-Luther-Haus,** Schulstraße 71, 49525 Lengerich, ☎ 054 81/807 30
- **Katholisches Gemeindezentrum St. Margareta,** Kolpingstraße 14, 49525 Lengerich, ☎ 054 81/841 95 oder 846 19 50, €

Lengerich mit rund 23.300 Einwohnern liegt am Südrand des Teutoburger Waldes mittig zwischen Osnabrück und Münster. Großstein- oder auch Megalithgräber aus der Jungsteinzeit, Hügelgräber aus der Bronzezeit sowie Urnengräber aus der Eisenzeit belegen, dass die Besiedelung im dortigen Bereich bereits vor mehr als 4.000 Jahren stattgefunden hat. Erste urkundliche Erwähnungen stammen aus dem 11. Jh. Lengerich selbst wurde 1147 in einer Urkunde im Zusammenhang mit einem Damenstift genannt. Später wurde es ein Wallfahrtsort. Im 17. Jh., gegen Ende des Dreißigjährigen Kriegs, fanden aufgrund der optimalen Anbindung an die Nachbarstädte Münster und Osnabrück erste Verhandlungen zum Westfälischen Frieden in Lengerich statt.

Bis zum Beginn des 20. Jh. wurde Lengerich verkehrstechnisch mit der Bahn erschlossen. Neue Industriezweige wie Metallgewerbe und auch Kalk- und Zementindustrie fassten in Lengerich Fuß.

Der **Römer**, ein Torhaus vermutlich aus der zweiten Hälfte des 13. Jh., ist ein Wahrzeichen der Stadt Lengerich. Es war Durchgang zum Kirchhof, wurde im 18. Jh. durch zusätzliche Geschosse für Wohnzwecke umgebaut und diente danach u.a. als Rathaus, Gefängnis sowie als Klassenraum. Heute sind darin ein ✕ Restaurant und in den oberen Räumen ein Trauzimmer untergebracht. Woher der Name Römer stammt, wurde bis heute nicht ergründet.

Die **evangelische Stadtkirche** stammt aus dem 13. Jh. Der Kirchturm als ältestes Bauelement hat eine Höhe von 61 m. Das Kirchenschiff wurde Ende des 15. Jh. fertiggestellt, wobei das gesamte Gewicht des Haupt- und Seitengebäudes von einem einzigen kolossalen Pfeiler in der Kirche gestützt wird. Die Stadtkirche weist spätgotische Element auf.

Eine Besichtigung ist nach Absprache mit Herrn Reinecke, evangelische Kirchengemeinde Lengerich, ☎ 054 81/807 33, möglich.

11. Etappe: Lengerich - Ladbergen

➲ 14,2 km | ⧖ ca. 3½ Std. | 🚌 🛏 🏠 ✕ 🚆

Lengerich	.77 m	.14,2 km
Haus Vortlage	.65 m	.2,3 km ... 11,9 km
Krohnhorst Eiche	.61 m	.9,1 km ... 2,8 km
Ladbergen	.51 m	.2,8 km

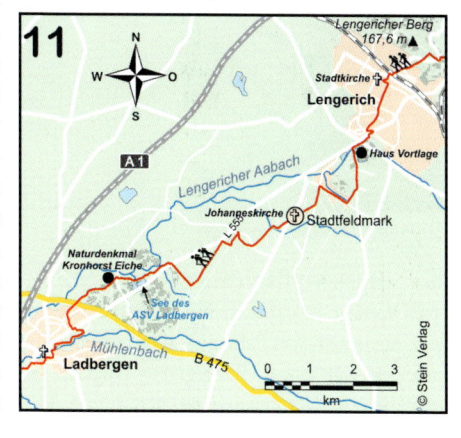

🚶 Der Startpunkt der 11. Etappe liegt im Zentrum von Lengerich vor der Stadtkirche. Sie gehen durch den Römer und wandern hinter dem Alten Rathaus, in dem u.a. auch die Touristen-Information untergebracht ist, nach rechts in Richtung Lienen und Kattenvenne. Sie sind auf der Münsterstraße, die Sie in südwestliche Richtung gehen. Sie passieren Wohnhäuser und auch industrielle Liegenschaften. Bei einem Kreisverkehr marschieren Sie geradeaus weiter und folgen dem Verlauf der Münsterstraße bis zu ihrem Ende, hier liegt auf der rechten Seite eine Sportanlage. An der quer verlaufenden Bodelschwinghstraße halten Sie sich links und an dem folgenden Kreisverkehr wenden Sie sich nach rechts, überqueren die erste rechts abgehende Straße und wandern dann den parallel zur Straße verlaufenden Geh- und Radweg in südwestliche Richtung. Der Weg führt Sie in den Wald. Bei dem nächsten quer verlaufenden Geh- und Radweg halten Sie sich rechts. Der Weg führt Sie durch den Wald und an einem Bach entlang. Sie unterqueren eine Straße, gleich danach folgt auf der linken Seite ein See. Am Ende des Sees steht rechts neben dem Weg eine kapitale Buche, an der sich eine Bank und eine Gedenkstätte für die Opfer des Ersten Weltkriegs befinden. Hier stoßen Sie auf eine quer verlaufende Asphaltstraße und wandern nach links. Sie kommen zur Wassermühle und zur Toreinfahrt des Hauses Vortlage.

Zugang zum Haus Vortlage

⌘ Haus Vortlage

Haus Vortlage ist ein ehemaliger Rittersitz, dessen Ursprünge im 13. Jh. liegen. Aus einem von Palisaden umgebenen befestigten Haus auf einem Erdhügel, der von einem Wassergraben umgeben ist, wurde im Laufe der Jahrhunderte ein Herrenhaus mit landwirtschaftlichen Gebäuden und einer Mühle.

Sie marschieren die mit Eichen gesäumte Allee etwa 850 m weiter und biegen dann auf einen halb rechts weiterführenden Rad- und Wanderweg ab, der für den Fahrzeugverkehr mit senkrechten Pfosten gesperrt ist. Der Weg heißt Kuhdamm und Sie marschieren ihn bis zur nächsten Kreuzung, an der Sie nach rechts, in Richtung eines Fahrzeughandels, gehen. Sie laufen etwas mehr als 700 m auf dem an Häusern vorbeiführenden und schnurgeraden Niederlengericher Damm und biegen dann an der Kreuzung nach links in den Poolweg ab. Der Pilgerweg führt Sie zunächst wieder durch landwirtschaftlich genutztes Gebiet. Nach 425 m geht nach rechts die Johannesstraße ab, die Sie nehmen müssen. Sie führt Sie durch ein kleines Wäldchen und anschließend schnurgerade durch die Siedlung Stadtfeldmark (Stadt Lengerich), wo Sie an der **Johanneskirche** (Johannesstraße 23, 49525 Lengerich) vorbeikommen.

Sie überqueren die quer verlaufende Erpenbecker Straße und verlassen die Siedlung wieder.

Eine weitere Asphaltstraße überqueren Sie und marschieren in den gegenüberliegenden, unbefestigten Waldwanderpfad. Dieser endet an einer asphaltierten Straße, dem Grothausweg, wo Sie nach links gehen. Es folgt am Weg die Gedenktafel „Eichen als Zeugen der Zeit". An der folgenden Kreuzung wandern Sie geradeaus weiter durch landwirtschaftlich genutztes Gebiet. Ihr Weg endet an einer quer verlaufenden Asphaltstraße, an der Sie wenige Meter nach links gehen und dann nach rechts in einen Feldweg einbiegen. Dieser führt zunächst an einem Wäldchen und dann an einem Gehöft vorbei. An der folgenden Straßenkreuzung finden Sie einen schönen Rastplatz. Sie müssen hier scharf links die Straße Am Piekel weitermarschieren. Diese führt an einem links gelegenen Wald vorbei, rechts sind Felder und Wiesen. An der nach 300 m folgenden Kreuzung wandern Sie nach rechts in einen unbefestigten landwirtschaftlichen Weg. Sie gelangen zu mehreren Häusern. An der dort folgenden quer verlaufenden Schotterpiste halten Sie sich links. Der Weg führt Sie für 1,3 km durch die Feldmark und an einem bäuerlichen Anwesen vorbei.

Sie stoßen dann auf eine quer verlaufende Asphaltstraße, die Sie nach rechts weiterwandern. Diese Straße endet an der Landstraße L 555, auf der Sie nach links wandern. Nach 60 m verlassen Sie die Landstraße nach rechts und gehen direkt auf ein Gehöft zu, dann aber an der Hofmauer links vorbei. Eine quer verlaufende Asphaltpiste überqueren Sie dann und folgen weiter dem Verlauf des Wegs, der Sie durch ein kleines Waldstück führt. Sie passieren auf dem Weg, der nun ein Forst- und Waldweg ist, den auf der linken Seite gelegenen See des ASV Ladbergen. Der Weg endet an einer Straße, an der Sie sich rechts halten, bevor Sie nach wenigen Metern gleich wieder nach links in den Lönsweg abbiegen, der Sie erneut in einen Wald führt. Nach 550 m kommt auf der rechten Seite das ✽ **Naturdenkmal Krohnhorst Eiche**. Sie finden hier außerdem einen schönen Rastplatz und mehrere Häuser, die zu einer Jugendeinrichtung gehören.

Sie folgen weiter dem Verlauf des Lönswegs, der dann auf der linken Seite von Wald begleitet wird, während rechts landwirtschaftliche Nutzflächen sind. Auf einer Brücke überqueren Sie die Bundesstraße 475, danach kommen Sie in die Ortschaft Ladbergen. Rechts des Wegs steht ein Veranstaltungszentrum, links kleinere Industriegebäude. Sie folgen dem Verlauf der Straße, die jetzt die Reuterstraße ist und Sie an Wohnhäusern vorbeiführt. Dort, wo die Reuterstraße eine 90-Grad-Rechtskurve macht, gehen Sie geradeaus weiter, passieren zwei Garagengebäude und wandern dann an der folgenden, quer verlaufenden Asphaltstraße nach links. Diese verlassen Sie nach 70 m wieder und wandern noch vor dem Gelände der Feuerwehr nach rechts in die Straße In den Ruten. Nach 200 m geht rechts ein unbefestigter landwirtschaftlicher Weg ab, auf den Sie abbiegen, in der sogleich folgenden Linkskurve gehen Sie nach rechts auf einen Wanderpfad. Dieser stößt auf den Mühlenbach. Hier halten Sie sich rechts und laufen parallel zum Mühlenbach. Auf der rechten Seite folgen Tennisplätze und ein Fußballfeld. Sie wandern dort, wo eine Brücke nach links über den Mühlenbach führt, geradeaus weiter in eine schöne Parkanlage mit mehreren Rastmöglichkeiten.

Hinter dem See halten Sie sich links und folgen dem Verlauf des Wegs. Auf einer Brücke überqueren Sie den Mühlenbach, halten sich anschließend gleich rechts und stoßen auf eine quer verlaufende Asphaltstraße, die Sie nach links weiterwandern. Sie finden hier vielerlei Geschäfte, ✕ Gastwirtschaften, eine 🏦 Sparkasse und Bäckereien. Am Ende der Straße gehen Sie nach rechts in die Dorfstraße und kommen nach wenigen Metern zum Etappenziel, der evangelischen Kirche **Ladbergen.**

Ladbergen

- ℹ **Tourist-Info,** Alte Schulstraße 1, 49549 Ladbergen, ☎ 054 85/36 35, 🖥 www.ladbergen.de, ✉ info@ladbergen.de
- 🛏 **Pension Schöneseiffen**, Linnenkampstraße 16, 49549 Ladbergen, ☎ 054 85/21 93
- ♦ **Wäscherei Rehkopf**, Breedenstr. 1, 49549 Ladbergen, ☎ 054 85/18 53

11. Etappe: Lengerich - Ladbergen

- **Hotel Timpen**, Lengericher Straße 2, 49549 Ladbergen, ☎ 054 85/21 33, 🖥 www.timpen.de
- **Hotel Zur Post**, Dorfstraße 11, 49549 Ladbergen, ☎ 054 85/939 30, 🖥 www.gastwirt.de, ✉ haug@gastwirt.de, €€€
- **Alte Wassermühle**, Mühlenstraße 17, 49549 Ladbergen, ☎ 054 85/83 46 11, 🖥 www.timpen.de, €€€
- **Waldhaus an de Miälkwellen**, Grevener Straße 43, 49549 Ladbergen, ☎ 054 85/93 99-0, 🖥 www.waldhaus-ladbergen.de, ✉ info@waldhaus-ladbergen.de, €€€
- **Fam. Barkmann**, Feldweg 21, 49549 Ladbergen., ☎ 054 85/29 98
- **Frau Ingrid Rehkopf**, Zur Königsbrücke 6, 49549 Ladbergen, ☎ 054 85/23 65

Die Gemeinde Ladbergen hat rund 6.400 Einwohner. Erstmals urkundlich erwähnt wurde sie um 950, obwohl Funde von Gräbern auf eine weitaus frühere Besiedelung schließen lassen. Aus einer Kapelle, die eine Tochterkirche der Saerbecker Kirche war, wurde im Jahr 1149 in Ladbergen ein eigenständiges Kirchspiel.

1246 gründeten Vertreter der Städte Herford, Minden, Münster und Osnabrück in Ladbergen den „Ladberger Marktbund", der später in die Hanse aufging. 1527 brachte Graf Konrad von Tecklenburg die Reformation nach Ladbergen. Bis zum Ende des Zweiten Weltkriegs war die Bevölkerung Ladbergens nahezu komplett evangelisch-reformierten Glaubens. Erst danach gründeten Zuwanderer und Kriegsflüchtlinge, hauptsächlich aus ehemaligen deutschen Ostgebieten, eine katholische Gemeinde.

Ab 1650 war Ladbergen mit einer eigenen Verwaltung und Bürgermeisteramt ausgestattet.

Im Zweiten Weltkrieg wurde Ladbergen von den Alliierten mit dem Ziel, den Dortmund-Ems-Kanal zu zerstören, besonders stark bombardiert.

Die **evangelische Kirche** in Ladbergen wurde Mitte des 19. Jh. im sogenannten Rundbogenstil erbaut. 1892 wurde der zunächst errichtete Glockenturm durch einen neuen und größeren ersetzt, seitdem ist das Äußere der Kirche nahezu unverändert geblieben.

Die Kirche ist als erhaltenswertes Baudenkmal eingestuft worden, wenige ähnliche Bauwerke aus dem 19. Jh. finden Sie nur im südlichen und östlichen Westfalen.

12. Etappe: Ladbergen - Münster

⭢ 31,7 km | ⏳ ca. 7 Std. | 🚌 🚐 🛏 🏠 ✕ 🚉

Ladbergen . . . .⇧ 51 m	. . . .	31,7 km
Schmedehausen . . . .⇧ 49 m	. . . .5,9 km	. . .25,8 km
Schleuse . . . .⇧ 49 m	. . . .9,5 km	. . .16,3 km
Havichhorster Mühle . . .⇧ 46 m	. . . .5,2 km	. . .11,1 km
Dyckburg . . . .⇧ 57 m	. . . .5,5 km	. . . .5,6 km
Münster . . . .⇧ 63 m	. . . .5,6 km	

✋ Diese Etappe ist mit 31,7 km eine der längsten des in diesem Buch beschriebenen Pilgerwegs. Da sie aber nahezu eben verläuft, weder nennenswerte an- noch absteigende Passagen aufweist, ist dieser Abschnitt von jedem geübten Wanderer an einem Tag zu bewältigen. Wem sie dennoch zu lang ist, der hat auf der Etappe mehrere Möglichkeiten, zu übernachten (z.B. in Schmedehausen oder Münster-Handorf).

🚶🚶 Sie beginnen Ihre Wanderung auf dieser Etappe vor der evangelischen Kirche, wandern auf der Dorfstraße in westliche Richtung und biegen nach links in die Linnekampstraße ab. Sie passieren ein links der Straße liegendes wunderschönes Fachwerkhaus, folgen dem Straßenverlauf und verlassen die Ortschaft Ladbergen. Eine quer verlaufende breite Asphaltstraße überqueren Sie und gehen den dortigen Geh- und Radweg nach links weiter. Dieser geht in die Asphaltstraße Zur Königsbrücke über und macht sogleich eine Rechtskurve. Sie passieren ein auf der linken Seite des Wegs liegendes Sportgelände und einige einzeln stehende Häuser. Von vorne hören Sie den Lärm der Autobahn A 1.

Sie stoßen auf eine quer verlaufende Asphaltstraße, die Sie nach links weitermarschieren. Parallel zur Ihrem Weg fließt links ein Bach und beidseitig der Straße begleiten kapitale Buchen und Eichen den Weg. Sie kommen zunächst an einem links und dann an einem weiteren rechts des Weges liegenden bäuerlichen Gehöft vorbei und wandern an der dann folgenden, quer verlaufenden Straße Zum Woote nach links. Nach etwa 100 m kommen Sie an die Landstraße L 555, die Sie überqueren, dann gehen Sie auf der ande-

12. Etappe: Ladbergen - Münster

ren Seite die Straße Feldweg weiter. An der folgenden Weggabelung halten Sie sich rechts in Richtung der Häuser Feldweg 6 und 27 bis 35. Der Weg verläuft durch einen kleinen Wald und anschließend wieder durch Felder und Wiesen, die teilweise von Wallhecken begrenzt sind. Sie passieren einzeln gelegene Gehöfte und wandern an der folgenden Kreuzung nach rechts in die Straße Krackenweg. Diese führt Sie auf den nächsten 1,7 km zunächst an zwei Hofstellen vorbei, dann weiter durch landwirtschaftlich genutztes Gebiet, an einzeln stehenden kleinen bäuerlichen Anwesen vorbei und am Ende in einer nahezu rechtwinkligen Rechtskurve auf den Deich des **Dortmund-Ems-Kanals.**

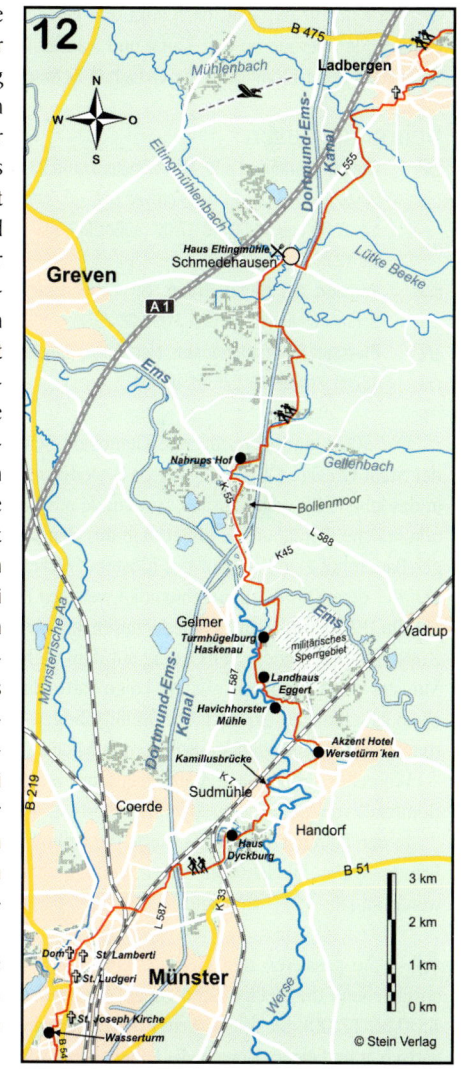

Hier wandern Sie nach links weiter. Nach 1,2 km verlassen Sie den Deich an einer Brücke, die den Kanal überspannt, nach links und gelangen über eine Treppe auf die Brücke. Sie überqueren den Kanal und wandern nach rechts auf der Straße Schmedehausen-Domhof in die Ortschaft **Schmedehausen**.

Schmedehausen

- **Greven Marketing e.V.**, Alte Münsterstraße 23, 48268 Greven, ☎ 025 71/13 00, 🖥 www.greven.net, ✉ info@greven.de, 🕐 Mo bis Fr 9:00 bis 12:30 und 14:00 bis 17:00 (außer Mi), Mai bis Mitte Oktober auch Sa 9:00 bis 12:30
- **Pension am Kanal Braun**, Schmedehausener Straße 62, 48268 Greven-Schmedehausen, ☎ 025 71/96 86 22
- **Pfarramt Schmedehausen**, Herr Schäpermeier, Schmedehausen-Domhof 29, 48268 Greven ☎ 025 71/400 94

Die 300 Einwohner zählende Gemeinde Schmedehausen ist ein Ortsteil der Stadt Greven. Die durchgängige Besiedelung Schmedehausens reicht bis in das Jahr 1200 v.Chr. zurück, was Funde aus der Bronzezeit belegen. Erste urkundliche Erwähnungen findet man aus den Jahren um 950, als ein dortiger Bauernhof zum Amtshof des Klosters Freckenhorst wurde, um die Abgaben der dem Kloster zuzurechnenden weiteren Höfe einzutreiben.

Um 1200 wurde in Schmedehausen für das Fürstbistum Münster eine Zollstation gegründet. Der Ort lag auf dem wichtigen Handelsweg zwischen Münster und Osnabrück, was zur Folge hatte, dass er bei kriegerischen Auseinandersetzungen, so auch im Dreißigjährigen Krieg, selbst durch Plünderungen der durchziehenden Soldaten in Mitleidenschaft gezogen wurde.

Während des Zweiten Weltkrieges war auch Schmedehausen von den Bombardierungen des angrenzenden Dortmund-Ems-Kanals betroffen.

In den Jahren 1859-1860 wurde die katholische Kirche Zu den Heiligen Schutzengeln - zunächst ohne Turm und nur als Kapelle - errichtet, der Turm wurde im Jahr 1910 angebaut.

🚶 Sie passieren den Gedenkstein „1000 Jahre Schmedehausen" und anschließend die **Heilige-Schutzengel-Kirche Schmedehausen** (🕐 Mo bis So 8:00 bis 17:00). Sie folgen weiter dem Straßenverlauf, der an einer ✗ Gastwirtschaft und einem kleinen 🛒 Lebensmittelladen vorbei durch diesen niedlichen Ort führt. In einer 90-Grad-Rechtskurve der Straße Schmedehausen-Domhof gehen Sie geradeaus einen Fußweg weiter und überqueren sogleich die Landstraße L 555. Sie wandern dann nach links weiter. Nach 70 m überqueren Sie den Hegemannsdamm und marschieren weiter entlang der L 555. Sie passieren das rechts der Straße gelegene **Café und Restaurant Haus Eltingmühle** sowie eine Tankstelle.

✕ ☛ **Café und Restaurant Haus Eltingmühle,** Schmedehausener Straße 49, 48268 Greven, ☏ 025 71/22 72, 🕗 Mo ab 18:00, Fr ab 15:00, Sa und So ab 11:00

100 m hinter der Tankstelle überqueren Sie die L 555 erneut, gehen kurz über das Gelände eines Bauernhofs und verfolgen anschließend weiter den Geh- und Radweg entlang der L 555. Nach 450 m treffen Sie auf die quer verlaufende Straße Postdamm und wandern nach links weiter. Ihr Weg führt an zwei holzverarbeitenden Betrieben vorbei, dann wieder durch Felder und Wiesen. Sie kommen durch ein kleines Waldstück und dann an eine Straßenkreuzung, an der Sie nach links in die Straße Ostbeverner Damm gehen. Auf diesem gelangen Sie an eine Brücke, auf der Sie erneut den Dortmund-Ems-Kanal überqueren.

Unmittelbar hinter der Brücke gehen Sie nach rechts in einen unbefestigten forst- und landwirtschaftlichen Weg. Diesen wandern Sie zunächst am Wald entlang und später auch durch den Wald, bis Sie an eine quer verlaufende unbefestigte Waldstraße gelangen, an der Sie sich rechts halten müssen. Sie haben auf der linken Seite nun wieder ein Feld und rechts Wald. Nach 250 m macht der Weg, dessen Zustand zwischen unbefestigt und fest wechselt, eine 90-Grad-Linkskurve und führt Sie wieder an landwirtschaftlichen Nutzflächen vorbei. Eine kreuzende asphaltierte Straße überqueren Sie und gehen geradeaus den landwirtschaftlichen Nutzweg weiter. Kurz darauf führt Sie der Weg durch ein Waldstück, an dessen Ende Sie an eine Kreuzung stoßen, an der Sie nach rechts in die Bockholter Straße einbiegen. Diese führt Sie wieder durch einen kleinen Wald und dann in einer 90-Grad-Linkskurve an den Dortmund-Ems-Kanal, zu dem Sie nun parallel laufen. Sie stoßen auf eine quer verlaufende Asphaltstraße, halten sich rechts und überqueren gleich wieder auf einer Brücke den Kanal. Unmittelbar danach, am Ende des Brückenbogens, führt Sie links eine Treppe hinunter zum Kanal. Dort halten Sie sich rechts in südliche Richtung, wandern den unbefestigten Geh- und

Radweg für 300 m am Kanal entlang und wenden sich dann nach rechts in einen Wanderpfad, der Richtung Nahrups Hof, einem Pferdegestüt, und vom Kanal wegführt. Sie wandern nun zwischen den Koppeln des Gestüts hindurch und erreichen ein landwirtschaftliches Anwesen, in dem Sie auch einen 🏚 Hofladen (🕒 Mo, Do, Fr, Sa und So 14:00 bis 18:00, während der Spargelzeit tägl. 8:00 bis 19:30) und ☕ Nahrups Café (🕒 Mo, Do, Fr, Sa und So 14:00 bis 19:00) vorfinden. Im Hofladen können Sie sich Kleinigkeiten für eine Rast kaufen.

An einer folgenden Weggabelung halten Sie sich links und passieren Pferdeställe. Am Ende der Ställe wenden Sie sich nach rechts, an der dann folgenden, quer verlaufenden gepflasterten Straße gehen Sie nach links. Auf einer Brücke überqueren Sie einen Bach und stoßen dann auf eine Kreuzung mit der Telgter Straße, der Landstraße L 588, an der Sie nach links weitermarschieren.

✋ Nach 325 m und hinter einer lang gezogenen Rechtskurve führt der weitere Weg nach rechts über einen unscheinbaren und teils zugewachsenen Wanderpfad in den Wald.

Dieser Pfad wechselt in einen Forstweg und führt Sie durch den Wald. An einer folgenden Weggabel, in deren Mitte ein Hochsitz steht, nehmen Sie den links weiterführenden Weg. Sie passieren dann das links Ihres Wegs gelegene Bollenmoor. Der Weg, der zwischenzeitlich wieder ein Wanderpfad ist, führt Sie nahezu parallel zur Landstraße L 587, die in 15 bis 20 m Entfernung verläuft. Sie verlassen den Wald und der Weg führt für 200 an landwirtschaftlichen Nutzflächen vorbei. Einer Unterführung, die nach rechts die L 587 unterquert, folgen Sie und stoßen nach 75 m auf die Kreisstraße K 55, auf der Sie nach links weitermarschieren. Sie folgen dem Verlauf dieser Straße und überqueren auf einer Brücke erneut den **Dortmund-Ems-Kanal**, der hier selbst in einer Brücke über die Ems und die Alte Ems geführt wird.

Dortmund-Ems-Kanal

Der Dortmund-Ems-Kanal, eine Wasserstraße, die die Städte Dortmund in Nordrhein-Westfalen und Papenburg in Niedersachsen nahe der Nordsee verbindet, wurde nach 7 Jahren Bauzeit im Jahr 1899 in Betrieb genommen. Er ist eine rund 225 km lange Verbindung aus dem Ruhrgebiet über die Ems zur Nordsee und überquert auf seinem Verlauf in Brücken u.a. Straßen und Flüsse wie die Lippe und die Stever. Der Dortmund-Ems-Kanal wurde gebaut, um die Eisenbahn zu entlasten, die nicht mehr ausreichte, um sämtliche Güter des Ruhrgebietes zu transportieren und gleichzeitig Rohstoffe in das östliche Ruhrgebiet zu bringen. Im Laufe seines Daseins wurde der Kanal mehrfach ausgebaut, um auch größeren Schiffen die Passage zu ermöglichen. So wurden sogenannte „Zweite Fahrten" neben der alten Trasse gebaut und die alten Kanalstücke nach Inbetriebnahme der neuen Teile stillgelegt. Vom Scheitelpunkt bei Münster bis zur Ems ist ein Höhenunterschied von 56,5 m zu überwinden, was durch mehrere Schleusen gewährleistet ist. Das imposanteste Hebewerk ist das Alte Schiffshebewerk Henrichenburg in Waltrop nördlich von Dortmund.

Dortmund-Ems-Kanal

Erhebliche Schäden durch Sprengungen und Bombardierungen erlitt der DEK während des Zweiten Weltkriegs. Er konnte aber bereits im Jahr 1946 für die Schiffahrt wieder eröffnet werden.

🚶‍♂️ Wenige Meter weiter kommen Sie über die alte Brücke der Ersten Fahrt des Dortmund-Ems-Kanals, der hier zwischenzeitlich aufgrund geringer Schiffskapazität stillgelegt wurde. Sie folgen weiter dem Verlauf des Wegs, unterqueren die Landstraße L 587 und stoßen auf die quer verlaufende Kreisstraße K 45, an der Sie nach rechts gehen. Nach 150 m müssen Sie nach links in einen unbefestigten landwirtschaftlichen Weg wechseln, der durch die offene Feldmark führt. An der folgenden Kreuzung mit einer Asphaltstraße marschieren Sie nach rechts. Diese Straße ist für den Fahrzeugverkehr mit Schranken versperrt. Sie folgen dem Verlauf der Asphaltstraße und überqueren auf einer Brücke die **Ems**.

Ems

Die Ems ist ein 371 km langer Fluss, dessen Quelle in Stukenbrock-Senne, fast mittig zwischen den Städten Paderborn und Bielefeld, in Nordrhein-Westfalen liegt. Sie fließt in Nordrhein-Westfalen in nordwestliche, ab der Landesgrenze Niedersachsen dann in nördliche Richtung. Die Ems mündet südlich von Emden in die Nordsee.

Bis zur ersten Staustufe ist der Fluss im unteren Bereich tideabhängig, wobei der Tidenhub drei Meter umfasst.

🚶‍♂️ Gleich nach Überqueren der Ems gehen Sie nach links und parallel zu ihr weiter. Sie passieren eine weitere Schranke. Rechts des Wegs liegt ein Brunnenschutzgebiet. Nach 375 m wenden Sie sich nach rechts in den dort abzweigenden Weg. Geradeaus ist militärisches Sperrgebiet. Sie marschieren nun auf einem Wander- und Radweg entlang des Sperrgebietes durch einen Wald. Sie passieren eine weitere Schranke, hinter der auf der rechten Seite ein Trafohaus steht. Hier ist auch das Ende des Brunnenschutzgebiets. Im wunderschönen Buchenwald kommen Sie jetzt zu dem Gelände der **Turmhügelburg Haskenau**. Sie passieren mehrere Stationen, an denen auf Schautafeln Erklärungen zu finden sind.

♜ Turmhügelburg Haskenau

An der ehemaligen Mündung der Werse in die Ems liegt das Gelände der Turmhügelburg Haskenau. Hier entstand im 12. Jh. auf einem Hügel mit einem Durchmesser von rund 30 m und einer Höhe von 5 bis 6 m eine vermutlich aus Holz errichtete Burganlage, die zunächst von einem Graben und dann von einem inneren, etwa 5 m breiten Wall umgeben war. Daran schloss sich im Nordwesten das Mündungsgebiet der Werse an, im Südosten befand sich in einem Abstand von etwa 60 m zum inneren Wall ein äußerer Schutzwall.

Zwischen den beiden Wällen hatten sich Bauern niedergelassen. Heute ist nur noch das Gelände vorhanden, das im Jahr 1987 als Bodendenkmal zertifiziert wurde.

🚶 Der weitere Weg führt aus dem Wald heraus. Nach 30 m nehmen Sie an einer Weggabelung die linke Möglichkeit, eine Schotterpiste. Nach 750 m stoßen Sie auf eine quer verlaufende geschotterte Fahrbahn und wandern nach links. Kurz hinter der Einmündung kommen Sie an dem auf der rechten Seite gelegenen 🛏 **Ringhotel Landhaus Eggert** vorbei.

🛏 **Ringhotel Landhaus Eggert**, Zur Haskenau 81, 48157 Münster, ☏ 02 51/328 04-0, 🖥 www.landhaus-eggert.de, ✉ Info@Landhaus-Eggert.de, €€

Sie überqueren eine Asphaltstraße, wandern über den Parkplatz des Hotels und folgen an dessen Ende dem dort abgehenden Wanderweg, der unmittelbar neben einer mächtigen Eiche beginnt. Der Weg führt Sie wieder durch die Feldmark. Nach 550 m haben Sie einen herrlichen Blick auf die rechts des Wegs gelegene Havichhorster Mühle.

Nach weiteren 200 m gelangen Sie an einen quer verlaufenden landwirtschaftlichen Weg.

👆 Eigentlich müssen Sie nach links weitergehen, aber Sie sollten hier doch einen Abstecher zur **Havichhorster Mühle** machen. Nach 200 m haben Sie das Gelände der Mühle, die leider nicht weiter besichtigt werden kann, erreicht. Aber bereits der Anblick der auf einem Brückenpfeiler stehenden **Nepomukstatue** ist faszinierend.

⌘ Havichhorster Mühle

Die Havichhorster Mühle, eine an der **Werse** gelegene Kornmühle, wird erstmals urkundlich im Jahr 1318 erwähnt. Sie gehört zum Besitztum des Guts Havichhorst, in dem sich heute ein Tagungszentrum befindet. Die Mühle wurde im Jahr 1988 von den Stadtwerken Münster für die Stromerzeugung umgebaut. An dem dortigen Wehr befindet sich auf einem Pfeiler eine Statue des Schutzpatrons der Brücken, dem **heiligen Nepomuk**.

Statue des heiligen Nepomuk

Johannes Nepomuk wurde um 1350 bei Pilsen geboren und 1393 in Prag ermordet. Er studierte Jura und Theologie und ist schließlich als Märtyrer in die Geschichte eingegangen. Im Jahr 1729 wurde er heiliggesprochen.

Er war ein energischer Vertreter der kirchlichen Politik und geriet hierüber auch in Konflikte mit dem damaligen König Wenzel IV. Nach der Legende waren aber nicht die Streitereien mit Wenzel IV. ursächlich für die vom König gegen ihn veranlassten Folterungen und den anschließenden tödlichen Sturz von der Prager Karlsbrücke in die Moldau, sondern die Weigerung Nepomuks, das Beichtgeheimnis zu brechen. Wenzel IV. verdächtigte seine Ehefrau der Untreue, doch Nepomuk war nicht bereit, die ihm von Wenzels Frau im Rahmen der Beichte anvertrauten Geheimnisse zu offenbaren.

Werse

Die Werse ist ein 67 km langer Fluss, der bei Beckum aus den drei Quellbächen Lippbach, Siechenbach und Kollenbach entsteht und bei Münster-Gelmer in die Ems fließt. Sie können an der Werse u.a. den Eisvogel beobachten. Außerdem ist sie bekannt für ihren Fischreichtum, so sind neben Hecht, Aal, Zander und Wels auch Schleie, Karpfen und Brassen u.a. in dem Fluss vorzufinden.

🚶 Sie setzen die Wanderung an der Einmündung nach links gehend fort und kommen an eine Weggabel, an der Sie die rechte Möglichkeit nehmen. Links Ihres Wegs ist wieder militärisches Gebiet. An einer weiteren Weggabel, in deren Mitte ein Haus steht, nehmen Sie wieder den rechts weiterführenden, landwirtschaftlichen Weg, der Sie durch ein kleines Waldstück und dann wieder durch die Feldmark führt. Der Weg leitet Sie dann auf das Gelände eines landwirtschaftlichen Anwesens. An der folgenden, quer verlaufenden Straße gehen Sie links weiter, unterqueren eine Bahnlinie und folgen dem Verlauf der asphaltierten Straße, die durch Felder und Wiesen führt. Sie passieren ein rechts der Straße gelegenes Gehöft und wählen an der folgenden Weggabelung die rechte Möglichkeit. Sie kommen in den Randbereich von **Münster-Handorf,** einem im Nordosten gelegenen Stadtteil von Münster.

Münster-Handorf

🛏 **Akzent Hotel Wersetürm´ken**, Dorbaumstraße 145, 48157 Münster-Handorf, ☎ 02 51/390 83-0, 🖥 www.wersetuermken.de, ✉ info@wersetuermken.de, €€€

Handorf liegt an der Werse und war früher für die Münsteraner ein bevorzugtes Ausflugsziel. Aufgrund dieses Umstandes wird Handorf heute noch als „Dorf der großen Kaffeekannen" bezeichnet. Heute hat Handorf nur noch sehr wenige traditionelle Kaffeehäuser und ist mehr zu einer Schlafstadt im Speckgürtel Münsters geworden.

🚶 Sie stoßen auf die quer verlaufende Dorbaumstraße, an der Sie nach rechts weiterwandern. Sie kommen an dem 🛏 **Akzent Hotel Wersetürm'ken** sowie an einem Bäcker, einem ✕ Bistro und einem Drogeriemarkt vorbei. Unmittelbar hinter dem Hotel geht nach rechts ein Wanderweg ab, den Sie nehmen müssen und der Sie wieder durch die Feldmark führt. An der folgenden Kreuzung gehen Sie geradeaus die Avendruper Straße weiter. Diese führt an einem landwirtschaftlichen Anwesen vorbei. Die Asphaltstraße endet dann und Sie wandern auf einem Geh- und Radweg weiter, der links abzweigt. Auf der Kamillusbrücke überqueren Sie die Werse, passieren die Stadtmühle, die noch in Betrieb ist, und nehmen gleich hinter der Brücke den zweiten links abgehenden, unbefestigten Weg, der in Richtung Handorf führt.

An seinem Ende stoßen Sie auf eine asphaltierte, alleeartige eingesäumte Straße, an der Sie rechts weitergehen. Nach 100 m biegen Sie nach links in einen unbefestigten Geh- und Radweg ein, der im weiteren Verlauf zu einer Schotterpiste wird. Sie überqueren die quer verlaufende Sudmühlenstraße, passieren die ersten Ortsschilder von Münster und gelangen an die Kreisstraße K 7, an der Sie zunächst nach rechts gehen, um nach etwa 30 m nach links in einen Pfad zu wandern. Hier steht ein Wegekreuz. Der Weg stößt dann auf einen quer verlaufenden unbefestigten Forstweg, an dem Sie nach rechts in den Mischwald gehen. An der folgenden Kreuzung wandern Sie nach links.

Nach 200 m - 10 m vor einer quer verlaufenden Asphaltbahn - nehmen Sie den rechts abgehenden Wanderweg, der wenige Meter neben der Asphaltpiste verläuft. Am Wegesrand stehen hier Hinweistafeln zu den im Wald wachsenden Bäumen. Sie wandern auf der Roteichenallee, deren Bäume etwa 80 Jahre alt sind, durch den Wald. Bänke laden zur Rast ein und Sie passieren ein Hubertusdenkmal. Es folgt rechtsseitig dann ein See, gleich hinter diesem nehmen Sie die rechts abgehende Asphaltstraße, die Sie auf das Gelände des **Hauses Dyckburg** und der katholischen Pfarrgemeinde St. Petronella mit der Kirche St. Mariä Himmelfahrt in Dyckburg führt.

⌘ Haus Dyckburg

Haus Dyckburg ist eine ehemalige Wasserburg, urkundlich erwähnt wurde sie erstmals im Jahr 1400. Die Dyckburg war als vierflügelige, von Wasser umschlossene Burganlage geplant und errichtet. Auf einer vorgelagerten Insel befand sich eine Vorburg. Zu Beginn des 18. Jh. wurden die heute noch vorhandenen kolossalen Wirtschaftgebäude errichtet und Mitte des 18. Jh. entstand die Marienkapelle. Ende des 19. Jh. wurde die Kapelle mit einem achteckigen Kuppelbau, einem Glockenturm und einem neuen Altarraum ausgebaut. Heute ist die ehemals private Kapelle eine Pfarrkirche der Pfarrgemeinde St. Mariä Himmelfahrt Münster.

🚶🚶 Sie folgen dem Straßenverlauf und stoßen auf die quer verlaufende Kreisstraße K 33, an der Sie nach links weiterwandern. Nach einer lang gezogenen Rechtskurve gehen Sie nach rechts und unter einer Bahnbrücke hindurch, die Straße Dingstiege weiter. Nach wenigen Metern wenden Sie sich nach rechts und wandern auf der Zufahrt zu dem Kleingärtnerverein Friedland, um gleich wieder nach links in einen Wanderweg abzubiegen. Sie laufen nun parallel zur Straße Dingstiege und zum Gelände des Kleingartenvereins.

Am Ende des Wanderwegs gehen Sie die Straße Dingstiege geradeaus weiter und stoßen dann auf eine quer verlaufende Asphaltstraße, die Sie nach rechts weitergehen. Sie sehen nun auf der linken Seite Schleusen des Dortmund-Ems-Kanals. An der folgenden quer verlaufenden Straße halten Sie sich links und gelangen auf einer Fußgängerbrücke über das Schleusengelände, das in den Jahren 2011/2012 eine Großbaustelle war.

Sie unterqueren die Landstraße L 587 und wandern weiter in den Schifffahrter Damm, kommen in ein Industriegebiet und halten sich an der folgenden quer verlaufenden Straße rechts. Sie folgen dem Verlauf der Dieckstraße, wandern durch ein Wohngebiet, in dem auch kleinere Firmen angesiedelt sind, passieren eine Schule und gehen am Ende der Straße, an einem Wendehammer, geradeaus in einen befestigten Geh- und Radweg, der Sie an Kleingärten und Wohnhäusern vorbeiführt.

An der folgenden Kreuzung gehen Sie nach rechts in die Mecklenburger Straße, unterqueren die Bahnlinie und folgen dem Straßenverlauf in Richtung des Stadtzentrums von Münster. Neben der Wohnbebauung finden Sie nun auch immer mehr Geschäfte.

Vor einer großen Straßenkreuzung halten Sie sich auf der Nebenfahrbahn links, kommen an einem ▥ Lebensmittelmarkt mit Bäcker (◨ Mo bis Sa 8:00 bis 21:00) vorbei, überqueren den Niedersachsenring und gleich danach die Piusallee, passieren das Gebäude der Sparkasse und wandern die Goldstraße, eine Fahrradstraße, die durch Wohngebiet führt, weiter. Sie kommen an dem Institut für Diakonat und pastorale Dienste im Bistum Münster in der Goldstraße 30 vorbei.

Am Ende der Goldstraße durchqueren Sie eine kleine Grünanlage, überqueren dann die Gartenstraße und wandern über die Straße Hörstertor in die Hörsterstraße. Sie überqueren die Promenade und folgen dem Verlauf der Hörsterstraße. Beim Überqueren der Voßgasse genießen Sie bereits einen Blick auf das Tagesziel, die Kirche St. Lamberti. Über die Straße Alter Fischmarkt erreichen Sie den Prinzipalmarkt und die Pfarrkirche St. Lamberti.

Münster

- **Münster Marketing,** Klemensstraße 10, 48143 Münster, ☏ 02 51/492 27 10, 🖥 www.muenster.de, ✉ tourismus@stadt-muenster.de, 🕐 Mo bis Fr 9:30 bis 18:00, Sa 9:30 bis 13:00
- ♦ **Information im historischen Rathaus,** Prinzipalmarkt 10, 48143 Münster, ☏ 02 51/492 27 24, 🖥 www.muenster.de, ✉ tourismus@stadt-muenster.de, 🕐 Di bis Fr 10:00 bis 17:00, Sa, So und feiertags 10:00 bis 16:00,
- 🛏 **Rossi´s Bed and Breakfast,** Weseler Straße 63, 48151 Münster, ☏ 02 51/534 88 65, 🖥 www.bedandbreakfastmuenster.de, ✉ info@bedandbreakfastmuenster.de, €€€
- ♦ **Cityhotel Amadeus Münster,** Friedrich-Ebert-Straße 55-57, 48153 Münster, ☏ 02 51/97 28-0, 🖥 www.cityhotel-muenster.de, ✉ info@cityhotel-muenster.de, €€€
- 🏠 **Arnsteiner Patres,** Bohlweg 46, 48147 Münster, ☏ 0251/48 25 33, 🖥 www.arnsteiner-patres.de, ✉ Bernhard.Bornefeld@sscc.de, Schlafsack ist mitzubringen, vorherige Anfrage notwendig
- ♦ **Franziskanerinnen, St. Mauritz,** St.-Mauritz-Freiheit 44, 48145 Münster, ☏ 02 51/93 37-0, 🖥 www.franziskanerinnen-muenster.de, ✉ info@franziskanerinnen-muenster.de, vorherige Anfrage notwendig
- ♦ **Pilgerquartier An der Meerwiese,** An der Meerwiese 107, 48157 Münster (Coerde), ☏ 02 51/24 94 78 oder ✉ sagert@muenster.de, vorherige Anfrage notwendig
- ♦ **Jugendgästehaus Aasee,** Bismarckallee 31, 48151 Münster, ☏ 02 51/53 02 80, 🖥 www.djh-wl.de, ✉ jgh-muenster@djh-wl.de, €€€
- ✝ **St.-Paulus-Dom Münster,** Domplatz 12, 48143 Münster, ☏ 02 51/495-67 00, 🖥 www.paulusdom.de, 🕐 So und feiertags immer 6:30 bis 19:30, Mo bis Sa 6:30 bis 19:00 (in der Sommerzeit) bzw. 6:30 bis 18:00 (in der Winterzeit)
- ♦ **St.-Lamberti-Kirche,** Lambertikirchplatz, 48143 Münster, ☏ 02 51/448 93, 🖥 www.st-lamberti.de
- ♦ **Überwasserkirche** (auch **Liebfrauenkirche**), Überwasserkirchplatz, 48143 Münster, 🖥 www.liebfrauen-muenster.de, ab 1340 im gotischen Stil erbaut
- ♦ **Clemenskirche,** An der Clemenskirche 1, 48143 Münster, ☏ 02 51/492 27 10
- ♜ **Stadtschloss Münster,** Schlossplatz 2, 48149 Münster, ☏ 02 51/83-0, 🖥 www.muenster.de, barocke dreiflügelige Schlossanlage aus dem 18. Jh., errichtet aus gelbem Sandstein und rotem Backstein, heute Sitz der Universität

12. Etappe: Ladbergen - Münster

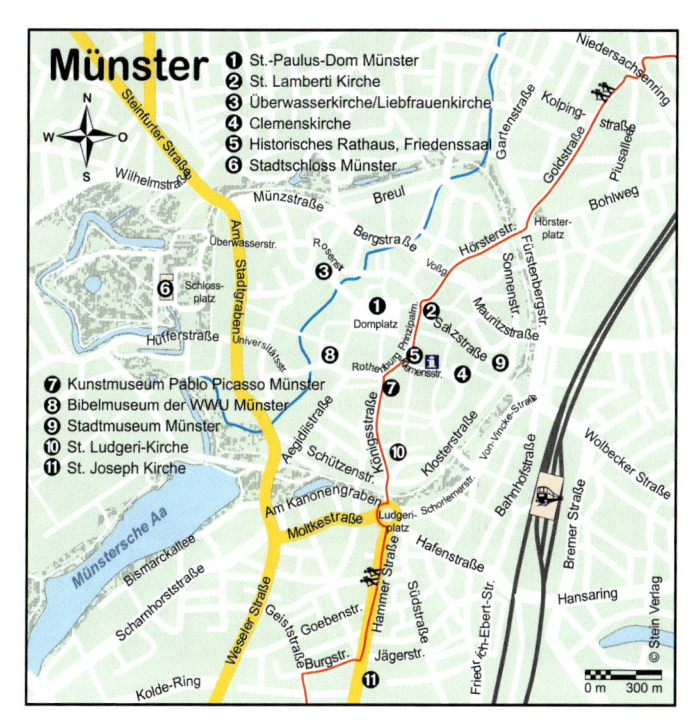

Münster
1. St.-Paulus-Dom Münster
2. St. Lamberti Kirche
3. Überwasserkirche/Liebfrauenkirche
4. Clemenskirche
5. Historisches Rathaus, Friedenssaal
6. Stadtschloss Münster
7. Kunstmuseum Pablo Picasso Münster
8. Bibelmuseum der WWU Münster
9. Stadtmuseum Münster
10. St. Ludgeri-Kirche
11. St. Joseph Kirche

- **Historisches Rathaus, Friedenssaal,** Prinzipalmarkt 8-9, 48143 Münster, ☎ 02 51/492 27 24, 🖥 www.muenster.de, 🕘 Di bis Fr 10:00 bis 17:00, Sa, So und feiertags 10:00 bis 16:00
- **Kunstmuseum Pablo Picasso Münster,** Picassoplatz 1, 48143 Münster, ☎ 02 51/414 47 10, 🖥 www.kunstmuseum-picasso-muenster.de, 🕘 Mo bis So 10:00 bis 18:00, Fr 10:00 bis 20:00
- **Bibelmuseum der WWU Münster,** Pferdegasse 1, 48143 Münster, ☎ 02 51/832 25 80, 🖥 www.uni-muenster.de, 🕘 Di, Mi, Fr 11:00 bis 17:00, Do 11:00 bis 19:00, Sa 11:00 bis 13:00
- **Stadtmuseum Münster,** Salzstraße 28, 48143 Münster, ☎ 02 51/492-45 03, 🖥 www.muenster.de, 🕘 Di bis Fr 10:00 bis 18:00, Sa, So und feiertags 11:00 bis 18:00

Prinzipalmarkt und Stadtkirche St. Lamberti

☺   Neben einem Besuch dieser und vieler anderer, hier nicht verzeichneter Sehenswürdigkeiten empfehle ich Ihnen, auf jeden Fall einen Spaziergang über den Prinzipalmarkt zu machen und durch das Kuhviertel mit seinen vielen ursprünglichen Gaststätten und Studentenkneipen zu flanieren.

Die geschichtlichen Spuren der Besiedlung Münsters gehen bis etwa 750 v.Chr. zurück. Für die ersten Jahrhunderte n.Chr. ist bereits eine Siedlung auf dem heutigen Domplatz nachweisbar. Am Ende des 8. Jh. wurden ein Kloster und eine Schule, die spätere Domschule, gegründet, Mitte des 9. Jh. wurde der erste Dom gebaut. Mitte des 11. Jh. errichtete man die neue Pfarrkirche St. Lamberti. Der neue Dom wurde im Jahr 1090 geweiht. Zu Beginn des 12. Jh. vernichtete ein Großfeuer den Dom und viele andere Häuser. In der zweiten Hälfte des 12. Jh. wurden die Pfarrkirchen St. Ludgeri, St. Martini und St. Aegidii gebaut. Im Jahr 1225 fand die Grundsteinlegung für den Bau des heutigen St.-Paulus-Doms statt, der etwa 40 Jahre später, im Jahr 1264, geweiht wurde. In den folgenden Jahrhunderten wurde der Dom ständig erweitert und modernisiert. Während des Zweiten Weltkriegs wurde er nahezu vollständig zerstört und in den Jahren 1946 bis 1956 wiederaufgebaut.

Im 13. Jh. begann die Tätigkeit der Hanse, nachdem sich deutsche Kaufleute, unter ihnen auch zwei aus Münster, mit dem Fürsten von Smolensk zwecks Sicherung der Handelstätigkeit zusammengeschlossen hatten. Der „Werner Bund", ein Zusammenschluss zum gegenseitigen Schutz der Städte Münster, Dortmund, Soest und Lippstadt, wurde 1229 gegründet. Münsters Einfluss in der Hanse wurde immer stärker, die Stadt wurde eine bedeutende Hansestadt. Mitte des 14. Jh. wurde das Rathaus errichtet, es erhielt bereits damals seine heutige Gestalt einschließlich des berühmten Giebels.

In der ersten Hälfte des 16. Jh. begann die Reformation in der Stadt. Anlässlich einer Massentaufe übernahmen die Täufer unter der Führung von Jan Mathys und Jan van Leiden die Macht in der Stadt und herrschten dort diktatorisch. Im Jahr 1535 erlangte der Bischof wieder die Kontrolle in der Stadt. Seine Landsknechte und die seiner Verbündeten besetzten Münster, töteten dabei viele Menschen und ermordeten die Anführer der Täufer. Etwa 20 Jahre später, im Jahr 1553, erhielt Münster die städtischen Vorteile und Privilegien wieder und die von den Täufern verursachten Unruhen gerieten in Vergessenheit.

Von den Auswirkungen des Dreißigjährigen Krieges blieb Münster größtenteils verschont. Im Jahr 1641 wurde die Stadt als neutraler Ort für die späteren Verhandlungen der kriegsführenden Mächte ausgewählt. Im Jahr 1648 wurde der „Westfälische Friede" im Rathaus der Stadt Münster und in Osnabrück geschlossen, der den Dreißigjährigen Krieg beendete.

In der zweiten Hälfte des 18. Jh. wurde die Stadtmauer niedergerissen und an ihrer Stelle eine die Stadt umrundende Lindenallee angelegt, die Promenade, die auch heute noch die Altstadt umschließt. ☺ Bei einem Rundgang über die Promenade werden Sie auch heute noch ehemalige Schanzen, z.B. die Kreuzschanze und die Engelenschanze, entdecken.

Die im Jahr 1773 gegründete Landesuniversität nahm 1780 den Lehrbetrieb auf. Zu Beginn des 19. Jh. wurde Münster mehrfach besetzt. Im Jahr

1815 wurde Münster zur Hauptstadt der neuen Provinz Westfalen. 1848 wurde die Bahnlinie nach Hamm eröffnet, bereits 1870 lag die Stadt an der durchgehenden Bahnlinie Hamburg - Paris. Im Jahr 1875 wurde das Stadtgebiet durch die Eingemeindung von umliegenden Landgemeinden erheblich vergrößert. Außerdem wurde der Zoologische Garten eingeweiht. Im Jahr 1899 wurde Münster an den Dortmund-Ems-Kanal angeschlossen und 1915 erreichte die Einwohnerzahl die Marke 100.000, Münster wurde eine Großstadt.

Während des Zweiten Weltkriegs erlitt Münster schwerste Schäden, von der Altstadt waren über 90 % zerstört. Von rund 132.000 Einwohnern im Jahr 1939 lebten bei Kriegsende nur noch 23.500 in der Stadt. Nach dem Krieg wurde die Altstadt ähnlich der zerstörten Stadt wieder aufgebaut.

1990 trafen sich in Münster die Außenminister der UdSSR und Deutschlands, um Verhandlungen für die Begründung der deutschen Einheit zu führen. 1992 fand hier ein Treffen der Wirtschaftsminister der G-7-Staaten mit osteuropäischen Wirtschaftsministern statt.

Münster hat sich im Laufe der Geschichte zu einer bedeutenden Großstadt mit etwa 300.000 Einwohnern entwickelt. Sie ist eine der größten Universitätsstädte Deutschlands, Sitz wichtiger Gerichte von Nordrhein-Westfalen und Sitz eines katholischen Bischofs. Außerdem ist Münster als Stadt der Fahrradfahrer bekannt.

13. Etappe: Münster - Rinkerode

➲ 17,2 km | ⏳ ca. 4 Std. | 🚌 🚲 🏠 ✕ 🚉

Münster	⇧ 63 m		17,2 km
St.-Clemens-Kirche Hiltrup	⇧ 69 m	8,4 km	8,8 km
Hiltruper See	⇧ 65 m	3,3 km	5,5 km
Rinkerode	⇧ 60 m	5,5 km	

🚶 Sie beginnen die 13. Etappe dieses Wegs an der Pfarrkirche St. Lamberti und wandern die Straße Prinzipalmarkt in südliche Richtung, passieren dabei das Historische Rathaus und folgen dann der Straße Rothenburg, die die Verlängerung des Prinzipalmarkts ist. Vor dem Gebäude der Commerzbank biegen Sie nach links in die Königstraße ab und folgen dem Verlauf der Straße. Auf der linken Seite folgt dann bald die katholische Kirche St. Ludgeri, wenige Meter später überqueren Sie die Promenade. Unmittelbar danach stoßen Sie auf einen Kreisverkehr und müssen genau auf der gegenüberliegenden Seite die Hammer Straße weitergehen. Diese ist gekennzeichnet von vielen Geschäften.

Nach etwas mehr als 500 m und kurz vor der auf der linken Straßenseite gelegenen St.-Joseph-Kirche biegen Sie nach rechts in die Burgstraße ab. Diese marschieren Sie bis zu ihrem Ende, wo Sie auf die Geiststraße stoßen, auf der Sie 270 m nach links bis zur Turmstraße weiterwandern. Hier halten Sie sich rechts und sehen bereits den **Wasserturm von Münster**.

Sie folgen dann weiter der links abgehenden Straße Am Wasserturm, passieren den rechts der Straße gelegenen Wasserturm und wandern geradeaus die Steveninkstraße weiter.

Sie erreichen den quer verlaufenden Sendmaringer Weg und gehen diesen wenige Meter nach rechts, um dann sogleich nach links in Richtung der Häuser Sendmaringer Weg 114 a-d abzubiegen. Sie wandern den Geh- und Radweg entlang, bis Sie auf die quer verlaufende Wörthstraße stoßen, an der Sie nach links gehen und die Sie nach wenigen Metern nach rechts in den Straßburger Weg verlassen. Sie passieren sogleich die links gelegene Kirche der evangelischen Trinitatisgemeinde und wandern den Straßburger Weg, bis Sie an die quer verlaufende Metzer Straße gelangen, wo sich auch die **Heilig-Geist-Kirche**

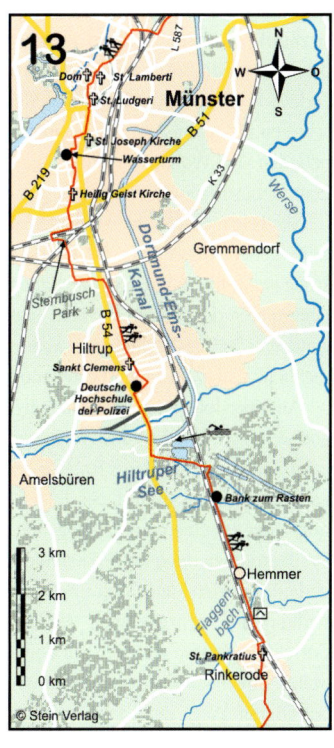

befindet. Hier an der Kreuzung befinden sich auch noch eine 🅐 Apotheke und ein Drogeriemarkt. Sie halten sich rechts und wandern dann gleich die erste links abgehende Straße, die Elsässer Straße, weiter. Es folgen noch vereinzelt Geschäfte, dann gelangen Sie aber wieder in reine Wohngegend.

Am Ende der Elsässer Straße wandern Sie geradeaus in einen abgegrenzten Geh- und Radweg weiter, der Sie dann auf einer Brücke über die Bundesstraße B 51 führt. Sie folgen dem weiteren Verlauf des Wegs, gelangen auf die Werlandstraße und überqueren den Düesbergweg. Die Werlandstraße endet vor einem Buschstreifen, an den sich Bahngleise anschließen. Sie marschieren hier rechts auf einer unbefestigten Straße weiter. Rechts der Straße befinden sich Wohnhäuser und links verlaufen parallel zu Ihrem Weg hinter dem Gebüsch die Bahngleise.

Sie gelangen auf die asphaltierte Straße Sternbusch, die Sie geradeaus weitergehen. Nach einer 90-Grad-Linkskurve, in der ein steinernes Wegekreuz steht, überqueren Sie die Bahngleise und wenden sich unmittelbar nach Überqueren der Gleise nach links in eine asphaltierte Straße. In der dann folgenden 90-Grad-Rechtskurve wandern Sie geradeaus weiter in den hauptsächlich aus Laubbäumen bestehenden **Sternbusch-Park**.

An einer folgenden Weggabelung nehmen Sie die linke Möglichkeit, folgen weiter dem Verlauf des Wegs, passieren eine Wegkreuzung und gelangen dann auf eine asphaltierte Piste, die Sie auf einer Brücke über eine einspurige Eisenbahnanlage führt. Sie folgen weiter dem Verlauf des Fuß- und Radwegs, der an einem links gelegenen mehrstöckigen Wohnhaus vorbeiführt. Sie überqueren die quer verlaufende Hogenbergstraße und folgen weiter dem Verlauf des Geh- und Radwegs, der Sie zunächst weiter durch eine Wohnsiedlung aus mehrstöckigen Wohnhäusern führt. Sie überqueren die Von-Corfey-Straße und wandern auf dem gegenüberliegenden Geh- und Radweg weiter. An einer dann folgenden Weggabelung nehmen Sie den mittleren befestigten Weg, der leicht ansteigt. In Ihre Richtung ist u.a. **Hiltrup** mit 3,8 km ausgeschildert.

An einer folgenden Gabelung nehmen Sie den rechten Weg und überqueren auf einer Brücke ein Bahngleis. Links Ihres Wegs stehen Wohnhäuser und rechts haben Sie ein großes Feld. Sie stoßen dann auf den quer verlaufenden Vennheideweg, den Sie nach links weitermarschieren und der Sie durch von Einzelhäusern geprägte Bebauung führt. Sie lassen die Wohnbebauung hinter sich, überqueren die Straße Bielesch, passieren das Gelände des Wasserwerks und stoßen am Ende des Vennheidewegs auf die quer verlaufende Bundesstraße B 54, wo sich das **Restaurant Vennemann** befindet.

✕ **Restaurant Vennemann,** 🕓 Di bis Fr 11:00 bis 14:30 und 17:00 bis 24:00, Sa und So 11:00 bis 24:00

Sie überqueren die Bundesstraße, halten sich vor einem Baumarkt rechts und marschieren nach wenigen Metern unmittelbar vor einer Bushaltestelle nach links in den Sonnenbergweg, einen Geh- und Radweg. An der dann quer verlaufenden Straße Hohe Geest halten Sie sich rechts. Sie passieren einen holzverarbeitenden Betrieb sowie einen 🛒 Supermarkt, folgen aber weiter der fast schnurgerade verlaufenden Straße Hohe Geest, die Sie aus Münster heraus und nach wenigen Metern in den Ortsteil Hiltrup hineinführt. Sie folgen dem schier endlos erscheinenden Verlauf der Straße, passieren den rückwärtigen Teil des Herz-Jesu-Krankenhauses und können bereits den Turm der katholischen Kirche Sankt Clemens sehen, auf die Sie zugehen. Etwa 200 m vor der Kirche geht rechts die Straße Zur Alten Feuerwache ab, die zum Hiltruper Museum führt, das in wechselnden Ausstellungen die Geschichte und Kultur Hiltrups darstellt.

⌘ **Hiltruper Museum e. V.,** Zur Alten Feuerwache 26, 48165 Münster-Hiltrup, 🕓 So 15:00 bis 17:00, jeden ersten So im Monat 11:00 bis 12:30 und 15:00 bis 17:00, Führungen nach Absprache unter ☏ 025 01/12 05, 💻 www.hiltruper-museum.de

Die Sie begleitende Wohnbebauung wird nun wieder von Geschäften aufgelockert und Sie erreichen die Kirche **St. Clemens.**

Hiltrup

🛏 Hotel Hiltruper Hof, Westfalenstraße 148, 48165 Hiltrup, ☏ 025 01/278 80, 💻 http://hiltruper-hof.de, ✉ info@hiltruper-hof.de, €€

✝ **St. Clemens,** Hohe Geest 1a, 48165 Münster, Pfarrbüro: ☏ 025 01/91 03 00, 🕓 Mo bis Fr 8:00 bis 12:00, Mo, Mi und Do 15:00 bis 18:00

Hiltrup mit rund 25.000 Einwohnern gehört seit der Eingemeindung 1975 zur Stadt Münster. Der Name Hiltrup selbst wird 1233 erstmals urkundlich erwähnt, obwohl die dortige Besiedelung bereits bis in die Zeit um Christi Geburt zurückreicht, was archäologische Funde nachweisen. Um das Jahr 800 lebten in diesem Gebiet etwa 120 Einwohner, die bereits damals eine erste Kirche errichteten. 1160 bis 1180 wurde die erste Kirche St. Clemens im romanischen Stil an der Westfalenstraße erbaut. Die heutige katholische Pfarrkirche St. Clemens wurde im Jahr 1913 errichtet. Es handelt sich um eine dreischiffige Basilika mit zwei etwa 45 m hohen, rechteckigen Türmen. Mitte des 19. Jh. wurde Hiltrup an die Eisenbahn angeschlossen, eine weitere verkehrstechnisch wichtige Anbindung erhielt die Stadt durch die Eröffnung des **Dortmund-Ems-Kanals**. In der Stadt finden Sie etliche Geschäfte, die die Bedürfnisse des täglichen Lebens decken.

🥾 Sie folgen weiter dem Verlauf der Straße, überqueren die Marktallee, wandern die geradeaus führende Straße Am Klosterwald 500 m weiter und wenden sich dann nach rechts in die Straße Zum Roten Berge. Die Straße führt Sie unter großen Bäumen zunächst an villenartigen Wohnhäusern und anschließend an dem Gelände der **Deutschen Hochschule der Polizei** vorbei.

Deutsche Hochschule der Polizei
Im Sommer 1945 wurde in einer ehemaligen Unterkunft der Gestapo die „Polizei-Führungsakademie" eingerichtet, die unter anderem für die Ausbildung der Beamten des höheren Polizeidienstes des Bundes und der Länder zuständig ist. Im März 2006 wurde sie umbenannt in „Deutsche Hochschule der Polizei".

🥾 Sie stoßen auf die quer verlaufende Westfalenstraße, die Bundesstraße B 54, an der Sie nach links weitermarschieren. Sie passieren die Parkplätze der Sportanlage Hiltrup-Süd und folgen dem Verlauf der Westfalenstraße, verlassen die Ortschaft Hiltrup und gelangen auf einer Brücke über die **I. Fahrt des Dortmund-Ems-Kanals**. Sie befinden sich nunmehr wieder in landwirtschaftlich genutztem Gebiet und Ihr Weg führt Sie auf einer Brücke über den Emmerbach. Im weiteren Verlauf überqueren Sie auf einer weiteren Brücke die **II. Fahrt des Dortmund-Ems-Kanals**. 325 m hinter der Überquerung des Kanals verlassen Sie die Westfalenstraße nach links in die Straße Zum Hiltruper See. Ihr nächstes Ziel, Rinkerode, ist mit 6,4 km ausgeschildert. Etwa 30 m nach Verlassen der Westfalenstraße geht nach rechts eine Asphaltstraße ab, die Sie nehmen müssen. Sie passieren linksseitig gelegene Parkplätze und auf der rechten Seite Felder und Wiesen. Die Straße führt anschließend durch einen Mischwald. Durch die Bäume können Sie links den **Hiltruper See** sehen.

Hiltruper See

Der Hiltruper See mit fast 16 ha Fläche und einer maximalen Tiefe von 4,5 m, zunächst nach seinem ersten Pächter Steiner See genannt, ist ein künstliches Gewässer, das durch den Sandabbau entstand. Mit dem Abbau wurde im Jahr 1914 für den Bau von Eisenbahnstrecken begonnen. Bereits ab 1920 wurde der See als Fischteich verpachtet. Im Laufe der Zeit erlangte der Hiltruper See zunehmend an Bedeutung für die Trinkwassergewinnung der umliegenden Städte, sodass 1967 der Sandabbau eingestellt wurde. Inzwischen ist der See Bestandteil des Wasserschutzgebietes „Hohe Ward".

Als Wasserpflanzen haben sich in den letzten Jahren die Wasserpest-Arten durchgesetzt. Die Bestände des ebenfalls im See beheimateten Tausendblatts und des Hornblatts sind dagegen zurückgegangen. In den letzten Jahren haben auch mehrfach die sogenannten Blaualgenblüten den See erheblich belastet.

Das Baden im See ist verboten. Sie haben aber in der Sommersaison die Möglichkeit, im **Freibad Hiltrup**, das nördlich des Hiltruper Sees gelegen ist, ein Bad zu nehmen.

Freibad Hiltrup, Zum Hiltruper See 171, 48165 Münster, ☎ 025 01/169 22, Mo, Mi, Do und Fr 7:00 bis 20:00, Di 12:00 bis 20:00, Sa und So 9:00 bis 20:00

Hier gibt es schöne Möglichkeiten, eine Rast einzulegen. Sie folgen dem Weg bis zu einer Weggabel, an der rechts eine asphaltierte Piste leicht aufwärts führt, die Sie nehmen müssen. Auf einer Brücke überqueren Sie Bahngleise. Sie gelangen in Stangenwald und nehmen am Ende der Brücke den nach rechts abgehenden unbefestigten Waldweg. Rinkerode ist hier mit 5 km Entfernung ausgeschildert. Sie gelangen dann in die Nähe der Bahngleise, zu denen Sie in etwa 10 m Entfernung parallel weitermarschieren. Sie

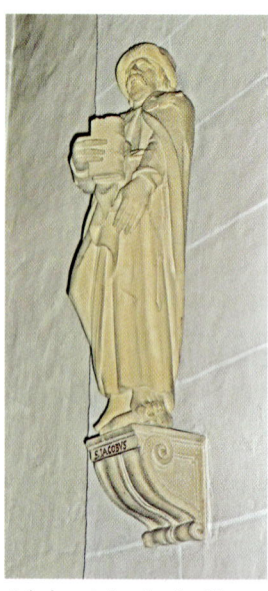

Jakobusstatue in der St. Pankratius-Kirche

wandern nun für etwa 4 km neben den Gleisen her, abwechselnd durch Wald und an Feldern vorbei. Ihr unbefestigter Weg wird zu einer asphaltierten Straße. Sie kommen an einem wunderschönen Rastplatz unter Kastanien vorbei, an dem Hinweistafeln die Entstehung des Wetters erklären. Sie unterqueren eine Brücke, überqueren auf einer anderen Brücke den Flaggenbach und passieren dann die ersten Häusern von **Rinkerode**. Sie haben nochmals die Möglichkeit, an einem schönen Rastplatz mit einer Schutzhütte eine Pause einzulegen, und kommen dann nach 150 m zu einer Unterführung, die Sie nach rechts unter den Bahngleisen hindurch geleitet. Unmittelbar hinter der Unterführung gabelt sich der Weg und Sie müssen den nach rechts führenden, gepflasterten und für den Fahrzeugverkehr gesperrten Weg nehmen, der durch einen Rundbogen aus einer Hecke führt. Sie befinden sich nun in der Ortschaft Rinkerode auf der Straße Weitkamp. An der folgenden quer verlaufenden Straße, es ist immer noch die Straße Weitkamp, halten Sie sich links und können bereits das Etappenziel, die katholische **Pfarrkirche St. Pankratius,** sehen, die Sie nach 200 m erreichen.

Rinkerode

- ⊙ St.-Pankratius-Kirche, ☞ unten
- 🛏 **Hotel Lohmann**, Albersloher Straße 25, 48317 Drensteinfurt-Rinkerode, ☎ 025 38/203, 🖳 www.lohmann-hotel.de, ✉ reservierung@lohmann-hotel.de, €€€
- 🏠 **Pfarrzentrum der Kirche**, Pfarrhaus, Pankratiuskirchplatz 3, 48317 Drensteinfurt-Rinkerode, Herr Werner Niesmann, 📱 01 73/272 13 86, 🛌 Schlafsack und Unterlage sind hier mitzubringen

- **Familie Neve**, Eickenbeck 58, 48317 Drensteinfurt-Rinkerode, ☏ 025 38/695
- **Familie Tillmann**, Bahnhofstraße 2, 48317 Drensteinfurt-Kernort, ☏ 025 08/82 06, Hol- und Bringdienst
- **Familie Richard**, Lausitzer Weg 7, 48317 Drensteinfurt-Kernort, ☏ 025 08/98 40 11
- **St.-Pankratius-Kirche Rinkerode**, Pankratiuskirchplatz 3, 48317 Drensteinfurt-Rinkerode, ☏ 025 38/453, 🕐 Mo bis So 8:00 bis 18:00, 💻 www.katholische-kirche-drensteinfurt.de

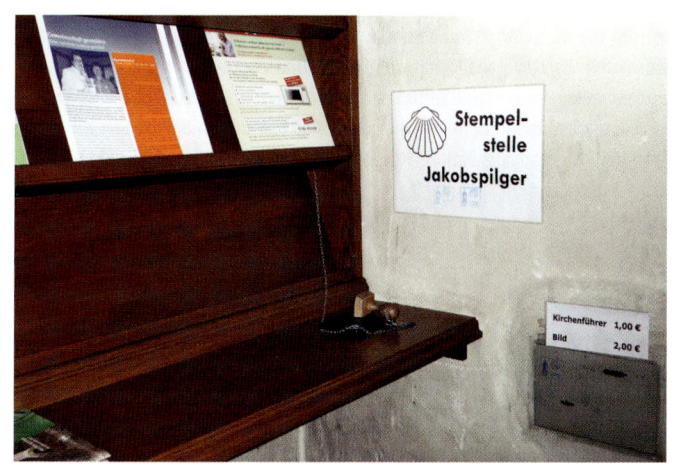

Stempelstelle in der Pfarrkirche St. Pankratius

Rinkerode mit rund 3.700 Einwohnern war ehemals eine eigenständige Gemeinde, wurde im Jahr 1975 eingemeindet und gehört seitdem zur Stadt Drensteinfurt. Rinkerode selbst besteht dabei aus den Ortsteilen Dorf, Altendorf, Eickenbeck und Hemmer. Dabei besticht der Ort durch seinen ländlichen Charme.

Von 1721 bis 1724 wurde die katholische **Pfarrkirche St. Pankratius** in der Ortsmitte als Ziegelbau errichtet. Teile des Turms sind mit Sandstein verblendet. In der Kirche befindet sich eine Jakobusstatue, außerdem können Sie in der Kirche einen ⊙ Pilgerstempel erhalten.

14. Etappe: Rinkerode - Herbern

➲ 16,0 km | ⌛ ca. 4 Std. | 🚌 🛏 🏠 ✕ 🚜

Rinkerode . . . .⇧ 60 m . . . . .16,0 km
Bundesstraße B 58 . . .⇧ 65 m . . . .5,3 km . . . .10,7 km
Herbern . . . .⇧ 87 m . . .10,7 km

🚶‍♂️ Beginn der 14. Etappe ist die Pfarrkirche St. Pankratius. Sie gehen zurück auf die „Hauptstraße" und wandern nach links in die Albersloher Straße. Nach 130 m gabelt sich die Straße und Sie gehen nach rechts in die Eickenbecker Straße, in Richtung Friedhof. Sie marschieren weiter durch den Ort und kommen an dem Friedhof vorbei. Dann stoßen Sie an eine Kreuzung und gehen geradeaus weiter. Rechts an der Kreuzung steht ein Doppelbildstock, der aus dem späten 19. Jh. stammt. Auf der Vorderseite zeigt er eine Abbildung von Jesus Christus, auf der Rückseite ist Josef mit einem Kind dargestellt. Auf dem Bildstock thront ein Kreuz.

Sie folgen weiter dem Verlauf der Eickenbecker Straße und verlassen dann den Ort Rinkerode. An einer sogleich folgenden Weggabelung halten Sie sich links und folgen dem Verlauf des Wegs, der Sie durch landwirtschaftliche Nutzflächen und an einzeln stehenden Gehöften vorbeiführt. Unmittelbar bevor Sie an die Bundesstraße B 54 stoßen, gehen Sie links auf einen Geh- und Radweg, der parallel zur B 54 verläuft. Nach 200 m stoßen Sie an eine quer verlaufende Asphaltstraße, Sie gehen hier nach links in Richtung der Häuser Eickenbeck 20-34 und 52/53. Sie folgen dann für 2 km dem Verlauf der Straße Eickenbeck, wandern an Feldern und Wiesen entlang und kommen an vereinzelten bäuerlichen Anwesen vorbei. Dann stoßen Sie auf eine quer verlaufende Asphaltstraße und halten sich rechts.

Nach 100 m gabelt sich die Straße und Sie wandern links weiter, Ihr Weg ist nun wieder von Büschen und Bäumen beschattet, hinter denen sich wieder landwirtschaftliche Nutzflächen erstrecken. Hier können Sie auch alte Wallhecken erkennen. Auf der linken Seite Ihres Wegs folgt dann ein Wald. Sie stoßen auf eine quer verlaufende Asphaltstraße, die ehemalige Bundesstraße B 58, an der Sie nach links gehen. Direkt gegenüber der Einmündung befindet sich ein Parkstreifen. Nach einer Rechtskurve stoßen Sie an die Bun-

14. Etappe: Rinkerode - Herbern

desstraße B 58, die Sie überqueren, anschließend setzen Sie Ihren Weg in der Straße Ossenbeck fort, die Sie wieder durch Felder und Wiesen führt.

Sie gelangen an eine querende Asphaltstraße und wandern nach links, an der nächsten, nach 550 m quer verlaufenden Straße halten Sie sich rechts. Sie folgen dem Verlauf der Straße und stoßen nach 1 km wieder auf eine quer verlaufende Straße, an der Sie nach links weitermarschieren. Hier an der Einmündung steht unter einer Eiche eine Bank, die zur Rast einlädt, außerdem sehen Sie rechts neben der Straße ein bäuerliches Anwesen. Nach 300 m kommen Sie an einem weiteren schönen Rastplatz vorbei. An der kurz danach folgenden, quer verlaufenden Straße halten Sie sich rechts. Hier ist Capelle mit 14 km und Herbern mit 9 km ausgeschildert. Sie befinden sich auf der Straße Rieth. An der folgenden Weggabelung nehmen Sie die rechte Möglichkeit. Sie wandern nun auf der Forsthöveler Straße, die Sie weiterhin durch landwirtschaftliche Nutzflächen führt.

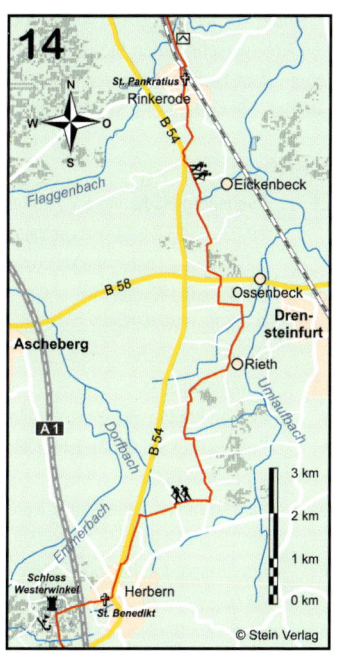

Nach 1,3 km und unmittelbar hinter einer 90-Grad-Rechtskurve gehen Sie die Forsthöveler Straße weiter, die hier nach links führt. Sie überqueren auf einer Brücke einen Entwässerungsgraben und kommen dann an bäuerlichen Anwesen links und rechts der Straße vorbei. Sie folgen dem Verlauf der Straße, die vor einem Bauernhof eine 90-Grad-Linkskurve und gleich hinter dem Anwesen eine 90-Grad-Rechtskurve macht. Erneut wandern Sie durch landwirtschaftlich genutzte Flächen und kommen nach 1,5 km an eine Kreuzung, an der ein Wartehäuschen an einer 🚌 Bushaltestelle steht. Hier wandern Sie nach rechts in die Forsthövel-Rörenstraße. Sie passieren vereinzelt gelegene Häuser und stoßen auf die quer verlaufende Forsthövel-Lohmannstraße, an der Sie nach links gehen, um nach wenigen Metern nach rechts in die Straße Arup-Große Feld abzubiegen. Auf einer Brücke überqueren Sie den Dorfbach, bevor Sie nach weiteren 140 m nach links in die Straße Mühlenberg Hausnummern 1-5 abbiegen. Sie kommen an einem links des Wegs stehenden Fachwerkhaus vorbei und können nun bereits die ersten Häuser von Herbern sehen.

Sie wandern die Straße Mühlenberg, die leicht ansteigt, bis zu ihrem Ende, wo Sie auf die Bundestraße B 54, die Münsterstraße, stoßen, auf der Sie nach links weiterwandern. Sie gelangen dann auch gleich in die Ortschaft Herbern, kommen an einem 🛒 Supermarkt, einem Bäcker und einem Getränkehandel vorbei und gehen weiter Richtung Ortsmitte. An dem dann folgenden Kreisverkehr laufen Sie die gegenüber verlaufende Münsterstraße weiter, folgen dem Verlauf der anschließenden Südstraße und gelangen an das Etappenziel, die katholische **St.-Benedikt-Kirche**.

Herbern

- **Ascheberg Marketing e.V.**, Katharinenplatz 1, 59387 Ascheberg,
  ☏ 025 93/63 24, 🖥 www.ascheberg-touristinfo.de,
  ✉ info@ascheberg-marketing.de
- **St.-Benedikt-Kirche**, ☞ unten
- **Hotel Zum Wolfsjäger**, Südstraße 36, 59387 Herbern, ☏ 025 99/414,
  🖥 www.zum-letzten-wolf.de, ✉ info@hotel-wolfsjaeger.de, €€
- Privatunterkünfte:
- **Familie Freitag**, Bockumer Straße 17, 59387 Herbern, ☏ 025 99/21 05
- **Familie Richard Großerichter**, Horn-Werner-Straße 104, 59387 Herbern,
  ☏ 025 99/70 02
- **Familie Alfons Sennekamp**, Neuenhammstraße 14, 59387 Herbern,
  ☏ 025 99/18 94 oder 📱 01 75/871 09 50
- **Frau Irmgard Lohmann**, Fortshövel-Lohmannstraße 14, 59387 Herbern,
  ☏ 025 99/16 84 oder 📱 01 75/945 01 91
- **Frau Vera Beckmann**, Ondrup-Ondruper Straße 8, 59387 Herbern,
  ☏ 025 99/400 64
- **Frau Renate Hiller**, An der Hansalinie 25, 59387 Ascheberg,
  ☏ 025 93/95 07 40
- **Sportheim des SV Herbern**, Werner Str. , 59387 Herbern, ☏ 025 99/10 65

Herbern, an der alten Handelsstraße Münster-Dortmund-Köln gelegen, ist ein Ortsteil von Ascheberg. Der heute rund 5.400 Einwohner zählende Ortsteil wurde 1975 eingemeindet.

Eine erste urkundliche Erwähnung findet Herbern im Jahr 889. Anfang des 17. Jh. hatte Herbern bereits rund 2.000 Einwohner, doch die Auswirkungen des Dreißigjährigen Krieges und die Folgen einer Seuche im Jahr 1635 verringerten die Einwohnerzahl auf ca. 300. Anfang des 19. Jh. war die Zahl der Bürger wieder auf rund 2.000 gestiegen und bis in die 70er-Jahre des 20. Jh. waren es über 4.500.

Neben einer ✕ Pizzeria finden Sie im Ort ein ☕ Eiscafé und auch ein Brauhaus.

Die katholische Pfarrkirche St. Benedikt wurde im Jahr 1666 erbaut, wobei der Kirchturm erst 1708 fertiggestellt wurde. Es ist eine dreischiffige Kirche, die im nachgotischen Stil errichtet wurde. Sie ist der Nachfolgebau einer wesentlich kleineren Kirche, die ab 1188 an gleicher Stelle stand und letztendlich in den Wirrungen des Dreißigjährigen Krieges total zerstört wurde. In der Kirche haben Sie die Möglichkeit, einen ⊙ Pilgerstempel zu erhalten. Sie können sich auch in das Pilgerbuch eintragen und sich dort über Unterkünfte informieren.

15. Etappe: Herbern - Werne

➲ 11,8 km | ⌛ ca. 3 Std. | 🚆 🚌 🛏 ✕ ⛽

Herbern . . . . . ⇧ 87 m . . . . 11,8 km
Werne . . . . . . ⇧ 62 m . . . . . 11,8 km

🚶 Die 15. Etappe beginnt vor dem Haupteingang der St.-Benedikt-Kirche. Sie wandern die Bergstraße in nordwestliche Richtung und stoßen auf die quer verlaufende, gepflasterte Altenhammstraße, an der Sie nach links gehen. Direkt an der Einmündung befindet sich das **Heimathaus Herbern** des örtlichen Heimatvereins.

✠ **Museum Heimathaus Herbern,** Altenhammstraße 20, 59387 Herbern,
☎ 025 99/74 08 10, 🖥 www.heimatverein.herbern.de, 🕐 Sa und So 15:00 bis 17:00

Sie passieren die Marienschule und die Theodor-Fontane-Schule, verlassen den Ort Herbern und befinden sich sogleich wieder in landwirtschaftlich genutztem Gebiet. Sie folgen weiter dem Verlauf der Altenhammstraße, die nunmehr asphaltiert ist und Sie auf einer Brücke über die Autobahn A 1 führt. Unmittelbar hinter der Brücke beginnt das Gelände des Golfvereins Westerwinkel. Sie passieren ein hölzernes Tor und der Weg führt Sie über das Gelände vom Schloss Westerwinkel. Sie stoßen dann auf einen quer verlaufenden Weg, der nach rechts zum Schloss führt, der Jakobsweg geht hier nach links weiter.

Schloss Westerwinkel

☺ Sie sollten auf jeden Fall einen Abstecher zum Schloss machen, um zumindest durch die Gärten zu spazieren.

♜ Schloss Westerwinkel

Bereits Anfang des 13. Jh. existierte auf dem Gelände des heutigen Schlosses eine Wasserburg, von der heute nichts mehr zu sehen ist. In den Jahren 1663 bis 1668 wurde das heutige Schloss Westerwinkel im barocken Stil errichtet. Es ist ein vierflügeliges Bauwerk, an dem heute noch die Baukunst des Mittelalters studiert werden kann. Seit seiner Errichtung ist es baulich unverändert. Das Schloss befindet sich in einem großzügigen englischen Garten, in dem die Wassergräben zur Zeit der Erbauung bereits nicht mehr der Verteidigung, sondern der architektonischen Ausgestaltung dienten.

- **Museum Schloss Westerwinkel,** Horn-Westerwinkel 1, 59387 Ascheberg-Herbern, ☎ 025 99/988 78, 🗓 01.04. bis 31.10, Fr bis So 14:00 bis 17:00, Besichtigungen im Rahmen von Führungen, die halbstündlich durchgeführt werden (letzter Führungsbeginn 16:30)

Rechts des geschotterten Wegs liegt ein Golfplatz, dann führt Sie der Weg durch einen Mischwald und anschließend erneut durch den Golfplatz. Schließlich sind Sie wieder in landwirtschaftlich genutztem Gebiet, passieren ein bäuerliches Anwesen und stoßen auf die quer verlaufende Bundestraße B 54, die Sie überqueren. Sie marschieren in den gegenüberliegenden und asphaltierten Horn-Horneweg, der leicht abschüssig ist. Nach einer 90-Grad-Rechtskurve kommen Sie an einem links der Straße liegenden Bauernhof vorbei. Hier stehen auch einige Bänke und Sie haben die Möglichkeit, eine Rast einzulegen.

240 m hinter der Rechtskurve, rechts der Straße, ist ein Bauernhof, wandern Sie nach links den Horn-Horneweg in Richtung Hausnummer 13 weiter. Sie folgen dem Verlauf der Asphaltstraße, unterqueren eine Stromleitung und überqueren auf einer Brücke einen Bach. An der folgenden Kreuzung mit der Horn-Hülsberger Straße halten Sie sich links, um nach 90 m nach rechts in den weiterführenden Horn-Horneweg abzubiegen. Dieser ist zunächst noch asphaltiert, wird dann aber zu einem unbefestigten landwirtschaftlichen Weg. Links des

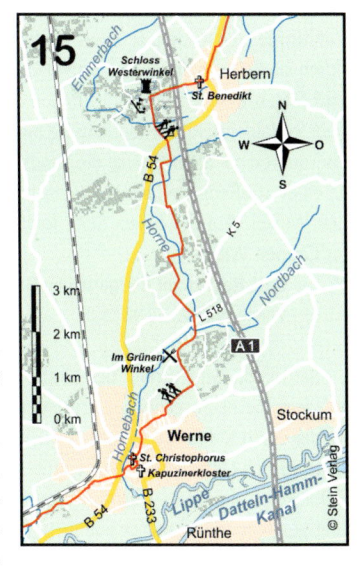

Wegs ist Wald, rechts sind hinter Hecken Wiesen und Felder. 1,1 km nach der letzten Abzweigung müssen Sie einem nach rechts abgehenden Schotterweg folgen, der Sie auf einer Brücke über die Horne führt. Sie wandern weiter durch landwirtschaftlich genutztes Gebiet und stoßen dann an den quer verlaufenden Hagenbuschweg, dem Sie nach links folgen. Nun haben Sie zunächst auf der rechten Seite einen Wald und links die Felder und Wiesen.

Sie passieren ein bäuerliches Anwesen und folgen weiter dem Verlauf des Hagenbuschwegs. Dieser macht sodann eine lang gezogene Rechtskurve und Sie passieren ein rechts der Straße gelegenes Haus. An der folgenden Straßengabelung nehmen Sie die linke Möglichkeit. Kurz hinter dem Abzweig steht rechts des Wegs ein bäuerliches Anwesen. Links voraus können Sie die Kühltürme und Gebäude eines Kraftwerks sehen. Ihr Weg führt Sie weiter durch landwirtschaftlich genutzte Flächen, Sie überqueren die Kreisstraße K 5 und folgen dem gegenüberliegenden Stiegenkamp. Sie wandern unter einer quer verlaufenden Überlandleitung hindurch, folgen dem Straßenverlauf und überqueren auf einer Brücke die Landstraße L 518. 850 m hinter der Brücke, an einer Straßengabel, gehen Sie nach links in die asphaltierte Straße Im Grünen Winkel. Auf der linken Seite folgt dann das **Café Restaurant Biergarten Im Grünen Winkel**

✗   Café Restaurant Biergarten Im Grünen Winkel, Im Grünen Winkel 12, 59368 Werne, ☏ 023 89/92 89 82

Sie folgen dem Verlauf der Straße bis zur Kreuzung mit dem Halohweg, auf dem Sie nach rechts weiterwandern. Im Hintergrund können Sie bereits wieder einen Kühlturm und die Gebäude eines Kraftwerks sehen. Sie wandern weiter durch landwirtschaftlich genutztes Gebiet und folgen dem Verlauf des Halohwegs, der Sie an vereinzelt stehenden Häusern vorbeiführt. In einer lang gezogenen Linkskurve kommen Sie zu den ersten Häusern der Ortschaft **Werne**.

Sie treffen auf die nach rechts abgehende Goerdelerstraße, die Sie weitermarschieren und die Sie durch ein Wohngebiet führt. Dann stoßen Sie auf die quer verlaufende Bundesstraße B 233, den Hansaring, den Sie überqueren, und marschieren die gegenüberliegende Alte Münsterstraße weiter. An einem 🛒 Supermarkt und der ✉ Post vorbei gelangen Sie in das Zentrum von

Werne. Am Schlotweg halten Sie sich rechts (auf den 🚌 Busbahnhof zu), passieren diesen auf der linken Seite und wenden sich direkt gegenüber dem Rathaus und vor einem Einkaufszentrum nach links in eine Fußgängerzone. Am Ende des Einkaufszentrums wandern Sie nach links die Treppe zum Etappenziel, der **Pfarrkirche St. Christophorus**, hinauf.

Der Kirchplatz in Werne

Werne

- 🛈 **Tourist-Information,** Markt 19, 59368 Werne, ☏ 023 89/53 40 80,
  🖥 www.stadtmarketing-werne.de, ✉ info@stadtmarketing-werne.de,
  🕘 Mo bis Fr 9:00 bis 13.00 und 14:30 bis 17:30
- 🛏 **Hotel-Restaurant Am Markt,** Markt 2, 59368 Werne, ☏ 023 89/959 59-0,
  🖥 www.baumhove.de, ✉ hotelammarkt@baumhove.de, €€€
- ♦ **Hotel Ickhorn**, Markt 1, 59368 Werne, ☏ 023 89/98 77-0,
  🖥 www.hotel-ickhorn.de, ✉ info@hotel-ickhorn.de, €€
- ♦ **Hotel Am Solebad**, Lüner Str. 2, 59368 Werne, ☏ 023 89/988 00,
  🖥 www.hotel-am-solebad.de, ✉ rezeption@hotel-am-solebad.de, €€

- **Hotel Am Kloster**, Kurt-Schumacher-Straße 9, 59368 Werne,
  ☎ 023 89/52 61 40, 🖥 www.hotel-am-kloster.de,
  ✉ info@hotel-am-kloster.de, €€€
- **Kapuzinerkloster Werne**, Südmauer 5, 59368 Werne, ☎ 023 89/989 66-0, 🖥 www.kapuziner.de, ✉ werne@kapuziner.org, für Pilger kostenlose Unterkunft
- **Gästezimmer Allouchery-Widzyk**, Westmauer 8, 59238 Werne,
  ☎ 023 89/49 85
- **Privatzimmer Uwe Ewering**, Beckingsbusch 4, 59238 Werne, ☎ 023 89/594 76 oder 📱 01 77/696 25 70, 🖥 www.privatzimmer-werne.de, €
- **Natur-Solebad Werne**, Am Hagen 2, 59368 Werne, ☎ 023 89/98 92-0, 🖥 www.natur-solebad-werne.de, 🕐 Mo 14:00 bis 21:00, Di bis Fr 6:00 bis 20:00, Sa und So 7:00 bis 20:00

Die erste urkundliche Erwähnung fand Werne im Jahr 834, obwohl bereits um 800 dort die erste Pfarrgemeinde gegründet und eine Kapelle errichtet worden war.

In den folgenden Jahrhunderten siedelten sich um die Kirche neben den Bauern Handwerker und Kaufleute, sodass die Einwohnerzahl stetig wuchs. Im 13. Jh. wurde an der Lippebrücke in Werne der „Werner Bund", ein Bündnis der Städte Münster, Dortmund, Soest und Lippstadt gegen die Willkür der Obrigkeit, geschlossen. Im 14. und 15. Jh. wurde der Ort mit einem Wall, Palisaden und einem Graben befestigt, außerdem erhielt Werne Stadtrechte. Zu Beginn des 15. Jh. wurde mit dem Rathausbau begonnen und am Ende dieses Jahrhunderts vernichtete ein Großfeuer einen Großteil der Häuser der Stadt.

Während des Dreißigjährigen Krieges fanden mehrfach Besetzungen mit Plünderungen und Brandschatzungen in Werne statt. Außerdem raffte eine Pestepidemie ein Drittel der etwa 1.000 Bürger dahin. Die Befestigungsanlagen wurden im 18. Jh. abgerissen. Ende des 19. Jh. gründete man die Zeche Werne, im Jahr 1928 wurde die Eisenbahnlinie Dortmund-Werne-Münster eröffnet.

Nach dem Zweiten Weltkrieg fanden etwa 4.000 Flüchtlinge und Vertriebene in Werne eine neue Heimat. Heute leben in Werne mehr als 30.000 Einwohner.

Die **Kirche St. Christophorus** wurde zu Beginn des 11. Jh. erstmalig urkundlich erwähnt. Man vermutet, dass sich in den Jahren davor an gleicher Stelle eine hölzerne Kapelle befand. Mitte des 12. Jh. wurde eine steinerne dreischiffige Kirche mit romanischen Stilelementen errichtet, die ein Feuer im Jahr 1400 zerstörte. Die dann Mitte des 15. Jh. neu errichtete St.-Christophorus-Kirche war ein dreischiffiges Bauwerk im gotischen Stil, dem die heutige Kirche immer noch im Wesentlichen entspricht. Besonders bemerkenswert im Innenraum ist die 3 m hohe Statue des heiligen Christophorus, dem Schutzpatron der Reisenden, die aus der Mitte des 19. Jh. stammt. Beachtenswert ist weiterhin der achteckige, spätgotische Taufstein.

Das heute noch bewohnte **Kapuzinerkloster Werne** mit seinen eher schlichten Gebäuden wurde in den Jahren 1671-1673 erbaut. Das dazugehörige Pesthaus, dessen Obergeschoss aus Fachwerk auf der Klostermauer steht, wurde erst in den letzten Jahren wiederhergestellt. Die dazu passende schlichte **Klosterkirche St. Petrus und Paulus** wurde in den Jahren 1677-1780 errichtet. Sie hat einen relativ einfachen Saal mit einer sogenannten Holztonnendecke.

Das **Natur-Solebad Werne** wurde nach völliger Neugestaltung 1988 wiedereröffnet. Die Solequelle war in den Jahren 1873/74 zufällig bei anderen Bohrarbeiten entdeckt und nach kurzer Zeit als „Thermalbad Werne" vermarktet worden.

16. Etappe: Werne - Lünen

⮕ 15,0 km | ⌛ ca. 4 Std. | 🚆 🚌 🛌 ✕ 🚗

Werne . . . . ⇧ 62 m . . . . 15,0 km
Schloss Cappenberg . . . ⇧ 111 m . . . . 9,0 km . . . . 6,0 km
Lünen . . . . ⇧ 55 m . . . . 6,0 km

🚶‍♂️ Startpunkt der 16. Etappe ist die Kirche St. Christophorus in Werne. Sie laufen um die Kirche herum, gelangen auf den Kirchhof und gehen den Weg bei dem Pfarrheim zwischen den Fachwerkhäusern, den sogenannten Wärmehäusern (diese dienten früher dem Landvolk vor dem Kirchgang zum Aufwärmen, das älteste der Häuser stammt aus dem Jahr 1447) hindurch auf den Marktplatz. Hier haben Sie einen herrlichen Blick auf das Rathaus. Sie halten sich links und marschieren dann gleich nach rechts in die Klosterstraße. Am Ende der Klosterstraße stehen Sie direkt vor dem **Kapuzinerkloster**.

Sie wandern weiter die Straße Südmauer in westliche Richtung und halten sich an der Straße Am Griesetorn rechts bis zur Steinstraße (Fußgängerzone), an der Sie nach links gehen. Sie folgen dem Verlauf der Steinstraße und kommen über einen Platz auf die geradeaus weiterführende Kurt-Schuhmacher-Straße. An der Einmündung steht ein Gedenkhäuschen mit einer Santa-Barbara-Statue, der Schutzpatronin der Bergleute. Sie überqueren auf einer Brücke den Hornebach, gehen anschließend über die Bundesstraße B 54, die Münsterstraße, und folgen dann dem Verlauf der Cappenberger Straße, die Sie zunächst an einem Park vorbei und dann wieder durch Wohnbebauung führt.

Die Cappenberger Straße wird eine Spielstraße. Sie überqueren die Von-Droste-Hülshoff-Straße und wandern in die weiterführende Schottlandstraße. Gleich zu deren Beginn geht rechts ein geschotterter Geh- und Radweg ab, den Sie nehmen müssen. Nach 60 m treffen Sie auf die quer verlaufende Flandernstraße und gehen diese bis zu ihrem Ende nach links. An der Jahnstraße halten Sie sich rechts. Sie überqueren die Berliner Straße - Lünen ist hier für Radfahrer mit 9,8 km ausgewiesen - und folgen dann dem Verlauf der Straße Am Bellingholz.

Sie verlassen sie Ortschaft Werne, bleiben auf der Straße Am Bellingholz, passieren ein Gewässer, das rechts der Straße liegt, und wandern wieder durch Felder und Wiesen. Sie passieren vereinzelt gelegene bäuerliche Gehöfte. Den dann quer verlaufenden Nord-Lippering, eine breite Asphaltstraße, überqueren Sie und marschieren in den geradeaus weiterführenden Martinsweg, der Sie gleich unter einer quer verlaufenden Überlandleitung und weiter durch landwirtschaftlich genutztes Gebiet und an einzeln stehenden Bauernhöfen vorbeiführt. Nach 700 m verlassen Sie den Martinsweg nach rechts in die Straße Am Romberg. Sie unterqueren eine Bahnlinie und folgen dem Verlauf der Straße, die dann eine 90-Grad-Linkskurve macht und anschließend leicht ansteigend in einen Wald führt. Sie gelangen in einen Mischwald, zu dessen Beginn eine schöne Sitzgruppe zu einer Rast mit einem herrlichen Ausblick einlädt.

Sie wandern die Straße Am Romberg, die Sie abwechselnd durch Wald, Wiesen und Felder führt, entlang, bis Sie auf die Kreisstraße K 19, die Varnhöveler Straße, stoßen, an der Sie sich nach links wenden. Diese Straße verlassen Sie nach 325 m nach rechts in Richtung der Häuser Varnhöveler Straße 78-70. Nach 130 m gehen Sie links auf einen Schotterweg, der zu den Häusern 74-76 führt. Sie passieren ein paar Wohnhäuser und folgen dem geradeaus weiterführenden Wanderweg, der über mehrere Viehweiden führt, die mit Pforten gesichert sind. Nach der letzten Pforte leitet Sie der Wanderweg wieder in einen Wald, das Kohuesholz. Gleich zu Beginn des Waldes haben Sie auf einer Bank die Möglichkeit zu rasten. An dem folgenden quer verlaufenden Forstweg wandern Sie nach links. Der Weg führt Sie aus dem Wald heraus.

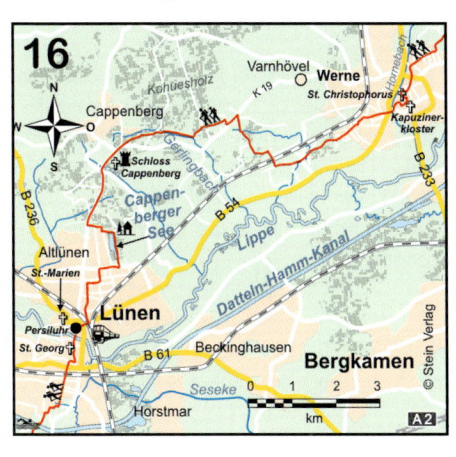

An einer dann quer verlaufenden Straße gehen Sie nach rechts. Nach 160 m macht die Straße eine 90-Grad-Rechtskurve, Sie gehen aber den geradeaus führenden Waldweg weiter. Sie gelangen in einen wunderschönen Mischwald, der hauptsächlich aus Laubgehölzen besteht. Ihr Weg führt Sie weiter durch das Kohuesholz und verläuft eine geraume Zeit parallel zum Gerlingbach, den Sie im weiteren Verlauf des Wanderpfades auch auf einer notdürftigen Brücke, die aus Betonringen besteht, überqueren. Der Wanderweg stößt dann auf eine quer verlaufende Asphaltbahn, an der Sie nach links weitergehen müssen. An der nach 80 m folgenden Weggabelung nehmen Sie die rechte Möglichkeit, eine Schotterpiste, die Sie durch diesen herrlichen Wald führt, und folgen dem Verlauf des Wegs. Sie können dann auf der rechten Seite durch die Bäume hindurch die ersten Häuser der Ortschaft Cappenberg sehen.

Cappenberg

Bereits im 9. Jh. wohnten in Cappenberg Bürger, archäologische Funde und auch Hügelgräber in der Umgebung weisen zudem nach, dass die dortige Gegend auch schon in der Steinzeit besiedelt war. Cappenberg wurde 1975 als Teil des Ortes Bork mit der damaligen Gemeinde Selm zusammengeschlossen. Urkundlich wurde Selm als „Seliheim" bereits im Jahr 858 erwähnt, der Name Bork fand ebenfalls schon im 9. Jh. Erwähnung. Den zusammengeschlossenen Gemeinden wurden im Jahr 1977 Stadtrechte erteilt.

Bis zu Beginn des 20. Jh. wirkten die einzelnen Gemeinden eher ländlich. Die Industrialisierung begann in Selm Anfang des 20. Jh. mit der Inbetriebnahme der „Zeche Hermann", die allerdings bereits 1926 wieder stillgelegt wurde. Die Einwohnerzahl stieg in diesen Jahren von 2.000 auf rund 10.000. Die Stilllegung hatte katastrophale Folgen für die Gemeinde, da während der Hochphase des Betriebs nahezu 3.500 Bürger in der Zeche angestellt waren.

☺ Wenn Sie Glück haben, erblicken Sie in diesen herrlichen Wäldern einheimische Tiere wie Waldschnepfen, Spechte und Abendsegler, Feuersalamander und auch den Großen Schillerfalter.

🚶 Sie kommen dann aus dem Wald heraus, stoßen auf eine quer verlaufende Asphaltstraße, die Hirschwiese, und gehen nach links. Nach wenigen Metern kommen Sie an eine weitere quer verlaufende Asphaltstraße, die Kreisstraße K 19, die Sie überqueren, und marschieren nach rechts weiter. Nach 120 m folgt auf der linken Seite das Gelände des Schlosses Cappenberg.

♜ Schloss Cappenberg

Es hat bereits im 9. Jh. eine Festung auf der Anhöhe über dem Lippe-Tal gestanden. Im Jahr 1122 stiftete der damalige Besitzer die Burg für ein Kloster an eine Ordensgemeinschaft. Aus der Mitte des 12. Jh. stammt die ehemalige Stiftskirche, die jetzige **St.-Johannes-Evangelist-Kirche**. Es handelt sich um eine dreischiffige Basilika, die im romanischen Stil errichtet wurde, wobei durch spätere Umbauten gotische Elemente hinzugekommen sind. Die Ausstattung der Kirche ist opulent, neben der berühmten Bildnisbüste Friedrich Barbarossas sind das Triumphkreuz, der Flügelaltar, das Chorgestühl, das Sakramenthaus und viele andere Kostbarkeiten hervorzuheben.

Im 17. Jh., nach Zerstörungen während des Dreißigjährigen Krieges, wurde das dreiflügelige Schloss im barocken Stil errichtet.

Das Kloster wurde Anfang des 19. Jh. aufgelöst und schließlich im Jahr 1816 privatisiert. Der damals neue Eigentümer, Karl Freiherr vom und um Stein, ließ die vom Verfall bedrohten Gebäude restaurieren und instand setzen. Nach den Vorstellungen Steins wurde die Gesamtanlage so wiederhergestellt, wie sie jetzt noch von Ihnen zu besichtigen ist. Im Schloss finden regelmäßig wechselnd Ausstellungen und Musikveranstaltungen statt. Neben dem Schloss sind auch die gärtnerischen Anlagen sowie das Wildgehege einen Besuch wert.

- **Schloss Cappenberg**, Schlossberg, 59379 Selm-Cappenberg, 023 06/711 70, Di bis So und feiertags 10:00 bis 17:30, www.kreis-unna.de, Auskunft: Sigrid Zielke, 023 03/27 21 41, sigrid-zielke@kreis-unna.de
- **Pfarrkirche St. Johannes Evangelist**, Schloss Cappenberg, 023 06/505 11, www.stiftskirche-cappenberg.de
- **Café im Schloss**, Di bis Sa 12:00 bis 22:00 und So 9:00 bis 22:00

Ihren Weg setzen Sie nach links fort, wenn Sie das Schlossgelände verlassen. Sie marschieren den abschüssigen und mit Treppen unterbrochenen Gehweg der Kreisstraße K 19 abwärts, bis Sie an eine Kreuzung gelangen, die Sie überqueren, und wandern die gegenüberliegende, wieder nahezu eben verlaufende Cappenberger Straße weiter. Durch den starken Fahrzeugverkehr ist es sehr laut und nicht schön, dort zu laufen, obwohl die Straße durch einen Wald führt.

Etwa 1,2 km hinter der Kreuzung kommen Sie zu dem Ortsschild von Lünen, Ortsteil Altlünen. Rechts und links der Straße stehen auch bereits die ersten Häuser. Nach weiteren 50 m wenden Sie sich nach links in die Straße Am Vogelsberg. In Wanderrichtung verweist ein Hinweisschild auf die Jugendherberge. Sie folgen dem Verlauf der Straße Am Vogelsberg, die dann eine starke Rechtskurve macht, und gehen nach weiteren 90 m nach links in den Richard-Schirrmann-Weg. Links des Wegs haben Sie Wald, rechts zunächst noch einige Wohnhäuser und dann tiefer gelegen den Cappenberger See. Unmittelbar vor der dann auf der rechten Seite liegenden Jugendherberge führt rechts ein gepflasterter Weg serpentinenartig zum See hinunter, den Sie nehmen müssen.

🏠 **Jugendherberge Cappenberger See**, Richard-Schirrmann-Weg 7,
44534 Lünen, ☏ 023 06/535 46, 🖥 www.djh-wl.de,
✉ jh-cappenberger.see@djh-wl.de, €

Ihr Weg geht dann geradeaus weiter, sodass Sie den See auf der rechten Seite haben.

☺ Sie sollten am Fuß des abwärtsführenden Wegs an dem wunderschönen Rastplatz dort, an dem ein Wasserlauf kaskadenartig von der Höhe der Straße in den Teich führt, eine Rast einlegen.

Auch während des weiterführenden Wegs am See entlang werden Sie Bänke vorfinden, die zu einer Rast einladen. Am Ende des Sees passieren Sie das **Freibad** und einen Bootsverleih.

🏊 **Freibad Cappenberger See**, Cappenberger See 1, 44534 Lünen,
☏ 023 06/532 69, 🕐 während der Freibadsaison tägl. 8:00 bis 20:00,
🖥 www.stadtwerke-luenen.de

Am Ende des Freibadgeländes stoßen Sie auf eine quer verlaufende Asphaltstraße und gehen nach rechts, um nach wenigen Metern wieder nach links am Parkplatz des Freibads vorbeizumarschieren. Am Ende des Parkplatzes stoßen Sie auf die quer verlaufende Wehrenboldstraße, an der Sie nach rechts weiterwandern. Sie kommen sogleich wieder in ein Wohngebiet. Bei dem dann folgenden Kreisverkehr gehen Sie nach links in die Steinstraße und nach weiteren 300 m nach rechts in einen asphaltierten Geh- und Radweg, der direkt gegenüber der Friedrich-Wilhelm-Weber-Straße abzweigt. Sie folgen dem Weg, überqueren eine asphaltierte Straße und gehen dann an der quer verlaufenden Ernst-Becker-Straße nach links, um auf ihr bis zur Münsterstraße weiterzuwandern. Gegenüber ist der 🚆 Hauptbahnhof Lünens.

Sie halten sich an der Münsterstraße rechts, überqueren auf einer Brücke die Bahngleise und dann die Kurt-Schumacher-Straße, um auf der gegenüberliegenden Seite in die dortige Fußgängerzone, wo es einige Geschäfte gibt, zu wandern. Nach etwa 100 m gabelt sich der Weg. Sie müssen hier die linke Möglichkeit wählen und der Münsterstraße weiter folgen. Hier an der Gabelung steht die sogenannte **Persiluhr**.

Persiluhr

Persiluhr

Persiluhren gibt es u.a. in Flensburg, Wismar und hier in Lünen. Es sind Werbeflächen der Fa. Henkel, die darauf ihr Waschmittel Persil präsentiert. 1928 wurde die hier stehende Gaslaterne durch eine elektrische Straßenlaterne, eine Bogenlampe mit Uhr, ausgetauscht. Der Bereich unter der Uhr wurde als Werbefläche für das Waschmittel genutzt, abgebildet waren (wie heute noch) der Schriftzug Persil und eine schlanke, weiß bekleidete Frau.

Die im Jahr 1942 beschädigte und anschließend entfernte Uhr wurde im Jahr 1983 durch eine neue Persiluhr - eine Schenkung der Fa. Henkel an die Stadt Lünen - in unmittelbarer Nähe des alten Standorts ersetzt.

Sie passieren den Tobiaspark und überqueren auf einer Brücke die **Lippe**.

Lippe

Die Quelle der 220 km langen Lippe liegt in Bad Lippspringe nördlich von Paderborn, sie mündet bei Wesel in den Rhein und verbindet in ihrem Lauf u.a. die Städte Paderborn, Lippstadt, Hamm, Werne, Lünen, Haltern am See und Dorsten. Die Lippe gehört zu einem besonderen Flusssystem: Der spätere Hauptstrang wird nicht maßgeblich vom Quellfluss der Lippe, sondern auf den ersten Kilometern von mehreren Nebenflüssen, insbesondere der Pader und der Alme, gespeist. Ab 1989 wurde das Flusswasser in Paderborn zum Lippesee aufgestaut. Seit 2005 wird es zum größten Teil in der Lippeumflut zwecks Renaturierung um den See herumgeleitet.

Obwohl bereits die Römer kleine Schiffe auf der Lippe zum Transport von Gütern nutzten, hat sich die Schifffahrt auf ihr nie etabliert. Während des 19. Jh. wurde der Fluss noch zum Gütertransport genutzt, die Schiffe wurden von Treidelpfaden aus gezogen. Eine wirtschaftliche Nutzung hat sich aber aufgrund mangelnder Größe und Kapazität im Vergleich mit der Bahn und dem seit dem 20. Jh. nutzbaren Lippe-Seitenkanal (Zusammenschluss des Datteln-Hamm-Kanals und des Wesel-Datteln-Kanals) nicht ergeben.

Nach weiteren 220 m haben Sie evangelische **Stadtkirche St. Georg** erreicht, das heutige Etappenziel.

Lünen

- **Servicestelle Tourismus,** Büro Bürgermeister, Willy-Brandt-Platz 1, Rathaus, 13. OG, 44532 Lünen, ☎ 023 06/104-17 78, 🖥 www.luenen.de, ✉ tourismus@luenen.de, 🕐 Mo bis Do 8:00 bis 16:00, Fr 8:00 bis 12:30
- **Informationsstelle Lippetouristik e.V. in der Lippe-Buchhandlung,** Münsterstraße 1 c, 44534 Lünen, ☎ 023 06/78 10 07 oder 023 06/559 98, 🖥 www.luenen.de, ✉ tourismus@luenen.de, 🕐 Mo bis Fr 9:00 bis 18:30, Sa 9:30 bis 14:30
- **Stadt-gut-Hotel An der Persil-Uhr,** Münsterstraße 25-27, 44534 Lünen, ☎ 023 06/70 09-0, 🖥 www.persiluhr.de, ✉ info@persiluhr.de, €€€
- **City Partner Stadthotel Lünen,** Dortmunder Straße 10, 44536 Lünen, ☎ 023 06/10 70, 🖥 www.stadthotelluenen.de, ✉ stadthotel@helimail.de, €€€
- **Ringhotel Am Stadtpark,** Kurt-Schumacher-Straße 43, 44532 Lünen, ☎ 023 06/20 10-0, 🖥 www.riede.com, ✉ AmStadtpark@riepe.com, €€€
- **St. Marien,** Marienstraße 21, 44534 Lünen, ☎ 023 06 /500 03, 🖥 www.st-marien-luenen.de, 🕐 Mo bis Fr 8:00 bis 16:00
- **Stadtkirche St. Georg,** St.-Georg-Kirchplatz 1, 44532 Lünen, ☎ 023 06/17 30, 🖥 www.stadtkirche-luenen.de, 🕐 Mo 10:00 bis 12:00, Di bis Fr 10:00 bis 12:00 und 15:00 bis 17:00, Sa 11:00 bis 14:00

⌘ **Museum der Stadt Lünen**, Schwansbeller Weg 32, 44532 Lünen, ☎ 023 06/104-16 49, 🖥 www.luenen.de, 📅 April bis Sept.: Di bis Fr 14:00 bis 18:00, Sa und So 13:00 bis 18:00, Okt. bis März: Di bis Fr 14:00 bis 17:00, Sa und So 13:00 bis 17:00. Das Museum ist in Gebäudeteilen des ehemaligen Schlosses Schwansbell untergebracht. Es zeigt Ausstellungen zu den Wohn- und Lebensverhältnissen einschließlich Spielzeugen in der Zeit zwischen 1840 und 1930 sowie Beispiele aus der Produktion der Lüner Eisengießereien des 19. und des 20. Jh., Erzeugnisse aus Lüner Töpfereien sowie landwirtschaftliches Haus- und Arbeitsgerät aus dem 19. und 20. Jh. Das Schloss wurde 1875 nach vierjähriger Bauzeit fertiggestellt und ist das einzige erhaltene Adelshaus in der Stadt.

Lünen gehört zum Kreis Unna und ist mit rund 87.000 Einwohnern die größte Stadt des Kreises. Zwischen 1928 und 1975 war Lünen kreisfrei.

Lünen („Liunon") fand Ende des 9. Jh. die erste urkundliche Erwähnung, wobei es nachweisbar bereits um Christi Geburt Siedlungen im dortigen Gebiet gab. Der Ort, der an einer Furt über die Lippe lag, wuchs schnell, da durch den Ort eine Fernhandelsstraße von Norddeutschland (Nord- und Ostsee) zum Niederrhein verlief. Zu Beginn des 11. Jh. wurde die St.-Marien-Kirche auf dem höchsten Punkt des dortigen Geländes errichtet. Anfang des 13. Jh. sicherte man die Stadt mit Wall und Graben gegen feindliche Angriffe, in diesem Jahrhundert erhielt Lünen dann auch Stadtrechte.

Nachdem die St.-Marien-Kirche um 1250 bei kriegerischen Auseinandersetzungen zerstört wurde, baute man sie um 1300 im frühgotischen Stil als dreischiffige Hallenkirche neu auf. Die Kirche entwickelte sich zu einem Wallfahrtsort. Die mindestens seit Beginn des 14. Jh. und auch heute noch stattfindende bekannte Wallfahrt zum Gnadenbild „Unserer Lieben Frau von Alt-Lünen" ist ein wesentlicher Grund für den Erhalt der Marienkirche. Das Gnadenbild der Muttergottes aus der zweiten Hälfte des 13. Jh. ist aus Holz gearbeitet und etwa 43 cm hoch. Seit der Verlegung der Stadt an das Südufer der Lippe in der ersten Hälfte des 14. Jh. ist der Nordteil Lünens nur noch von wenigen Bürgern bewohnt und wird hauptsächlich aufgrund der regelmäßig stattfindenden Wallfahrten erhalten. Die heutige Kirche St. Marien wurde Ende des 19. Jh. als neugotische Basilika errichtet.

Im neuen Lünen südlich der Lippe wurde dann bis zum Jahr 1366 die seit der Reformation evangelische Stadtkirche **St. Georg** als dreischiffige

Hallenkirche mit fast quadratischem Grundriss erbaut. Der im Westen des Bauwerks errichtete Turm ist dreigeschossig. Während des großen Stadtbrandes zu Beginn des 16. Jh. blieb St. Georg vom Feuer verschont. Bemerkenswert im Innenraum der Kirche ist neben dem spätgotischen Flügelaltar und dem Triumphkreuz der Taufstein mit einer Abbildung Jakobus d. Ä.

In der ersten Hälfte des 17. Jh. wurde Lünen mehrfach von unterschiedlichen Truppen besetzt. Dabei wurden auch die Befestigungen mehrfach zerstört und wiederaufgebaut. Auch im 18. Jh. litt Lünen unter kriegerischen Auseinandersetzungen.

Erst zu Beginn des 19. Jh. erhielt Lünen durch die Gründung der Eisenhütte Westfalia einen wesentlichen Aufschwung und wuchs in den Folgejahren. Die Industrialisierung und der Bergbau hielten Einzug. Folgen des Bergbaus sind auch heute noch feststellbar, u.a. Bergschäden. Im Jahr 1874 wurde die Eisenbahnlinie Dortmund-Lünen-Gronau eröffnet. Durch den Bau des Datteln-Hamm-Kanals in den Jahren 1913/14 erhielt die Stadt Zugang zum europäischen Wasserstraßennetz. Im Jahr 1992 wurde die letzte Zeche in Lünen geschlossen.

17. Etappe: Lünen - Dortmund

⮑ 16,2 km | ⏳ ca. 4 Std. | 🚆 🚌 🛏 🏠 ✕ 🚉

Lünen	⇧ 55 m		16,2 km
Brechten	⇧ 83 m	6,0 km	10,2 km
Dortmund Nordfriedhof	⇧ 84 m	6,3 km	3,9 km
Dortmund St. Reinoldi	⇧ 89 m	3,9 km	

🚶 Sie beginnen Ihre Wanderung nach Dortmund an der evangelischen Stadtkirche St. Georg und gehen in südliche Richtung durch die Fußgängerzone, bis Sie auf einen großen freien Platz stoßen, den Sie überqueren, und sogleich zu einem Zuweg zur katholischen **Pfarrkirche Herz Jesu** kommen. Der Pilgerweg führt aber etwa 10 m weiter rechts in die Holtgrevenstraße, auf der Sie dann auch an der Pfarrkirche Herz Jesu vorbeikommen. Sie wurde in den Jahren 1903/04 als Putzbau errichtet, hat neugotische Stilelemente und ist denkmalgeschützt.

☦ **Pfarrkirche Herz Jesu**, Lange Straße 83, 44532 Lünen,
Pfarrbüro: ☎ 023 06/121 34, 🗓 Mo, Do und Fr 9:00 bis 12:00,
💻 www.katholische-kirche-luenen-mitte.de

Unmittelbar nachdem Sie die Kirche passiert haben, biegen Sie nach links in einen Geh- und Radweg ab, der Sie an den Gebäuden der Geschwister-Scholl-Schule vorbeiführt. Sie folgen dem Verlauf des Geh- und Radwegs, überqueren die Viktoriastraße und eine weitere asphaltierte Straße. Anschließend unterqueren Sie eine Bahnbrücke und folgen dann weiter dem Straßenverlauf der Kantstraße. Sie überqueren die Kupferstraße und marschieren in die geradeaus weiterführende Straße Auf dem Osterfeld, die nach Ende der Wohnbebauung zu einer mit Birken gesäumten Allee wird. Diese endet an der quer verlaufenden Straße Gahmener Kamp und Sie wandern hier rechts weiter. Nachdem Sie an einigen Gehöften vorbeigekommen sind, erreichen Sie die quer verlaufende Bergstraße und setzen Ihren Weg nach links weiter fort. Sie passieren nun die letzten Häuser Lünens und haben anschließend nach rechts einen unschönen Blick auf ein Raffineriegelände mit dem Kühlturm eines Kraftwerks im Hintergrund. Auf einer Brücke überqueren Sie dann den **Datteln-Hamm-Kanal.**

Datteln-Hamm-Kanal
Der Datteln-Hamm-Kanal zweigt in Datteln vom Dortmund-Ems-Kanal ab, verläuft dann in östliche Richtung bis nach Hamm und verbindet dabei südlich der Lippe verlaufend u.a. die Städte Waltrop, Lünen und Werne. Der

Kanal weist auf seiner Gesamtlänge einen Höhenunterschied von 6,75 m auf, der durch die zwei Schleusen in Hamm und Werries ausgeglichen wird. Die letzten ausgebauten Teilstücke des Kanals wurden im Jahr 1933 in Betrieb genommen. Aufgrund der in den letzten Jahrzehnten immer größer werdenden Binnenschiffe ist auf einigen Strecken sogenannter Richtungsverkehr eingeführt worden. Die Ausbauarbeiten, die dafür sorgen sollen, dass wieder geregelter Schiffsverkehr möglich ist, dauern an.

Der Datteln-Hamm-Kanal dient heutzutage nicht nur der Schifffahrt, sondern auch der Wasserversorgung des westdeutschen Kanalsystems. So bekommt er selbst Lippewasser und gibt nötigenfalls in Trockenzeiten Wasser an die Lippe ab und speist außerdem u.a. in den Rhein-Herne-, den Dortmund-Ems- und den Wesel-Datteln-Kanal Wasser ein.

🥾 Kurz nach der Brücke geht rechts ein Weg ab, der zum Freibad **Gahmen** führt.

🏊 **Freibad Gahmen,** Bergstraße 72 a, 44532 Lünen, ☏ 023 06/537 77, 🖥 www.svluenen08.de, 🕐 Mo bis So 10:00 bis 19:00

Sie folgen aber der geradeaus weiterführenden und leicht ansteigenden Bergstraße, die Sie zunächst an der links gelegenen Ortschaft Gahmen und dann an einem Wald vorbeiführt.

Gahmen

Gahmen, ein Stadtteil Lünens mit rund 3.800 Einwohnern, befindet sich am Südrand der Stadt und grenzt an Derne, einen nördlichen Stadtteil von Dortmund.

🥾 Rechts Ihres Wegs liegen nunmehr wieder landwirtschaftliche Nutzflächen. Der Wald endet und Sie wandern durch Felder und Wiesen und kommen an vereinzelt stehenden Häusern und Betrieben vorbei. Sie überqueren dann die Straße Havelandsheck und kommen zu einer rechts der Straße gelegenen Reitanlage. Hier haben Sie die Möglichkeit, in einem ☕ Café/Biergarten (🕐 tägl. ab 14:00) eine Rast einzulegen.

Auf einer Brücke überqueren Sie die Bundesstraße B 236, um nach 800 m nach links in die Straße Wiedbusch zu marschieren. An der nach

130 m quer verlaufenden Wülferichstraße gehen Sie rechts weiter, kommen sogleich in den Dortmunder Ortsteil **Brechten** und sind wieder in bebauter Umgebung. Die kurz darauf quer verlaufende Brechtener Straße überqueren Sie, gehen wenige Meter nach rechts und dann gleich wieder nach links in die Wülferichstraße, deren Verlauf Sie bis zur Kirche St. Johann Baptist Brechten folgen.

Ev. Kirche St. Johann Baptist in Brechten

Brechten

Dortmund Tourismus, Max-von-der Grün-Platz 5-6, 44137 Dortmund,
02 31/18 99 90, www.dortmund-tourismus.de,
info@dortmund-tourismus.de, Mo bis Fr 9:00 bis 18:00, Sa 9:00 bis 13:00

Brechten mit rund 8.900 Einwohnern ist ein Stadtteil von Dortmund. Mitte des 10. Jh. wurde erstmals eine Kirche in Brechten urkundlich erwähnt. Mitte des 13. Jh. wurde **St. Johann Baptist Brechten** (heute evangelisch) als dreischiffige und zweijochige Hallenkirche mit einem nahezu quadratischen

Grundriss errichtet. In der zweiten Hälfte des 13. Jh. entstand der Brechtener Taufstein, zur selben Zeit wurde Brechten eigenständige Pfarrei. Im 16. Jh. baute man eine zweijochige Sakristei an der Nordseite der Kirche an. Im Jahr 1570 hielt die Reformation Einzug in Brechten.

Während Restaurierungsarbeiten 1960 bis 1962 wurden umfangreiche Malereien aus der Zeit der Errichtung der Kirche freigelegt und der ursprüngliche Zustand der Kirche wiederhergestellt. Zu den Besonderheiten im Innenraum gehören neben dem Taufstein mit Reliefdarstellungen der Altaraufbau und die Kanzel aus dem 17. Jh.

Ende des 17. Jh. wurden das Schulhaus und das Haus des Küsters errichtet, kurz darauf begannen die regelmäßigen Schulveranstaltungen. 1832 bis 1834 baute man das Pfarrhaus in Ziegelbauweise und im Jahr 1963 eine neue Schule am Kirchplatz. 1928 wurde Brechten nach Dortmund eingemeindet und im Jahr 1938 mit den ersten Bergbauarbeiten in Brechten begonnen.

Sie setzen den Weg nach links über den Widumer Platz fort und biegen dann nochmals links in die Spielstraße Im Löken ab. An der folgenden Kreuzung wandern Sie nach links in die Straße Im Dorfe, die Sie durch Wohnbebauung führt. An der dann quer verlaufenden Brechtener Straße halten Sie sich rechts, verlassen den Ortsteil Brechten und folgen dem Straßenverlauf.

Auf einer Brücke überqueren Sie die Autobahn A 2 und wandern bis zum Ende der rechts neben der Straße befindlichen Leitplanke, dann drehen Sie sich um 180 Grad und marschieren auf der hinter der Leitplanke liegenden Straße weiter, die zurück Richtung Autobahn und zur Lärmschutzwand führt. Vor der Schutzwand macht der Weg eine 90-Grad-Linkskurve und Sie wandern den Maienweg entlang, vorbei an dem Gelände der Siedlergemeinschaft Stein-Hardenberg I, bis Sie zur Kreuzung mit der Straße In den Weidbüschen kommen, wo Sie nach links weitergehen. Sie folgen dem Straßenverlauf in Richtung der Minigolfanlage, die Sie dann auch passieren. Kurz nachdem Sie an dieser vorbeigekommen sind, wird der weiterführende Weg für den Fahrzeugverkehr gesperrt. Sie folgen dem unbefestigten Weg, der Sie in den Wald des **NSG Süggel** führt.

✋ Das **Naturschutzgebiet Süggel** ist ein Buchenmischwaldgebiet, das von einem kleinen Quellbachsystem durchzogen ist. Neben vielen Buchen werden Sie dort Eichen, Hainbuchen, Eschen und Bergahorn finden. Im westlichen Teil des NSG wurde ein ca. 4 ha großes Wildgehege angelegt, in dem Sie u.a. Damwild beobachten können.

🚶 An der folgenden Weggabelung nehmen Sie die rechte Möglichkeit und marschieren nach weiteren 100 m den scharf links abzweigenden Weg weiter, der Sie durch diesen herrlichen Wald führt. Gelegentlich haben Sie auf Bänken die Möglichkeit, zu rasten und den Stimmen des Waldes zu lauschen. Es folgt dann links des Wegs eine Schutzhütte. Kurz nachdem Sie diese passiert haben, führt der Weg ein kurzes Stück steil abwärts, dann weiter auf einer Brücke über einen Bach, es folgt auf der linken Seite eine Freifläche mit einer weiteren Sitzmöglichkeit. Sie wandern weiter in Richtung des Erlebnispfads und nehmen an der folgenden Weggabelung die linke Möglichkeit, einen unbefestigten Forstweg. Sie wandern durch einen wunderschönen Buchen- und Eichenwald bis zum nächsten quer verlaufenden Forstweg, an dem Sie sich rechts halten. Neben einer kapitalen Buche haben Sie die Möglichkeit, auf einer Bank eine Pause zu machen.

☺ Hier passieren Sie nun die Aussichtstürme des Erlebnispfads, von denen Sie in das Damwildgehege schauen können.

An dem folgenden quer verlaufenden Weg wenden Sie sich nach links und wählen an der dann folgenden Weggabelung nochmals die linke Möglichkeit. Sie verlassen den Wald und stoßen auf die Straße Holzheck, auf der Sie nach links gehen. Sie passieren das Gelände des Jugendheims der Arbeiterwohlfahrt Dortmund, dann ein rechts der Straße gelegenes Kleingartengelände, überqueren die Kemminghauser Straße und marschieren die gegenüberliegende Württemberger Straße weiter, die Sie durch Wohngebiet führt. An der Kreuzung mit der Straße Externberg gehen Sie nach rechts in diese hinein. Es ist eine Sackgasse, an deren Ende ein Geh- und Radweg weiterführt, den Sie nehmen und der Sie auf einen Wendehammer führt. Unmittelbar vor diesem halten Sie sich links und marschieren auf dem Geh- und Radweg weiter.

Der Weg führt Sie durch eine Parkanlage, wo Sie unterschiedliche Möglichkeiten haben, eine Rast einzulegen. Am Ende des Parks gelangen Sie durch ein metallenes Tor auf ein Kleingartengelände und folgen dem durch die Kolonie führenden Weg. Sie verlassen die Kleingartenanlage wieder, überqueren die Deutsche Straße und gehen weiter in die geradeaus weiterführende Hessische Straße, auf der Sie dann an der rechts gelegenen Moschee vorbeikommen. Kurz nachdem Sie die Moschee passiert haben, ist die Straße für den Kraftfahrzeugverkehr gesperrt, sie bleibt aber asphaltiert. Sie wandern durch einen kleinen Stadtwald zur quer verlaufenden Osterfeldstraße, an der Sie nach rechts gehen. Hier ist das Zentrum Dortmunds mit 4 km ausgeschildert.

Sie folgen dem Verlauf der Osterfeldstraße, passieren den auf der rechten Seite gelegenen Nordfriedhof und müssen, kurz nachdem Sie den Steinmetzbetrieb Faure passiert haben, nach rechts in einen Geh- und Radweg abbiegen. An der folgenden quer verlaufenden Asphaltstraße halten Sie sich links und marschieren dann an der Burgholzstraße nach rechts auf dem dortigen Geh- und Radweg weiter. Sie folgen dem Verlauf der Burgholzstraße, die Sie unter zwei Bahnbrücken hindurch in Richtung **Dortmund**-Zentrum führt. Sie kommen an etlichen Gewerbebetrieben vorbei, passieren dann das auf der linken Seite der Straße gelegene Gelände einer Brauerei, das Gelände der Anne-Frank-Gesamtschule rechts und zwischendurch auch wieder Wohngebäude. Unmittelbar hinter dem Brauereigelände gehen Sie nach links in die Steigerstraße und nach wenigen Metern nach rechts in die Braunschweiger Straße, an deren Ende Sie auf die Haydnstraße stoßen. Hier gehen Sie nach rechts, halten sich nach 50 m links und umrunden den Nordmarkt.

Schlacht am Nordmarkt

Der Nordmarkt ist ein etwa 4 ha großer parkartiger Platz, der zur Auflockerung der engen und dichten Wohnbebauung der Nordstadt Dortmunds in den Jahren 1907 bis 1909 angelegt wurde. Am 16.10.1932 trafen am Markt anlässlich eines Propagandamarsches durch die Dortmunder Nordstadt rund 800 SA-Mitglieder auf sozialistisch/kommunistisch und antifaschistisch eingestellte Dortmunder Arbeiter. Es kam zu einer Auseinandersetzung zwischen beiden Gruppen. Die eingesetzte Polizei begann zu schießen, zwei unbeteiligte Passanten wurden getötet und andere verletzt. Dieser Vorfall wird als „**Schlacht am Nordmark**t" bezeichnet.

Auf dem Nordmarkt werden regelmäßig dienstags und freitags Märkte abgehalten, die sich über das gesamte Gelände erstrecken. Für die Bewohner der Nordstadt ist dieser multikulturell geartete Markt von großer Bedeutung.

Am Ende des Nordmarkts wandern Sie nach links in die Mallinckrodtstraße und nach etwa 50 m nach rechts in die Nordstraße. An der Kreuzung Heroldstraße gehen Sie auf dieser nach rechts und kommen nach 100 m zu der links der Straße gelegenen katholischen **Kirche St. Joseph**, die im Jahr 1955 erbaut wurde.

✞ **St. Joseph**, Heroldstraße 13, 44145 Dortmund, ☎ 02 31/81 40 69,
 🖥 www.pvdono.de

Sie wandern dann die quer verlaufende Münsterstraße, eine Geschäftsstraße mit südosteuropäischem Flair, nach links. Sie überqueren die Heiligegartenstraße und folgen weiter dem Verlauf der Münsterstraße, die u.a. an der Polizeiwache Nord vorbeiführt. Sie unterqueren eine Eisenbahnbrücke, überqueren die Straße Burgwall und wandern die dann anschließende Brückstraße weiter. Sie passieren das Orchesterzentrum von Nordrhein-Westfalen sowie einige ✕ Gaststätten und Imbisse. An der folgenden Gabelung in der Fußgängerzone nehmen Sie die linke Möglichkeit und wandern am Ende über den Platz Von Leeds und die dann quer verlaufende Kampstraße zum Etappenziel, der evangelischen **Stadtkirche St. Reinoldi**, die Sie zunächst im Uhrzeigersinn umrunden sollten. Sie befinden sich dann genau zwischen den beiden Kirchen St. Reinoldi und St. Marien.

Dortmund

ℹ **Dortmund Tourismus**, Max-von-der Grün-Platz 5-6, 44137 Dortmund,
 ☎ 02 31/18 99 90, 🖥 www.dortmund-tourismus.de,
 ✉ info@dortmund-tourismus.de, 🕐 Mo bis Fr 9:00 bis 18:00, Sa 9:00 bis 13:00

🛏 **A&O Hostel und Hotel Dortmund,** Königswall 2, 44137 Dortmund,
 ☎ 02 31/22 68 86-43 00, 🖥 www.aohostels.com, €

🏠 **Jugendgästehaus Adolph Kolping**, Silberstraße 24 - 26, 44137 Dortmund,
 ☎ 02 31/14 00 74, 🖥 www.djh-wl.de, ✉ jgh-dortmund@djh-wl.de, €€

♦ **Privatzimmer Amir Ebrahimian**, Münsterstraße 48, 44145 Dortmund,
 ☎ 02 31/83 42 44

- ☦ **Evangelische Stadtkirche St. Reinoldi**, Ostenhellweg 2, 44135 Dortmund, ☏ 02 31/882 30 13, 🖥 www.sanktreinoldi.de, 🕘 Mo bis So 10:00 bis 18:00, Turmbesteigung So 12:00 bis 15:00. Aus dem 13. Jh. stammende evangelische Hauptkirche, die im Zweiten Weltkrieg teilweise zerstört wurde. Namensgeber der Kirche ist der heilige Reinold, der Schutzpatron Dortmunds.
- ◆ **Evangelische Kirche St. Marien**, Kleppingstraße 5, 44135 Dortmund, 🖥 www.st-marien-dortmund.de, 🕘 Di, Mi, Do, Fr 10:00 bis 12:00, Di, Mi, Fr 14:00 bis 16:00, Do 14:00 bis 18:00, Sa 10:00 bis 13:00. Die dreischiffige und dreijochige Basilika wurde zum Ende des 12. Jh. erbaut und im 14. Jh. mit gotischen Stilelementen versehen. Einer der beiden Türme wurde im Jahr 1805 wegen Baufälligkeit abgetragen. Die St.-Marien-Kirche wurde, nachdem sie im Zweiten Weltkrieg total zerstört worden war, bis 1959 wiederaufgebaut.
- ◆ **Stadtkirche St. Petri**, Petrikirchhof, 44137 Dortmund, ☏ 02 31/721 41 73, 🖥 www.stpetrido.de, 🕘 Di bis Fr 11:00 bis 17:00, Sa 10:00 bis 16:00, So 14:00 bis 18:00. Die gotische Hallenkirche wurde im 14. Jh. errichtet und nach Zerstörung im Zweiten Weltkrieg zwischen 1954 und 1967 wiederaufgebaut. Sie hat einen besonderen Flügelaltar aus dem beginnenden 16. Jh., der auch als das „Goldene Wunder Westfalens" bezeichnet wird, da er mit Hunderten geschnitzter und vergoldeter Figuren verziert ist.
- ◆ **Propsteikirche** (📷 Seite 187), Propsteihof, 44137 Dortmund, ☏ 02 31/914 46 20, 🖥 www.propsteikirche-dortmund.de, 🕘 Mo bis So 9:00 bis 19:00. Die seit 1819 katholische Pfarrkirche wurde von den Brüdern des Dominikanerordens im 14. und 15. Jh. erbaut. Sie hat einen Tafelaltar aus dem 15. Jh., auf dem die älteste Abbildung Dortmunds zu sehen ist.
- ⌘ **Dortmunder U**, Leonie-Reygers-Terrasse, 44137 Dortmund, ☏ 02 31/502 47 23, 🖥 www.dortmunder-u.de, 🕘 Di, Mi, Sa und So 11:00 bis 18:00, Do und Fr 11:00 bis 20:00. Zentrum für Kunst und Kreativität im Kellerhochhaus der ehemaligen Union-Brauerei Dortmund
- ◆ **Brauerei-Museum Dortmund**, Steigerstr. 16, 44145 Dortmund, ☏ 02 31/840 02 00, 🖥 www.dortmund.de, 🕘 Di, Mi und Fr 10:00-17:00, Do 10:00-20:00
- ◆ **Kokerei Hansa**, Emscherallee 11, 44369 Dortmund, ☏ 02 31/93 11 22 33, 🖥 www.industriedenkmal-stiftung.de, 🕘 Apr bis Okt.: Di bis So 10:00 bis 18:00, Nov. bis März: Di bis So 10:00 bis 16:00
- ◆ **Automobilmuseum**, Brandisstraße 50, 44265 Dortmund, ☏ 02 31/475 69 79, 🖥 www.oldiemuseum.de, 🕘 Di bis So 12:00 bis 18:00

Dortmund

1. St. Reinoldi-Kirche
2. St. Marienkirche
3. Kath. Propsteikirche
4. St. Petri-Kirche
5. Kath. Bildungsstätte
6. Museum für Kunst und Kulturgeschichte
7. Kirche St. Joseph
8. Heilig-Kreuz-Kirche

Dortmund mit rund 580.000 Einwohnern ist die größte Stadt des Ruhrgebiets, dabei ist sie zugleich das dortige Wirtschafts- und Handelszentrum. Die Geschichte der Stadt reicht weit zurück - zumindest bis in die Bronzezeit -, was archäologische Funde beweisen. Durch die Dortmunder Gegend liefen recht früh wichtige Handelswege, u.a. der Hellweg, der von Duisburg am Rhein nach Osten führte, sowie eine den Hellweg kreuzende, von Süden aus dem Kölner Raum durch das Bergische Land nach Norden verlaufende Handelsstraße.

Eine erste urkundliche Erwähnung für Dortmund (zur damaligen Zeit: Throtmanni) findet man in einem Verzeichnis eines Klosters vom Ende des 9. Jh.

Im 10. Jh. erfuhr Dortmund einen regelrechten Boom. Die Könige machten hier Station und bauten eine Königspfalz, was wiederum Handwerker und Händler nach Dortmund zog. Der Ort wuchs zur Stadt, um 1200 wurde Dortmund auf die Größe erweitert, die noch heute am Wallring um die Innenstadt zu erkennen ist.

Nach einem großen Stadtbrand im Jahr 1232 wurde die Königspfalz nicht wiederaufgebaut. Stattdessen stattet Friedrich II. die Bürger Dortmunds mit Rechten aus, unter anderem genossen sie Zollfreiheit und unterlagen nur der Dortmunder Gerichtsbarkeit. Die Selbstverwaltung der Reichsstadt wurde auch in der Nutzung des stadteigenen Turmsiegels aus dem 12. Jh. sichtbar, obwohl die Bürger stets gegen die Machtansprüche des Vertreters des Königs, des Grafen von Dortmund, anzukämpfen hatten. Dessen Rechte kaufte die Reichsstadt sukzessive auf, sodass Anfang des 16. Jh. alle Rechte im Stadtbesitz waren und man Dortmund als autonom bezeichnen konnte.

Eine Pestepidemie sowie die Belagerung der Stadt im 14. Jh. warfen die zwischenzeitlich zur Hanse gehörende Stadt wirtschaftlich weit zurück. Zu Beginn des 15. Jh. erholte sich das Wirtschaftsleben, was sich in großzügigen Stiftungen der Bürger niederschlug - zu dieser Zeit entstand z.B. der Chor der Reinoldikirche.

Während des Dreißigjährigen Krieges war Dortmund nahezu ständig besetzt. Zu Kriegsende war die Hälfte der Wohnhäuser der Stadt zerstört, außerdem hatte Dortmund eine Kriegsschuld von 250.000 Reichstalern zu begleichen. Die Stadt war wirtschaftlich am Ende, sie erholte sich nicht von den Kriegswirren, sondern wurde zur Ackerbürgerstadt.

Mit der Wende zum 19. Jh., insbesondere durch das Erscheinen des überregionalen „Westphälischen Anzeigers", entwickelte sich Dortmund zu einer Pressestadt. Dortmund hatte aber weiterhin nur rund 4.000 Einwohner und das wichtigste „Gewerbe" war immer noch der Ackerbau. Durch den Einsatz der Dampfmaschinentechnik konnte in der Stadt in der ersten Hälfte des 19. Jh. der Zechenbau gestartet werden. Bis zur Mitte des 19. Jh. hatte Dortmund bereits wieder rund 17.500 Einwohner und war im Ruhrgebiet nicht nur Mittelpunkt des Brauwesens, sondern auch Zentrum der industriellen Entwicklung. Dortmund wurde an die Bahnlinie Köln-Minden und die Bergisch-Märkische Bahn angeschlossen und wurde zentraler Eisenbahnknotenpunkt, wobei sich der Bergbau, die Stahlindustrie und die Eisenbahn gegenseitig förderten. 1870 hatte die Stadt bereits 45.000 Einwohner. Die Kohleförderung stieg stetig an und weitere Eisen- und Stahlwerke nahmen ihren Betrieb auf. Neue Brauereien entstanden und Handwerksbetriebe wurden gegründet. Aus der Ackerbürgerstadt entwickelte sich eine Industriestadt in einem fluktuierenden Industriegebiet, das geprägt war von Fördertürmen, Kohlenhalden, Hochöfen und weiteren Industriebetrieben. Als Problem gestaltete sich die Zuwanderung der Arbeiter, da nicht genügend Wohnraum zur Verfügung stand. Etliche Betriebe bauten werkseigene Wohnungen und so entstanden diverse Wohnungskolonien.

Platz von Hiroshima mit Propsteikirche

Aufgrund der sozialen Problematiken gründeten sich Arbeiterbewegungen wie der „Alte Verband", der später in der IG Bergbau und Energie aufging.

Zum Ende des 19. Jh. hatte Dortmund bereits 110.000 Einwohner. Mit dem Anschluss an den Dortmund-Ems-Kanal wurden die Transportmöglichkeiten für die Industriegüter verbessert. Dortmund im Ruhrgebiet war einer der wichtigsten Industriestandorte im Deutschen Reich. Aufgrund der einseitig ausgerichteten Industrie verloren während der Weltwirtschaftskrise 50 % der Arbeiterschaft ihre Anstellung. Nach der Machtergreifung durch die Nationalsozialisten stieg die Produktion der Wirtschaft im Ruhrgebiet und in Dortmund wieder deutlich an. Eine Rüstungsindustrie entwickelte sich. Noch in den letzten

Kriegsmonaten waren in Dortmund, obwohl die Rüstungswirtschaft und die Produktionszweige bereits zusammengebrochen waren, rund 45.000 Zwangsarbeiter beschäftigt. Bereits im Mai 1943 wurde Dortmund Ziel von Luftangriffen der Alliierten. Weitere Bombardements folgten, sodass zum Kriegsende 95 % des Dortmunder Stadtkerns zerstört waren. Trotzdem lebten in den Ruinen noch rund 300.000 Menschen. Da von den Zechen nur wenige zerstört waren, konnten diese bereits im Sommer 1945 ihren Betrieb wieder aufnehmen. Die Kirchen St. Reinoldi und St. Marien, die Petri- und die Propsteikirche wurden wieder aufgebaut, auch die Westfalenhalle. Die Stadtväter hatten sich aber entschieden, eine Mischung aus historischen und neuen Bauwerken und Häusern zu erschaffen.

Trotz Demontage der Industrieanlagen in den Nachkriegsjahren wurde Dortmund bereits Anfang der 50er-Jahre zur größten Industriestadt Nordrhein-Westfalens. Im Jahr 1965 war Dortmunds Bevölkerung auf rund 660.000 Einwohner angewachsen. Heute ist die Stadt mit 580.000 Einwohnern das wirtschaftliche Zentrum Nordrhein-Westfalens.

18. Etappe: Dortmund - Herdecke

⮌ 25,2 m | ⌛ ca. 6½ Std. | 🚍 🚌 🛶 🏠 ✕ 🛤

Dortmund	⇧ 89 m		25,2 km
Rombergpark	⇧ 103 m	6,5 km	18,7 km
Mahnmal Bittermark	⇧ 184 m	6,7 km	12,0 km
Hohensyburg	⇧ 232 m	5,1 km	6,9 km
Herdecke	⇧ 106 m	6,9 km	

🚶 Die Wanderung beginnt auf dem Ostenhellweg zwischen den Kirchen **St. Reinoldi** und **St. Marien**. Der Jakobsweg führt in westliche Richtung auf dem Westenhellweg, einer Einkaufsstraße in der Fußgängerzone, bis zur Kolpingstraße (hier befindet sich das Kaufhaus Galeria Kaufhof). Hier biegt er links in die Kolpingstraße ab.

✍ Sie sollten hier noch ca. 50 m den Westenhellweg weitergehen, um einen Abstecher zur Petrikirche zu machen.

In der Kolpingstraße nehmen Sie gleich die erste Möglichkeit links, den Schwarze-Brüder-Weg, und kommen zur Propsteikirche. Der weitere Weg führt Sie über den Platz von Hiroshima auf die Hansastraße, auf der Sie nach rechts weitermarschieren. Sie gelangen auf dieser bis zum Hiltropwall, den Sie überqueren und folgen dann der gegenüber weiterführenden Hohen Straße, einer Geschäftsstraße. Sie unterqueren eine Bahnlinie. Nach rund 600 m wandern Sie auf der rechts abgehenden Kreuzstraße weiter. Sie passieren dann den links liegenden Vinckeplatz und erreichen die rechts gelegene katholische Heilig-Kreuz-Kirche, bevor Sie die Arneckestraße überqueren. Nach 50 m führt links eine asphaltierte Zufahrt zu der St.-Nicolai-Kirche, deren Turm Sie bereits von der Straße aus sehen können.

Sie passieren die Kirche und halten sich auf der dann folgenden Wittekindstraße, einer herrlichen Platanenallee, links. Nach wenigen Metern biegen Sie nach rechts ab in die Querstraße, auf der Sie bis zur Harnackstraße wandern, der Sie nach rechts folgen. Über die links abgehende Gerstenstraße kommen Sie wieder auf die Hohe Straße, an der Sie sich rechts halten. Bei der rechts abgehenden Hopfenstraße nehmen Sie die rechte Nebenfahrbahn der Hohen Straße in Richtung des Hotels Gildenhof und des Zentrums für Weiterbildung. In einer dann folgenden 90-Grad-Rechtskurve, die die Fahrspur macht, halten Sie sich links auf einen Geh- und Radweg, der Sie unter dem Rheinlanddamm, der Bundesstraße B 1, hindurchführt. Sie kommen dann zum **Steinernen Turm**, an dem Sie rechts vorbeiwandern, passieren die

Westfalenhalle I und das Kongresszentrum und marschieren dann den gepflasterten Weg zwischen der Eissporthalle und den Rosenterrassen bis zur Strobelallee weiter, an der Sie sich nach rechts wenden.

☺ In den Rosenterrassen, einer wunderschönen parkartigen Anlage, finden Sie immer ein Plätzchen zum Ausruhen und Verweilen. Die Anlage selbst ist schon einen kleinen Abstecher wert.

Nach etwa 200 m wenden Sie sich nach links in den Turmweg. Sie passieren dann das rechts gelegene Stadion **Kampfbahn Rote Erde** und das direkt dahinter befindliche **Westfalenstadion Dortmund**, der heutige **Signal Iduna Park**. Am Ende des Turmwegs halten Sie sich links, um dann nach 60 m gleich nach rechts weiterzuwandern. Sie erreichen den 🚆 Bahnhof Dortmund Signal Iduna Park, überqueren auf einer Brücke die Bahngleise und folgen weiter dem Verlauf des Bolmker Wegs, der Sie zunächst durch eine parkartige Anlage führt. Sie überqueren dann auf einer Brücke die **Emscher** und gelangen in ein Naturschutzgebiet. Etwa 150 m hinter der Brücke, an einer Kreuzung, gehen Sie nach links durch einen herrlichen Buchenwald. An einer folgenden Weggabelung nehmen Sie die linke Möglichkeit, der Weg führt Sie an Wohnhäusern vorbei. Ihr Weg stößt auf die quer verlaufende Carl-von-Ossietzky-Straße, an der Sie sich links halten.

✋ In diesem Etappenabschnitt sind viele Wegzeichen übermalt oder anders unleserlich gemacht worden.

Sie überqueren die Landesstraße L 684, die Ardeystraße, und wandern auf der gegenüberliegenden Seite einen leicht nach links versetzten Geh- und Radweg weiter. Nach 330 m verlassen Sie ihn nach rechts auf einen leicht ansteigenden Weg, der Sie durch das Gelände einer Kleingartenkolonie führt. Am Ende des Wegs halten Sie sich links. Der Weg führt an einem Spielplatz vorbei, vereinzelt stehen am Wegrand Bänke, die zu einer Rast einladen. Sie stoßen dann auf einen quer verlaufenden Weg - hier an der Einmündung steht eine wunderschöne Buche - und marschieren rechts weiter durch das Kleingartengelände. Am Ende des Wegs passieren Sie eine eiserne Pforte und gelangen über eine Treppe an eine einspurige asphaltierte Straße, an der Sie sich links halten. Sie laufen durch eine Bahnunterführung und folgen dem Verlauf des Wegs, der Sie auf einer Brücke über die Landstraße L 523, die Straße Am Rombergpark, führt.

Im Rombergpark

Kurz hinter der Brücke wandern Sie in den Botanischen Garten der Stadt Dortmund, den Rombergpark. Sie folgen dem Verlauf des Wegs und nehmen den vor dem See rechts abgehenden Weg. Kurz vor dem Ende des Sees überqueren Sie diesen nach links auf einer Brücke. Sie laufen über eine zweite Brücke, gehen geradeaus weiter, passieren eine hölzerne Skulptur und halten sich an der folgenden Weggabelung rechts. Nach etwa 400 m stoßen Sie auf einen quer verlaufenden Weg und halten sich rechts. Der unbefestigte Weg führt Sie dann weiter an dem rechts gelegenen Rombergpark vorbei, links passieren Sie ein Schulgelände. Nach weiteren 175 m nehmen Sie die nach links abgehende Asphaltstraße, die Hacheneyer Straße, die an dem Berufsförderungswerk der Stadt Dortmund vorbeiführt.

Sie folgen dem Straßenverlauf, überqueren dann auf einer Brücke die Bundesstraße B 54, die Ruhrwaldstraße, und wandern auf der Straße halb rechts, dem Hacheneyer Kirchweg, weiter. Links der Straße liegt ein Wohngebiet, rechts hinter einer Baum- und Buschreihe Brachland o.Ä. An der folgenden Kreuzung gelangen Sie in den Ortsteil Wellinghofen der Stadt Dortmund. Sie überqueren die Zillestraße und folgen dem Verlauf der Preinstraße, die Sie wieder durch Wohngebiet führt. Nach 300 m wandern Sie nach links in die Straße Auf dem Springstück, an deren Ende nach rechts in die Brandeniusstraße und bis zu deren Ende, wo Sie die evangelische Kirche Wellinghofen erreichen. Sie überqueren die Straße Overgünne und marschieren in die Köperstraße. An der nach wenigen Metern folgenden Weggabelung gehen Sie rechts in die Schwalbenschwanzstraße, an deren Ende Sie wiederum auf die Preinstraße stoßen, auf der Sie nach links weiterwandern. Sie kommen dann an der katholischen Kirche Heilig Geist vorbei.

An der folgenden quer verlaufenden Straße halten Sie sich rechts und biegen in die Durchstraße ein. Hier an der Einmündung finden Sie eine Bäckerei und einen 🛒 Lebensmittelmarkt, in denen Sie sich versorgen können. Kurz vor Unterquerung der Ruhrwaldstraße gelangen Sie in den Ortsteil Dortmund-Lücklemberg.

Am Ende der Durchstraße stoßen Sie auf die quer verlaufende Kirchhörder Straße, die Sie nach links weiterwandern und die Sie durch Wohnbebauung mit einzelnen Geschäften führt. Etwa nach 750 m in einer Senke der Kirchhörder Straße marschieren Sie nach links in den Theodor-Freywald-Weg. An der nach wenigen Metern folgenden Gabelung nehmen Sie die linke Möglichkeit. Hier ist bereits ein Hinweis auf das Mahnmal Bittermark angebracht. Sie wandern auf einem aufwärts führenden, unbefestigten Weg durch einen schönen, Schatten spendenden Mischwald.

An der nächsten Kreuzung folgen Sie dem geradeaus führenden, weiter ansteigenden Weg durch den Wald. An der dann folgenden Kreuzung halten Sie sich rechts und laufen auf einem gepflasterten Weg weiter. Sie sind nun direkt an dem Gelände des **Mahnmals Bittermark.**

⌘ Mahnmal Bittermark

Die Gedenkstätte mit dem Mahnmal soll an die Opfer der Morde der Gestapo in den letzten Kriegswochen des Zweiten Weltkriegs erinnern. Es wurde 1960 durch den Künstler Karel Niesrath und den Architekten Will Schwarz erschaffen.

Mahnmal Bittermark

Unmittelbar vor der Besetzung durch amerikanische Truppen am 13.04.1945 wurden im Rombergpark und auf dem Eisenbahngelände zwischen Hörde und Berghofen etwa 300 Zwangsarbeiter durch Mitglieder der Gestapo ermordet. Die genaue Anzahl der Opfer wurde nie ermittelt und viele von ihnen konnten nicht identifiziert werden, da zahlreiche Opfer Kriegsgefangene aus Frankreich, der Sowjetunion, Belgien, den Niederlanden, Polen und Jugoslawien waren. Unter den Ermordeten waren außerdem örtliche Widerstandskämpfer. Die Exhumierung der Leichen begann am 19.04.1945. Am 22.04.1945 wurden 89 der Ermordeten in einem Gemeinschaftsgrab in der Bittermark beigesetzt, weitere Beerdigungen fanden auf den Friedhöfen in Hörde statt. Von den 28 angeklagten Tätern aus den Reihen der Gestapo in Dortmund-Hörde wurden 15 freigesprochen, 13 von ihnen erhielten Freiheitsstrafen von zwei bis acht Jahren. Wegen Mordes oder Beihilfe zum Mord wurde keiner verurteilt.

Sie wandern dann den durch den Wald führenden Weg in südwestliche Richtung. Kurz hinter dem Mahnmal haben Sie den höchsten Punkt erreicht und der Weg führt nun leicht abwärts. An dem dann folgenden, quer verlaufenden Weg marschieren Sie nach links. Sie folgen dem Verlauf des unbefestigten Wegs, der Sie durch den Wald führt, und unterqueren die Autobahn A 45. Etwa 200 m hinter der Unterführung passieren Sie einen auf der linken Seite des Wegs, der nunmehr wieder leicht ansteigend ist, gelegenen See, kurz darauf haben Sie auf einer Bank die Möglichkeit, eine Rast einzulegen.

Sie folgen weiter dem durch den Wald führenden Weg, der Sie dann auch aus dem Wald herausführt, und gelangen an eine asphaltierte Straße, an der Sie wenige Meter nach rechts gehen, um sogleich nach links in den Viermärker Weg abzubiegen. Die dann quer verlaufende Bundesstraße B 54, die Wittbräucker Straße, überqueren Sie und marschieren in die gegenüber weiterführende Straße, eine Sackgasse.

Gleich hinter einer 90-Grad-Linkskurve kommen Sie zu einem Hotel, in dessen Restaurant Sie sich auch stärken können.

- **Diekmanns Hotel,** Wittbräuker Str. 940, 44265 Dortmund, ☏ 02 31/774 94 40, 🖥 www.dieckmanns.de, ✉ info@dieckmanns.de, €€€

Rechts hinter der Kurve ist ein Parkplatz, über den Sie gehen und an dessen Ende Sie in einen Waldweg wandern. Sie folgen dem Verlauf des Wegs, kommen an einer Schutzhütte vorbei und wandern durch den Wald. Nach rund 1 km verlassen Sie den Wald und nach weiteren 100 m stoßen Sie auf die quer verlaufende Hohensyburgstraße, die Sie nach links weiterwandern. Der Geh- und Radweg verläuft zunächst parallel zur Straße und dann hinter einem Parkplatz.

An der dann folgenden Kreuzung folgen Sie weiter dem Verlauf der ansteigenden Hohensyburgstraße in Richtung Dortmund-Syburg und zur Hohensyburg selbst. An der folgenden Straßengabelung nehmen Sie die rechte Möglichkeit und verbleiben auf der Hohensyburgstraße, um sogleich an der nächsten Kreuzung geradeaus weiter in die Syburger Dorfstraße zu wandern. Sie haben hier in mehreren Restaurants und Hotels die Möglichkeit, eine Rast einzulegen oder zu übernachten.

- **Sunshine Hotel,** Hohensyburgstr. 186, 44265 Hohensyburg, ☏ 02 31/77 49 49 30, 🖥 www.sunshine-hotel.de, ✉ info@sunshine-hotel.de, €€
- ♦ **Hotel Landhaus Syburg,** Westhofener Str. 1, 44265 Dortmund, ☏ 02 31/77 45, 🖥 www.landhaus-syburg.de, ✉ info@landhaus-syburg.de, €€€

An der nächsten Straßengabelung nehmen Sie die rechte Möglichkeit, die Syburger Kirchstraße. Sie erreichen die evangelischen Kirche **St. Peter zu Syburg** und folgen dann weiter dem ansteigenden Weg.

✝ St. Peter zu Syburg

Bei der Kirche St. Peter zu Syburg handelt es sich um den ältesten kirchlichen Bau der Stadt Dortmund. Eine erste urkundliche Erwähnung fand die Kirche im Jahr 776 anlässlich der Feldzüge von Karl dem Großen. Die damalige Kirche war ein Vorgänger der heutigen Kirche St. Peter, die Mitte des 12. Jh. errichtet wurde. Der Kirchbau hatte auch eine Schutzfunktion für die Bevölkerung. Dies ist an dem massiven Westturm zu erkennen, der im 13. Jh. angebaut wurde. Im 15. Jh. wurde die Kirche um einen Chor mit gotischen Stilelementen erweitert. St. Peter wurde im Zweiten Weltkrieg durch einen Luftangriff nahezu zerstört, die Kirche wurde in den Jahren 1953 und 1954 aber in ihrer ursprünglichen Form wiederaufgebaut. Bei den Arbeiten wurden Fundamente gefunden, die auf einen karolingischen Vorgängerbau schließen lassen. Auf dem die Kirche umgebenden Friedhof, der der älteste des Ruhrgebiets sein dürfte, stehen Grabsteine aus dem 9. Jh.

♦ **St. Peter zu Syburg**, Syburger Kirchstraße 14, 44265 Dortmund, ☎ 02 31/189 44 52, 🖥 www.ev-kirche-syburg-hoechsten.de

🚶 Sie stoßen auf einen großen Parkplatz, halten sich hier stets links an der Parkplatzgrenze und wandern am Ende auf einen gepflasterten Weg, der die Feuerwehrzufahrt für die Spielbank Hohensyburg ist. Rechts des Wegs liegen die Gebäude der Spielbank, an dem dann quer verlaufenden Weg gehen Sie nach rechts.

📷 Sie haben sogleich herrliche Ausblicke über die Ruhr auf die Stadt Hagen.

Ruhr

Die Ruhrquelle, seit dem letzten Jahrhundert mit Mauerwerk eingefasst, liegt im Rothaargebirge nordöstlich von Winterberg. Die Ruhr fließt dann über 219 km durch Nordrhein-Westfalen, dabei die ersten 20 km in nördliche Richtung und dann fast ausschließlich in Ost-West-Richtung zum Rhein, in den sie bei Duisburg-Ruhrort mündet. Auf ihrem Lauf passiert sie u.a. Orte wie Iserlohn, Schwerte, Hagen, Witten, Hattingen und Oberhausen. Im 19. Jh. war die Ruhr noch eine der wichtigsten Wasserstraßen Deutschlands, heute dient sie lediglich auf den letzten 12 km dem Transport. Die wesentliche wirtschaftliche Bedeutung liegt heute in der Trink- und Brauchwasserversorgung sowie in der Energiegewinnung. Das Ruhrgebiet verdankt seinen Namen dem Fluss, denn die Industrialisierung hatte ihren Ursprung Ende des 18. Jh. in der Region.

Über eine serpentinenartige Treppe gelangen Sie auf ein Plateau, wo Sie nochmals die Aussicht, u.a. auf den Zusammenfluss der Ruhr mit der Lenne, genießen können. Hinter dem Plateau halten Sie sich links und folgen den Treppen aufwärts. Sie erreichen die Burgruine **Hohensyburg.**

Burgruine Hohensyburg

Historiker vermuten, dass sich bereits im 7./8. Jh. eine Wallburg an der Stelle befunden hat, wo die Burgruinen stehen. Dabei gehen sie weiter davon aus, dass es bei der Burg eine Siedlung gab, sie also nicht nur den Bewohnern der umliegenden Höfe als Fluchtort diente, wenn Angriffe bevorstanden.

Die Burg, gelegen auf einem Gelände von rund 14 ha, war von einem Haupt- und ein bis zwei Vorwällen umgeben. Sie hatte eine taktisch äußerst günstige Lage: direkt an dem Steilhang über dem Zusammenfluss von Ruhr und Lenne auf einem Berg, dem Sieberg, dem heutigen **Syberg**.

Der Nachfolgebau, die Syburger Burg, von dem heute noch die Ruinen vorhanden sind, wurde Ende des 11. und Anfang des 12. Jh. zu dem Zweck erbaut, die Grenze zu Sachsen sowie den Ruhrübergang zu sichern und als Brückenzollstation zu fungieren. Bis ins 19. Jh. waren die Einnahmen des Brückenzolls für die umliegenden Gemeinden eine wesentliche Verdienstquelle. Fußgänger mussten bis 1929 einen Brückenpfennig abgeben, um passieren zu dürfen.

Nachdem die Burg im Jahr 1287 teilweise zerstört worden war, baute man sie später in einigen Bereichen wieder auf. Spätestens Anfang des 17. Jh. wurde sie allerdings ganz aufgegeben und ist seitdem verfallen.

Der Fund einer Zisterne belegt, dass die Erbauer bereits zur damaligen Zeit an längere Belagerungszeiten der Burg gedacht haben und entsprechende Vorsorge trafen, indem sie eine Quelle mit einer Zisterne umgaben, so dass ständig Trinkwasser vorrätig war. Leider ist diese Quelle 1983 mit Bauschutt verschüttet worden.

Burgruine Hohensyburg

🚶‍♂️ Sie folgen dem Verlauf des Wegs, der Sie dann weiter durch eine parkartige Anlage, teilweise mit Treppen, führt.

☺ Wenn Sie sich hier rechts halten und gleich wieder nach links gehen, kommen Sie zum Kaiser-Wilhelm-Denkmal an der Hohensyburg.

⌘ Kaiser-Wilhelm-Denkmal

Vor der Aufstellung des Denkmals wurden bei den Erdarbeiten ein Brunnen sowie mehrere Sandsteinscheiben mit Löchern in der Mitte, die als Schleifscheiben klassifiziert wurden, aufgefunden, sodass davon auszugehen ist, dass in den Ansiedlungen auch handwerkliche Arbeiten ausgeführt wurden.

Zentrale Figur des in den Jahren 1893 bis 1902 errichteten Denkmals ist ein Reiterstandbild **Kaiser Wilhelm I.**, vor den flankierenden Turmbauten befanden sich vier Bronzestandbilder. Das Denkmal war mit reichlich neugotischen Bauschmuck verziert. Die Nationalsozialisten arbeiteten das Denkmal 1935/36 in ihrem einfach ausgeprägten klassizistischen Baustil um.

🚶 Am Ende des Parks laufen Sie nach links auf einen Wanderpfad, der Sie wieder in einen Wald und zunächst über Stufen abwärts führt. Es folgen serpentinenartige, steil abwärtsführende Kurven. Sie bleiben auf diesem Weg, der Sie durch den Wald führt, wobei Sie aber bereits durch die Bäume den Hengsteysee erblicken. An der folgenden Weggabelung halten Sie sich links und gehen weiter die Stufen hinab.

Hengsteysee
Der **Hengsteysee**, einer von sechs Ruhrstauseen, wurde im Jahr 1929 fertiggestellt und dient hauptsächlich als Flusskläranlage, um die durch die Industrieeinleitungen verschmutzen Gewässer der Ruhr und der Lenne zu reinigen, da die Ruhr auch der Trink- und Brauchwasserversorgung dient. Durch die erheblich verlangsamte Fließgeschwindigkeit kommt es zu biologischen Selbstreinigungs- und Sedimentationsprozessen. Außerdem dient der See der Energiegewinnung. Neben dem **Koepchenwerk**, einem Pumpspeicherkraftwerk, das in den Jahren 1927 bis 1930 erbaut wurde, erzeugt das am Wehr des Sees gelegene **Laufwasserkraftwerk Hengstey** elektrische Energie. Durch den Betrieb des Koepchenwerks kann der Wasserspiegel des Sees um nahezu einen Meter schwanken, denn Wasser aus dem See wird in Zeiten geringen Stromverbrauchs in einen See auf dem Berg gepumpt. In Zeiten großen Stromverbrauchs treibt das Wasser aus dem Bergsee dann die Turbinen des Koepchenwerks an.

🚶 Der Weg führt weiter abwärts und ist geschottert. Zwischendurch haben Sie die Möglichkeit, auf Plateaus die 📷 Aussicht, u.a. auf den Hengsteysee, zu genießen. An einer weiteren Weggabelung gehen Sie wieder links auf den abwärtsführenden Weg. Am Ende des Abstiegs führt der Waldweg zu einer quer verlaufenden Asphaltpiste, an der Sie nach rechts marschieren. Sie kommen über einen Parkplatz auf die quer verlaufende Hengsteystraße, die

Sie überqueren, und wandern geradeaus weiter. Sie marschieren nun auf einer Asphaltpiste einige Meter über dem Hengsteysee parallel zu dessen Ufer weiter, der Weg ist von Bäumen beschattet. Sie erreichen dann das RWE-Pumpspeicherwerk Koepchenwerk, an dem Sie vorbeimarschieren. Die hinter dem Kraftwerk weitergehende Straße Im Schiffswinkel führt Sie zu der Staustufe am Hengsteysee, einem Laufwasserkraftwerk, und zu einer Bootsumsetzstation. An einer ✕ Pizzeria mit angeschlossenem Biergarten können Sie eine Rast einlegen.

Sie folgen weiter dem Weg, der am Hengsteysee entlangführt. Nach 600 m verlassen Sie die asphaltierte Straße, um nach links in einen Geh- und Radweg abzubiegen. Hier ist Herdecke-Altstadt mit 1,6 km ausgewiesen. Sie passieren die rechts gelegene Friedrich-Harkort-Schule und kommen dann zu dem Wasserkraftwerk Stiftsmühle. Rechts des Wegs folgt ein Freibad, an dessen Ende sich der Weg gabelt.

Freizeitbad Bleichstein Herdecke, Bleichstein 1, 58313 Herdecke,
☎ 023 30/611-284, 🖥 www.herdecke.de, 🕘 Mo bis Fr 13:00 bis 19:00, Sa und So 10:00 bis 19:00

Hier nehmen Sie die rechte Möglichkeit und an der folgenden Gabelung wieder den rechten Weg. Nach wenigen Metern halten Sie sich dann rechts und marschieren zwischen einem Spielplatz und einer rechts gelegenen Grünfläche hindurch. An der quer verlaufenden Hengsteyseestraße halten Sie sich links und unterqueren die Bundesstraße B 54, die Hagener Straße. Unmittelbar hinter der Unterquerung nehmen Sie im Kreisverkehr die gegenüberliegende Straße, dort gehen Sie gleich nach rechts auf einen Parkplatz und dann in den anschließenden Fußweg. Sie überqueren eine Straße und marschieren den Fußweg weiter, der Sie zwischen den wunderschönen Fachwerkhäusern hindurchführt. Sie wandern weiter über die Uferstraße nach rechts in die Neue Bachstraße und sogleich wieder nach rechts in die Augustastraße. Sie überqueren den Herdecker Bach und laufen weiter nach links in die Bachstraße. An der dann folgenden Kreuzung gehen Sie nach links in die Sally-Grünewald-Straße, um nach wenigen Metern nach links in eine Spielstraße, die Vestestraße, abzubiegen. Sie überqueren die Hauptstraße und halten sich links, marschieren am Rathaus vorbei und erreichen direkt die evangelische **Stiftskirche St. Marien** von **Herdecke**, das Etappenziel.

Herdecke

- **Stadt Herdecke,** Kirchplatz 3, 58313 Herdecke, ☎ 023 30/611-0, 🖥 www.herdecke.de, ✉ stadtverwaltung@herdecke.de, 🕘 Mo und Di 8:00 bis 17:00, Mi 8:00 bis 12:00, Do 8:00 bis 19:00 Uhr, Fr 8:00 bis 12:00
- **Minihotel Herdecke,** Bachstraße 18, 58313 Herdecke, ☎ 023 30/17 44, 🖥 www.minihotel-herdecke.de, ✉ info@minihotel-herdecke.de, €€
- **Hotel Rheinischer Hof**, Hauptstraße 50, 58313 Herdecke, ☎ 023 30/48 21, 🖥 www.rheinischerhof-herdecke.de, ✉ info@rheinischerhof-herdecke.de, €€
- **Ringhotel Zweibrücker Hof Herdecke,** Zweibrücker Hof 4, 58313 Herdecke, ☎ 023 30/605-0, 🖥 www.riepe.com, ✉ hotel-zweibrueckerhof@riepe.com, €€€
- **Katholisches Pfarramt St. Philippus und Jakobus,** Wetterstr. 15, 58313 Herdecke, ☎ 023 30/21 54 (Pfarrer Dr. Thadäus Solski)
- **Stiftskirche St. Marien,** Alte Stiftsstraße, 58313 Herdecke, Gemeindebüro: Spinngasse 3, 58313 Herdecke, ☎ 023 30/31 36, 🖥 www.ev-kirche-herdecke.de, 🕘 Mo und Do 11:00 bis 12:00 sowie Do 15:00 bis 17:00. Ursprünglich handelte es sich um eine karolingische Anlage, eine dreischiffige Basilika, die ein Flachdach aufwies. Im 13. Jh. wurden wesentliche bauliche Veränderungen vorgenommen, die bis heute Bestand haben, so wurden beispielsweise die Schiffe eingewölbt. Der heutige neoromanische Turm wurde 1908 errichtet, er ist Nachfolger des baufälligen Vorgängers. Häuser des ehemaligen Stifts sind noch im Nordbereich des Kirchengeländes vorhanden.
- **Museum Heimatstube Herdecke,** Stiftsplatz 3, 58313 Herdecke, ☎ 023 30/706 77, 🖥 www.herdecke.de, 🕘 Do 10:00 bis 11:00, So 11:00 bis 12:00

Die Geschichte Herdeckes mit heute rund 26.000 Einwohnern führt bis in das 9. Jh. zurück, als das Herdecker Stift, ein Kanonissenstift, einschließlich der Stiftskirche St. Marien gegründet wurde. Mitte des 14. Jh. wurden Herdecke, das zu einem Dorf angewachsen war, die Marktrechte verliehen. Da Herdecke an wichtigen Handelsstraßen lag und außerdem über einen Ruhrübergang verfügte (1410 erhielt Herdecke die Genehmigung, eine steinerne Brücke zu bauen, eine Holzbrücke war vermutlich bereits im 13. Jh. vorhanden), entwickelte sich ein für die Gegend gewichtiger Kornmarkt, der bis ins 19. Jh. Bestand hatte. Während des Dreißigjährigen Krieges erlitt der

Ort durch Besetzungen und Plünderungen erhebliche Schäden. Im Jahr 1739 erhielt er Stadtrechte.

1879 wurde Herdecke an die Bahnlinie Düsseldorf - Hagen-Dortmund angeschlossen. Der **Ruhrviadukt** führt die Eisenbahn 313 m lang und 30 m hoch über die Ruhr zwischen Herdecke und **Hagen-Vorhalle**. Er galt bei seiner Inbetriebnahme im Jahr 1879 mit insgesamt 12 Bögen mit jeweils 20 m Spannweite als technische Meisterleistung. Während des Zweiten Weltkrieges wurde er zunächst beschädigt und anschließend von der Wehrmacht gesprengt. Erst im Jahr 1957 konnten wieder Züge der Bahn über den Viadukt fahren.

Stele in Herdecke

19. Etappe: Herdecke - Gevelsberg

⊃ 21,2 km | ⧖ ca. 5½ Std. |

Herdecke . . . .⇧ 106 m . . . . .21,2 km
Freiherr-vom-Stein Turm . . .⇧ 165 m . . . .2,2 km . . . .19,0 km
Hagen-Haspe . . . .⇧ 137 m . . .7,4 km . . . .11,6 km
Kümmerer . . . .⇧ 195 m . . .7,5 km . . . . .4,1 km
Gevelsberg Erlöserkirche . . .⇧ 204 m . . . .4,1 km

Sie beginnen diese Etappe an der evangelischen **Stiftskirche St. Marien** und marschieren die Alte Stiftsstraße in südliche Richtung, halten sich an der Hauptstraße - das ist die Fußgängerzone - rechts, und wechseln an der nächsten größeren Kreuzung in die Kampstraße, die nach links hinter dem Parkplatz weiterführt. Die Kampstraße wandern Sie, bis Sie auf die quer verlaufende Mühlenstraße stoßen, hier gehen Sie links weiter. Sie kommen dann wieder an die Hauptstraße, auf der Sie nach rechts wandern. Am folgenden Kreisverkehr nehmen Sie die erste Möglichkeit rechts und wandern in die Straße Zweibrücker Hof. Hier befindet sich auch das **Ringhotel Zweibrücker Hof Herdecke**.

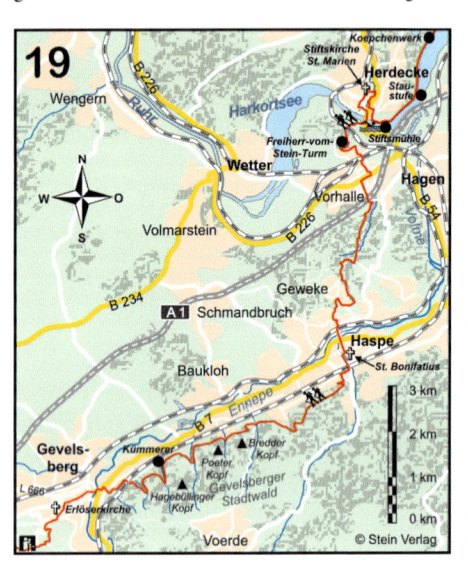

Über einen Parkplatz gelangen Sie an die Bundesstraße B 54, die Hagener Straße, die Sie nach rechts weiterwandern. Auf einer Brücke überqueren Sie die Ruhr. Unmittelbar hinter der Brücke müssen Sie nach rechts auf eine Asphaltbahn abbiegen. Sie wandern etwa 100 m parallel zur Ruhr, an der dann quer verlaufenden Straße halten Sie sich rechts. Nach 200 m, hinter einem Klärwerkgelände, gehen Sie nach links in den Wald. Sie folgen dem Wanderpfad, der sogleich eine 90-Grad-Rechtskurve macht und anschließend ansteigt. Sie unterqueren eine Bahnlinie und folgen weiter dem Verlauf des Wanderwegs, der - teilweise in Stufen - weiter ansteigt. An einer folgenden Wegkreuzung wandern Sie nach links auf den weiterhin durch den Wald führenden und ansteigenden Weg. Ein rechts gelegenes Feld passieren Sie, halten sich an dem folgenden quer verlaufenden Weg links und gelangen dann auf den **Kaisberg** mit dem **Freiherr-vom-Stein-Turm**.

Kaisberg

Der Kaisberg, nördlich von Hagen-Vorhalle gelegen, hat eine Höhe von 165 m. Der Legende nach haben auf dem Kaisberg im Jahr 9 n.Chr. der römische Feldherr Varus und später im Jahr 775 Karl der Große während der Belagerung der Sigiburg (heute Hohensyburg) ihre Lager aufgeschlagen. Im Jahr 1876 entdeckten Arbeiter drei bronzene Langschwerter aus der frühen Bronzezeit.

Auf dem Kaisberg steht zum Gedenken an Freiherr Karl Friedrich vom Stein der nach ihm benannte Freiherr-vom-Stein-Turm mit folgender Inschrift: „Des Guten Grundstein. Des Bösen Eckstein. Des Deutschen Volkes Edelstein. Das dankbare Bürgertum dem Andenken des Reichsfreiherrn Heinrich Friedrich Karl vom und zum Stein 1869." Der Turm wurde zunächst im Jahr 1856 als Holzturm errichtet. Über Spenden von Besuchern des Turms konnte dann im Jahr 1869 ein steinerner Turm gebaut werden. Trotz einer Sanierung im Jahr 2010 ist der Turm für Besucher verschlossen.

Sie folgen dem nun abwärtsführenden Weg für 250 m und halten sich hier scharf links, obwohl der Weg geradeaus weiterzuführen scheint. Nach weiteren etwa 350 m gelangen Sie aus dem Wald heraus und auf eine Asphaltstraße, die Freiherr-vom-Stein-Straße, auf der Sie geradeaus weitermarschieren. Rechts der Straße befinden sich Mehrfamilienhäuser. Die Straße geht in die Brüninghausstraße über, deren Verlauf Sie weiter folgen. Nach einer 90-Grad-Linkskurve und einer folgenden rechtwinkligen Rechtskurve gehen Sie geradeaus weiter auf die Brücke, die Sie über die Gleise des Rangierbahnhofs führt.

Rangierbahnhof Hagen-Vorhalle

Der Rangierbahnhof Hagen-Vorhalle (Seite 204) zählt zu den größten Deutschlands und ist für den Güterverkehr des Ruhrgebiets und des Sauerlands von wesentlicher Bedeutung. Bereits 1910 wurde er in Betrieb genommen. Der Betrieb von 11 Einfahrgleisen, 2 Berggleisen und 40 Richtungsgleisen von bis zu 920 m Länge wird zentral von einem elektronischen Stellwerk gesteuert. Lediglich im Notfall greift ein sogenannter Weichenwärter ein.

Trotz einer in den Jahren 2004 bis 2006 durchgeführten Modernisierung des Bahnhofs wird derzeit aufgrund der drastisch gesunkenen Zahlen im Güterverkehr über eine zumindest teilweise Stilllegung des Betriebes diskutiert.

Rangierbahnhof Hagen-Vorhalle

🚶‍♂️🚶‍♀️   Am Ende der über die Gleise führenden Brücke gehen Sie rechts in eine Unterführung, um gleich wieder nach links auf der Hartmannstraße, die Sie durch Wohngebiet führt, weiterzuwandern. An der dann quer verlaufenden Ophauser Straße halten Sie sich links und wechseln nach wenigen Metern nach rechts auf einen Geh- und Radweg. Auf einer Brücke überqueren Sie die Bundesstraße B 226, die Weststraße. Am Ende der Brücke halten Sie sich rechts, die Treppe hinab und wandern an der Bundesstraße in westliche Richtung. An der Kreuzung mit der Nöhstraße gehen Sie nach links in diese hinein. Sie führt ansteigend durch Wohngebiet. Dann unterqueren Sie die Autobahn A 1 und folgen weiter dem Verlauf der Straße.

Hinter dem Friedhof und an einer Kreuzung, an der drei Wege gabelförmig abgehen, wählen Sie die mittlere Möglichkeit, die weiter durch den Wald führt. An der folgenden Weggabelung halten Sie sich links. Nach weiteren 250 m haben Sie den höchsten Punkt erreicht. Der Weg führt aus dem Wald heraus in offeneres Gelände. Sie unterqueren eine Überlandleitung.

✋   Hier kann der Weg stark mit teils dornigem Strauchwerk zugewachsen sein. Lange Hosen und Ärmel werden empfohlen.

Kurz darauf gelangen Sie wieder in den Wald, an der sogleich folgenden Weggabelung marschieren Sie nach links. Nach 300 m, in einer nach links abgehenden, serpentinenartigen Kurve, wandern Sie geradeaus den Pfad weiter.

An der folgenden, quer verlaufenden Asphaltstraße halten Sie sich rechts, um nach 120 m nach links in einen Waldweg, der mit einer Schranke für den Fahrzeugverkehr gesperrt ist, abzubiegen.

☺ Ihr Weg führt durch einen herrlichen, aus kapitalen Buchen und Eichen gewachsenen Laubwald.

Sie nehmen nach etwa 200 m den links abzweigenden Weg, der Sie weiter durch den Wald führt. Durch die Bäume können Sie die Häuser des Ortes Geweke sehen. An einer folgenden Kreuzung nehmen Sie einen unscheinbaren, halb links versetzten Waldweg und verlassen den forstwirtschaftlichen Weg.

An einer folgenden Gabelung an einer Weide nehmen Sie den rechten Weg, der parallel zu einem Zaun verläuft. Sie verlassen den Wald und stoßen auf eine asphaltierte Straße, an der Sie sich rechts halten. Sie folgen dem Weg, der an einem Anwesen vorbeiführt und sogleich zu einem Fuß- und Radweg wird. Am Ende des Fußwegs stoßen Sie auf die Straße Auf dem Rode, deren Verlauf Sie folgen und die Sie an Wohnhäusern vorbeiführt. An der folgenden Straße In der Geweke marschieren Sie geradeaus weiter.

Kurz vor einem Wendekreisel, an dem auch eine 🚌 Busstation ist, nehmen Sie den links abgehenden Wanderpfad, der Sie durch die Feldmark führt. Der Wanderpfad stößt auf die quer verlaufende Hasencleverstraße, auf der Sie nach links marschieren und die Sie zu den ersten Häusern von Hagen-Haspe führt.

Hagen-Haspe

ℹ **HAGENinfo,** Körner Straße 27, 58095 Hagen, ☎ 023 31/809 99 80, 💻 www.hagen.de, ✉ tourismus@hagenagentur.de, 🕐 Mo bis Fr 9:00 bis 17:00, Sa 9:30 bis 12:30

🛏 **Haus am Romberg,** 58135 Hagen, Am Romberg 5, ☎ 023 31/46 21 08, 💻 www.monteurzimmer-hagen.de, ✉ axellehmann@online.de, €

⌘ **Museum für Ur- und Frühgeschichte**, Wasserschloss Werdringen, Werdringen 1, 58089 Hagen, ☎ 023 31/306 72 66, 🖥 www.historisches-centrum.de, 🕘 Mo bis Fr 10:00 bis 17:00, 🕘 Sa und So 11:00 bis 18:00

♦ **Stadtmuseum,** Eilper Straße 71-75, 58091 Hagen, ☎ 023 31/207 27 40, 🖥 www.historisches-centrum.de, 🕘 Di bis Do 10:00 bis 17:00, Sa und So 11:00 bis 18:00

Haspe mit knapp 30.000 Einwohnern ist ein Stadtteil der kreisfreien Stadt Hagen. Archäologische Funde wie Steinwerkzeuge und Bruchstücke von Keramikgefäßen beweisen, dass die Gegend um Hagen bereits in der Altsteinzeit bewohnt war. Hinweise auf erste Siedlungen liegen für die Jungsteinzeit vor, z.B. Grabfunde. Auch aus der römischen Kaiserzeit gibt es archäologische Funde. Eine erste urkundliche Erwähnung fand die Bauernschaft Haspe im 12. Jh. Ende des 15. Jh. wurde der Grundbesitz im Schatzbuch der Grafschaft Mark aufgelistet. Im Jahr 1873 wurden Haspe die Stadtrechte verliehen, zur damaligen Zeit hatte die Stadt bereits knapp 10.000 Einwohner. Zu Beginn des 20. Jh. hatte Haspe aufgrund der Zusammenlegung mit weiteren Gemeinden bereits eine Einwohnerzahl von rund 20.000.

1929 wurde Haspe in die Stadt Hagen eingemeindet. In Haspe gibt es diverse mittelständische Unternehmen, unter ihnen ist auch die Fa. Brandt, die in Deutschland für die Herstellung von Zwieback bekannt ist, wobei die Firma zwar noch ihren Sitz und die Verwaltung in Haspe hat, die Produktion aber inzwischen in die neuen Bundesländer verlegt hat.

🚶 Sie folgen dem Straßenverlauf, der dann eine 90-Grad-Linkskurve macht, und wandern nach 80 m in die nach rechts abgehende Straße. Nach weiteren 80 m gehen Sie links in die Straße Auf dem Geitling. In der folgenden Linkskurve nehmen Sie den rechts abzweigenden Fußweg, der über eine Treppe abwärts führt. Am Ende der Treppe stoßen Sie auf eine Asphaltstraße, an der Sie nach rechts marschieren, um nach wenigen Metern nach links in die Tillmannsstraße, auf einen Geh- und Radweg, abzubiegen, der Sie dann in Richtung der Züge nach Hagen unter den Bahngleisen durchführt. Sie überqueren die Straße Büddinghardt und folgen dem Verlauf der Tillmannsstraße. Sie gelangen in das Zentrum von Hagen-Haspe und laufen bei der Kirche St. Bonifatius nach rechts in die Berliner Straße.

Nach 100 m wandern Sie nach links in die Voerder Straße, die Fußgängerzone, in der Sie Bäcker, Metzger und andere Geschäfte vorfinden, wo Sie die Bedürfnisse des täglichen Lebens stillen können. Am Ende der Fußgängerzone gehen Sie die Voerder Straße geradeaus weiter. Hier steht das ehemalige Eingangsportal des Kupfer- und Stahlwerks Wittmann AG als Denkmal. Sie überqueren die Leimstraße und unterqueren anschließend eine Bahnlinie.

Unmittelbar hinter der Unterquerung biegen Sie rechts in die Dammstraße ein, die Sie bis zu ihrem Ende marschieren, laufen hier links in die Straße Am Karweg und gleich wieder rechts in die Waldstraße, die ansteigt. 120 m hinter einer 90-Grad-Rechtskurve führt nach links zurück eine stark ansteigende Schotterpiste in den Wald, die Sie nehmen müssen. Sie folgen dem Verlauf des Wegs und halten sich nach rund 300 m an einer Weggabelung rechts. Nach weiteren 200 m haben Sie den höchsten Punkt erreicht, zwischendurch eröffnen sich immer wieder herrliche Ausblicke durch die Bäume auf die Ortsteile Hagens. Nach weiteren 1,1 km folgen Sie dem Weg in einer 90-Grad-Kurve nach links.

🅷 Sie marschieren weiterhin durch den Wald, genießen aber immer wieder herrliche Blicke auf die im Tal liegenden Ortschaften.

Der Schotterweg führt dann abwärts und geht in eine Asphaltbahn über, rechts der Straße liegen wieder landwirtschaftliche Nutzflächen. Sie überqueren die Asker Straße und marschieren auf der gegenüberliegenden Seite auf einer Privatstraße weiter, die an schönen Häusern vorbeiführt. An der nach wenigen Metern folgenden Gabelung wandern Sie links in den Wald. Der Weg ist mit einer Schranke versperrt, die Sie umgehen können. Etwa 100 m hinter der Gabelung müssen Sie den nach links abgehenden Forstweg nehmen, dieser führt weiter zunächst ansteigend durch den Wald. An einer folgenden Weggabel, an der rechts ein aufwärts führender Wanderweg abzweigt, müssen Sie diesen nehmen. Nach weiteren 200 m haben Sie den höchsten Punkt erreicht. An der folgenden Weggabelung nehmen Sie den nach rechts abwärtsführenden Weg. Durch die Bäume des Gevelsberger Stadtwaldes haben Sie immer wieder herrliche Ausblicke auf die im Tal liegende Ortschaft und die dahinterliegenden Berge. Auf dem Weg weisen Hinweisschilder auf den Bredder Kopf und auf den Poeter Kopf der Stadt Gevelsberg hin.

Sie folgen dem Verlauf des Wegs, der Sie weiter durch den Wald führt. Rechts des Wegs folgt das Gelände eines Kleingartenvereins. An dessen Ende nehmen Sie den nach links abzweigenden und leicht ansteigenden Weg, der wieder in den Wald führt. Im weiteren Verlauf überqueren Sie ein Bachbett und passieren das idyllisch links hinter einem kleinen See gelegene Schwelmer Neue Forsthaus, das zu einer Rast einlädt. Die dann quer verlaufende Kirchwinkelstraße überqueren Sie und marschieren nach rechts in den Wald. Nach 500 m finden Sie ein Hinweisschild für den Hagebüllinger Kopf. Nach weiteren 350 m verweist ein Hinweisschild auf eine etwa 50 m entfernte ⊙ Stempelstelle sowie auf sogenannte **„Kümmerer" im Haus Nummer 23**, bei denen Sie Hilfe erhalten können.

🏠   **Familie Fröhlich,** Friedhofstraße 23, 58285 Gevelsberg, ☎ 023 32/657 57

Auf dem Jakobsweg sind es von hier noch 2.645 km bis Santiago de Compostela.

Kurz danach stoßen Sie an die quer verlaufende Friedhofstraße, die Sie nach links aufwärts weiterwandern. Parallel zur Straße verläuft ein Bach. An der folgenden Gabelung wandern Sie links weiter, sodass das Bachbett stets rechts Ihres Wegs ist. An der dann folgenden Kreuzung marschieren Sie nach rechts und überqueren den Bach. Links des Wegs liegt ein Speichergebäude für Wasser, an der anschließenden Weggabelung müssen Sie die linke Möglichkeit wählen. An der dann quer verlaufenden asphaltierten Brinkstraße gehen Sie nach rechts abwärts. Sie kommen aus dem Wald heraus und an den ersten Häusern vorbei, darunter sind besonders schöne, mit Schiefer verkleidete Wohnhäuser. Sie überqueren an einem Bahnübergang die Gleise und marschieren hinter diesen auf der Bahnhofstraße nach links. Diese ist alleeartig von Bäumen eingefasst und führt Sie dann durch Wohngebiet.

Nach einer Rechtskurve wandern Sie nach links in die Brüderstraße, die dann bei der quer verlaufenden Bundesstraße B 7, der Hagener Straße, endet, an der Sie sich links halten. Nach 40 m überqueren Sie die Hagener Straße und wandern in Richtung der Sparkasse. Sie sind nun im Stadtkern von Gevelsberg. Sie überqueren die Bahngleise, gelangen über die Wasserstraße auf die links weiterführende Mittelstraße, überqueren die Ennepe und marschieren in die gegenüberliegende Fußgängerzone, die weiterführende Mittelstraße. Am Ende der Fußgängerzone überqueren Sie die Mauerstraße und folgen weiter dem Verlauf der Mittelstraße, einer Geschäftsstraße. An der Kreuzung mit der Landstraße L 666, der Hasslinghauser Straße, wählen Sie die zweite Möglichkeit links (Elberfelder Straße) und haben nach 150 m das Etappenziel, die **Erlöserkirche**, erreicht.

Gevelsberg

- **Stadt Gevelsberg**, Touristik, Rathausplatz 1, 58285 Gevelsberg, ☎ 023 32/77 11 69, 🖳 www.gevelsberg.de, ✍ rathaus@stadtgevelsberg.de, Mo bis Fr 8:00 bis 12:00, Mo und Do 14:00 bis 16:00
- **Hotel Alte Redaktion,** Hochstraße 10, 58285 Gevelsberg, ☎ 023 32/709 70, 🖳 www.alte-redaktion.com, ✍ mail@alte-redaktion.com, €€
- **Hotel-Restaurant Zum alten Postwagen,** Mittelstraße 80, 58285 Gevelsberg, ☎ 023 32/55 35 63, 🖳 www.hotel-zumaltenpostwagen.de, ✍ hotel-zumaltenpostwagen@web.de, €€€
- **Monika Klöpper**, Körnerstraße 2, 58285 Gevelsberg, ☎ 023 32/75 93 83
- **Erlöserkirche,** Elberfelder Straße 16, 58285 Gevelsberg, 🖳 www.evkg-gevelsberg.de

Die Geschichte der heute etwa 33.000 Einwohner zählenden Stadt Gevelsberg reicht bis in das Jahr 1225 zurück. Zur damaligen Zeit wurde der Kölner Erzbischof und Reichsverweser Engelbert in einem Hohlweg am „Gievilberch" von einem Verwandten ausgeraubt und getötet. An der Stelle des Überfalls wurde im Jahr 1230 ein Sühnekloster gegründet. 1235 wurde eine Kirche errichtet, die aber im Jahr 1825 abgebrochen wurde. Von hier aus entwickelten sich das Dorf und später die Stadt Gevelsberg. Das Kloster wurde im 16. Jh. in ein freiweltliches Damenstift umgewidmet, das zu Beginn des 19. Jh. unter Napoleon aufgehoben wurde. Im 17. Jh. wurde das Alte Äbtissinnenhaus erbaut und 1805 wurde das mit Schiefer verkleidete Haus Im Stift 6 für die damalige Äbtissin errichtet.

Im Jahr 1989 wurden mehrere noch erhaltene Häuser des Klosterbereichs unter Denkmalschutz gestellt, 1993 wurde der Platz an der Elberfelder Straße derart neugestaltet, dass heute der Grundriss der ehemaligen Kloster- und Stiftskirche in Teilbereichen zu erkennen ist. Die Erlöserkirche wurde in den Jahren 1826 bis 1830 als Nachfolgebau der abgerissenen Kloster- und Stiftskirche mit einem fünfachsigen Saal erbaut.

20. Etappe:
Gevelsberg - Wuppertal-Beyenburg

➲ 13,5 km | ⏳ ca. 3 ½ Std. | 🚌 🛏 ✕ 🚉

Gevelsberg	⇧ 204 m	13,5 km
Schwelm	⇧ 238 m	6,7 km .... 6,8 km
Wuppertal-Beyenburg	⇧ 203 m	6,8 km

🚶‍♂️ Die 20. Etappe des Jakobswegs starten Sie an der Erlöserkirche in Gevelsberg und wandern zunächst die ansteigende Elberfelder Straße in südwestliche Richtung, an den wunderschönen, mit Schiefer verkleideten Häusern vorbei.

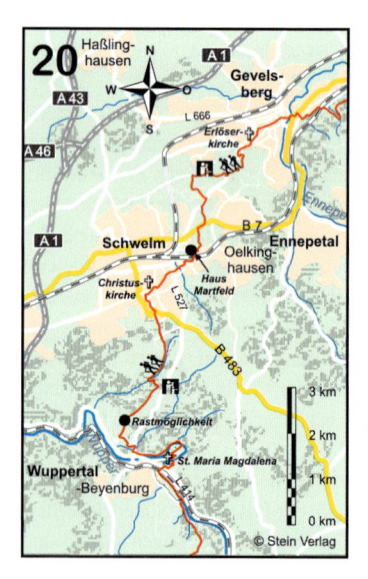

☺ Sie gelangen dann zu dem rechts der Straße gelegenen Gelände des ehemaligen Klosters Gevelsberg und sollten sich die Zeit nehmen, hier etwas zu verweilen und sich diese Stätte anzusehen.

Sie folgen dann weiter dem Verlauf der Elberfelder Straße, passieren anschließend die letzten Häuser der Ortschaft Gevelsberg und wechseln nach links in die Straße Am Alten Hohlweg. Nach 100 m wandern Sie nach rechts in die für den Fahrzeugverkehr gesperrte Straße, nach weiteren 90 m marschieren Sie nach rechts in einen Wanderweg, der weiter ansteigt. Durch ein kleines Wäldchen gelangen Sie wieder in landwirtschaftlich genutztes Gebiet. Nach rund 300 m treffen Sie auf einen quer verlaufenden landwirtschaftlichen

Weg und gehen rechts weiter. Nach einer 90-Grad-Linkskurve kommen Sie an eine asphaltierte Kreuzung, wo Sie rechts weiterwandern. Sie kommen an einigen Häusern vorbei und stoßen auf die quer verlaufende Strückerberger Straße, an der Sie sich links halten, um nach etwa 40 m nach rechts in die ansteigende Straße Hilgenplatz abzubiegen. Nach weiteren 40 m geht rechts eine Zufahrt ab, wo auch der Jakobsweg weiterführt. Sie kommen an einem Haus vorbei und wandern an der quer verlaufenden, einspurigen Stütingstraße nach links. Der Weg führt durch Felder und kleine Wäldchen und Sie genießen herrliche Ausblicke.

Nach 250 m haben Sie den höchsten Punkt des Wegabschnitts erreicht, hier finden Sie auch das 🏠 Familien- und Freizeitzentrum Waldheim Stüting des CVJM Gevelsberg. Die Straße führt Sie absteigend an einigen Wohnhäusern vorbei, an der nächsten Kreuzung wandern Sie geradeaus weiter. Am Ortseingang des Ortes Schwelm wandern Sie nach links in die Straße Hensbusch. Die Straße ist zunächst asphaltiert, wird dann aber am letzten Haus zu einem unbefestigten landwirtschaftlichen Weg. An der folgenden Dreiergabelung nehmen Sie die mittlere Möglichkeit, die in den Wald und abwärts führt. An der folgenden Weggabelung müssen Sie den links weiterführenden Weg nehmen. Sie kommen aus dem Wald heraus und gehen an der nächsten Kreuzung landwirtschaftlicher Wege geradeaus weiter. Der Weg führt zwischen den Reitplätzen eines Pferdehofes durch.

An der folgenden Weggabelung halten Sie sich rechts. Sie passieren das Gestütsgelände, stoßen auf die quer verlaufende Landstraße L 527, die Strückerberger Straße, und marschieren hier nach rechts. Nach 220 m in einer Rechtskurve müssen Sie die nach links abgehende asphaltierte Piste nehmen, die in einen Wanderweg übergeht. Dieser stößt auf die quer verlaufende Bundesstraße B 7, die Milsper Straße, an der Sie nach rechts gehen. Sie sind nun im Ort **Schwelm** und finden sofort einen großen 🛒 Supermarkt mit umfangreichem Angebot.

Schwelm

- **Stadt Schwelm,** Stadtverwaltung, Hauptstraße 14, 58332 Schwelm,
  ☎ 023 36/801-0, 🖥 www.schwelm.de, ✉ info@schwelm.de
- **Hotel Haus Wünsche**, 58332 Schwelm, Göckinghofstr. 47, ☎ 023 36/820 30,
  🖥 www.hotel-wuensche.de, ✉ mail@hotel-wuensche.de, €€

✝ **Christuskirche Schwelm,** Kirchplatz 9, 58332 Schwelm, ☎ 023 36/40 63 91, 💻 www.kirche-schwelm.de, 🕐 Di und Fr 10:00 bis 12:00, Sa 11:00 bis 13:00

Die Geschichte der heute rund 30.000 Einwohner zählenden Kreisstadt des Ennepe-Ruhr-Kreises reicht bis in das 9. Jh. zurück. Damals wurde ein Fronhof auf dem heutigen Stadtgebiet errichtet, um in der Schwelmer Gegend die Handelswege zu erschließen. Der Fronhof wurde, obwohl er nicht direkt an der Schwelme lag, nach diesem Bach benannt und gab später der Stadt den Namen. Eine erste urkundliche Erwähnung fand Schwelm im 10. Jh. Im 11. Jh. wurde eine Kirche in der Nähe des Fronhofs errichtet, heute steht an dieser Stätte die **Christuskirche.** Zu Beginn des 14. Jh. wurde eine Wasserburg, das heutige **Haus Martfeld,** erbaut, um u.a. den Fronhof zu schützen. Am Kirchplatz siedelten sich Handwerker und Kaufleute an, sodass bereits im 13. Jh. eine kleine Ansiedlung entstand, die zu Beginn des 15. Jh. schon als Dorf bezeichnet werden konnte. Im Jahr 1496 erhielt Schwelm die Stadtrechte. Zur damaligen Zeit hatte Schwelm rund 300 bis 400 Einwohner, die in etwa 50 Häusern lebten.

Während des Dreißigjährigen Krieges mussten die Einwohner nicht nur hohe Geld- und Sachleistungen abgeben, sie litten auch unter ständigen Besetzungen durch Kriegstruppen und Plünderungen. Auch Epidemien wie die Pest dezimierten die Zahl der Einwohner erheblich. Im Jahr 1722 vernichtete ein Großfeuer weite Teile der Stadt.

Mitte des 18. Jh. wurde Schwelm wegen der entdeckten Heilquelle als Kur- und Badeort bekannt. Die Quelle versiegte jedoch Mitte des 19. Jh. Im Jahr 1790 wurde das heute noch existente Brunnenhaus über der Heilquelle errichtet.

Der Fronhof wurde im Jahr 1812 aufgegeben, die Fronhofstraße in der Altstadt erinnert aber noch heute an den Ursprung der Stadt. 1847 wurde die Eisenbahnverbindung von Schwelm nach Wuppertal-Elberfeld eingeweiht, was zu einer wesentlichen Verbesserung der wirtschaftlichen Verhältnisse der Stadt führte. Im Zweiten Weltkrieg wurde Schwelm mehrfach bombardiert, wobei enorme Schäden entstanden. So wurden u.a. auch die drei Kirchen zerstört.

Eine Kirche in Schwelm wurde erstmals für das Jahr 1085 urkundlich erwähnt. Anfang des 16. Jh. wurde sie durch ein Feuer in der Stadt zerstört.

Eine neue Kirche wurde vermutlich im Jahr 1522 geweiht. Ein weiterer Stadtbrand schädigte im Jahr 1722 auch diese. 1736 wurde sie abgerissen, weil sie zu klein und baufällig war. An dem nicht betroffenen Turm errichtete man eine neue Kirche, die im 19. Jh. ebenfalls durch ein Feuer völlig zerstört wurde. Auch die aus dem 16. Jh. stammenden Glocken fielen dem Brand zum Opfer. Von 1842 bis 1849 wurde erneut eine Kirche erbaut, die Platz für 2.500 Kirchgänger hatte. Diese Kirche erhielt im Jahr 1930 den Namen Christuskirche. Zum Ende des Zweiten Weltkriegs wurde sie Opfer eines Bombardements. Die Umfassungsmauern und die Turmschäfte blieben erhalten, sodass bis zum Jahr 1952 die Christuskirche wiedererrichtet werden konnte. Sie ist heute die zweitgrößte Kirche Westfalens und hat Sitzplätze für 1.200 Besucher.

Nach knappen 200 m marschieren Sie nach links in die Dr.-Moeller-Straße in Richtung der Helios-Klinik. Etwa 50 m vor dem Eingang der Klinik halten Sie sich rechts auf einen gepflasterten Weg. Der Weg führt abwärts durch eine Grünanlage. An der Weggabelung nehmen Sie den links weiterführenden Weg und gehen an dem nächsten quer verlaufenden Weg ebenfalls wieder nach links. Sie kommen dann zum **Haus Martfeld.**

Haus Martfeld

Die Ursprünge des Hauses Martfeld reichen bis zum Beginn des 14. Jh. zurück, als hier zum Schutz der Besitztümer des Kölner Erzbischofs eine Burganlage errichtet wurde, wobei das Hauptgebäude offensichtlich zunächst ein einfaches Steinhaus mit zwei Räumen war. Aus dem 15. Jh. stammt der Rundturm. Im 17. Jh. wurde zunächst der Nordflügel und dann der Torturm einschließlich der Zugbrücke errichtet.

Im 18. Jh. erhielt das Gebäude seine heutige Form mit dem Südflügel, während der Westflügel abgerissen wurde. In den Folgejahren wurde die das Gebäude umgebende Parkanlage geschaffen. Heute gehört Haus Martfeld der Stadt Schwelm und beherbergt das Museum für Stadt- und Regionalgeschichte sowie das Stadtarchiv (Seite 214).

- **Museum für Stadt- und Regionalgeschichte,** Haus Martfeld 1, 58332 Schwelm, ☎ 023 36/91 44 37, 🖳 www.schwelm.de, Mi, Fr und Sa 11:00 bis 13:00, So 11:00 bis 18:00

Haus Martfeld

🚶 Sie wandern weiter die Straße Martfeld in südliche Richtung, gelangen auf einer Brücke über eine Bahnlinie und biegen unmittelbar hinter der Brücke nach rechts in die Hagener Straße ein. Nach 130 m wenden Sie sich nach links in die Oelkinghauser Straße, deren Verlauf Sie dann folgen. Sie überqueren die Landstraße L 527 und marschieren in die weiterführende Hauptstraße, die in die Fußgängerzone mit diversen Geschäften führt. Zwischen den Geschäften stehen herrliche, mit Schiefer verkleidete Häuser. Am Bürgerplatz laufen Sie halb links in die Kirchstraße und gelangen über diese zu der Christuskirche von Schwelm.

Sie marschieren weiter Richtung Altmarkt und gleich nach links in die Kölner Straße, deren Verlauf Sie folgen und an deren Ende Sie nach links in die Bergstraße gehen, die Sie wiederum nach wenigen Metern nach rechts in die Weilenhäuschenstraße verlassen. An der folgenden Kreuzung marschieren Sie geradeaus weiter in die Winterberger Straße, die Sie nach 70 m nach rechts in die Max-Klein-Straße wieder verlassen. Sie kommen an den letzten Häusern von Schwelm vorbei, wählen an der folgenden Weggabelung die linke Möglichkeit und passieren eine Kleingartenkolonie. Ihr Wanderweg ist nun von Bäumen flankiert. Sie überqueren den Bandwirkerweg und folgen dem Verlauf des Wanderwegs, einem Hohlweg. Sie stoßen auf einen quer verlaufenden forstwirtschaftlichen Weg, auf dem Sie nach rechts abwärts gehen. Rechts des Wegs liegt der jüdische Friedhof am Ehrenberg. Sie erreichen eine quer verlaufende Asphaltstraße, die Sie nach links versetzt überqueren, und nehmen dort den forstwirtschaftlichen Weg. Sie folgen dem Weg, der Sie wechselnd durch Wald, Felder und Wiesen führt und von einem Bach, dessen Plätschern Sie hören können, begleitet wird.

Sie kommen dann in einen herrlichen Wald und wählen an der folgenden Weggabelung die nach links abwärts in eine Senke führende Möglichkeit. Der Weg steigt wieder an und Sie wandern an der folgenden Forstwegkreuzung, wo Sie den höchsten Punkt erreicht haben, rechts weiter.

Sie haben hier einen herrlichen Ausblick.

Sie folgen dem Verlauf des Wegs, der durch forstwirtschaftliche Nutzflächen führt, die dann wieder von Feldern abgelöst werden. Zwischendurch haben Sie die Möglichkeit, auf einer Bank eine Rast einzulegen. Sie gelangen auf einer asphaltierten Fahrspur in einen Weiler, in dem Sie nach etwa 50 m nach links auf eine Asphaltstraße, die in eine Senke führt, abbiegen. Die Straße steigt dann wieder an und führt Sie in einen Wald. Etwa 40 m nach Waldbeginn müssen Sie den rechts abgehenden Wanderpfad nehmen, der abwärts führt. Sie stoßen auf die quer verlaufende Beyenburger Straße und marschieren auf dieser nach rechts. Sie folgen dem Straßenverlauf. Hinter einer 90-Grad-Linkskurve und vor einer serpentinenartigen Rechtskurve bei der Bushaltestelle Beyenburg/Wupperbrücke wandern Sie nach links in einen unbefestigten Geh- und Radweg, der relativ eben durch einen Wald führt. Sie können hier die rechts zum Weg fließende Wupper sehen.

Wupper

Die **Wupper** ist 116,5 km lang. Sie entspringt als **Wipper** westlich von Meinerzhagen und mündet in **Leverkusen** in den Rhein. Auf ihrem Lauf passiert sie u.a. Orte wie Wipperfürth, Radevormwald, Wuppertal, Remscheid und Solingen. Eine Besonderheit am Fluss ist die Wuppertaler Schwebebahn. Sie verkehrt seit 1901 in der Wuppertaler Innenstadt als Teil des ÖPNV in einer Höhe von ca. 12 m über dem Fluss, auf einer Strecke von 13,3 km.

Nach 1,1 km halten Sie sich an einem quer verlaufenden Wander- und Radweg rechts. Nach 100 m wandern Sie über die nach rechts über die Wupper führende Fußgängerbrücke weiter und gelangen in die Ortschaft **Wuppertal-Beyenburg**. Sie folgen dem Straßenverlauf und kommen an dem rechts gelegenen **Café-Restaurant Haus Bilstein** vorbei.

- **Café-Restaurant Haus Bilstein**, Zum Bilstein 25, 42399 Wuppertal, ☏ 02 02/61 12 09, Mi bis Sa ab 12:00, So ab 11:30

Sie laufen auf der Straße Zum Bilstein bis zu ihrem Ende am Friedhof und marschieren hier nach links in die Straße Gerstenkamp. Nach einer 90-Grad-Rechtskurve gelangen Sie dann über die Straße Beyenburger Freiheit an die **Klosterkirche St. Maria Magdalena von Beyenburg**, das Etappenziel.

Von der Beyenburger Freiheit genießen Sie einen herrlichen Blick auf die alten Häuser der Unterstadt sowie auf den Stausee.

Hier endet der Westfälische Jakobsweg.

Wuppertal-Beyenburg

- **Wuppertal-Touristik**, Pavillon Döppersberg, 42103 Wuppertal, ☏ 02 02/194 33, www.wuppertal.de, wuppertaltouristik@wuppertal-marketing.de, Mo bis Fr 9:00 bis 18:00, Sa 10:00 bis 14:00
- **Hotel Kemna**, Beyenburger Straße 227, 42399 Wuppertal, ☏ 02 02/60 77 53
- **Hotel Langenfelder Hof**, Öhder Straße 71, 42289 Wuppertal-Beyenburg, ☏ 02 02/60 65 51, www.langenfelder-hof.de, webmaster@langenfelder-hof.de
- **Klosterkirche St. Maria Magdalena**, Beyenburger Freiheit 49, 42399 Wuppertal, ☏ 02 02/61 11 32

Beyenburg ist ein Stadtteil von Wuppertal und gehört zum Stadtbezirk Langerfeld-Beyenburg, der insgesamt rund 26.000 Einwohner hat. Im 13. Jh. schenkte Graf Adolf V. von Berg dem Kreuzbrüderorden, der sich später Kreuzherrenorden nannte, ein Steinhaus mit einer Kapelle. Die Ordensbruderschaft gründete das Kloster, das direkt am Heerweg Köln-Dortmund lag, der zugleich die Hansestraße war. In den Jahren 1303/04 wurde ein neuer

Klosterkirche St. Maria Magdalena

Ort für das Kloster auf dem Beyenberg in der Wupperschleife gefunden, der weitaus ruhiger war, und das neue Kloster Steinhaus wurde errichtet. Im 14. Jh. wurde die **Klosterkirche St. Maria Magdalena** erbaut, die im Volksmund auch Beyenburger Dom genannt wird. Sie wurde im spätgotischen Stil als einschiffige Hallenkirche errichtet. Die Innenausstattung der Kirche ist barock gehalten. Besonders imposant ist der im Jahr 1698 erschaffene Hochaltar. Das Altarbild, von einem Schüler Rubens gestaltet, zeigt eine Kreuzigungsdarstellung, die von goldenem Blattwerk umrahmt ist. Auch die Kanzel und das Chorgestühl sind besonders hervorzuheben.

Zum Schutz des Klosters wurde in unmittelbarer Nähe die Beyenburg erbaut, von dieser sind heute nur noch Reste der Stützmauern vorhanden. Das Kloster wurde bis zum Ende des 15. Jh. fertiggestellt. Es brannte aber mehrfach nieder, bei einem Feuer im 18. Jh. wurden fast alle urkundlichen Schriftstücke vernichtet. Im Jahr 1803 wurde das Kloster aufgelöst, die Klosterkirche wurde Pfarrkirche der katholischen Gemeinde. Seit 1963 wird das Kloster wieder von den Kreuzherren betrieben. Von den ursprünglichen Gebäuden sind heute noch die Kirche und der östliche Trakt erhalten.

Die bereits im Jahr 1563 erbaute steinerne Wupperbrücke gehörte ebenfalls dem Orden, wie auch viele Ländereien. Um das Kloster und die Burg siedelten sich schon in frühen Zeiten Handwerker, Bauern und Kaufleute an. So wuchs zunächst der historische Ortskern, aus dem dann der Ort Beyenburg hervorging.

Vor der Kirche St. Maria Magdalena befindet sich eine Stele des Landschaftsverbands Rheinland, hier stoßen der endende Westfälische und der über Köln nach Aachen weiterführende Rheinische Jakobsweg aufeinander.

Sie genießen hier einen herrlichen Ausblick auf den Stausee sowie auf die schönen, schieferverkleideten Häuser der Stadt.

21. Etappe: Wuppertal-Beyenburg - Wermelskirchen

⊃ 20,0 km | ⧖ ca. 5 Std. | 🚌 🚕 ✕ 🚊

Wuppertal-Beyenburg	⇧ 203 m		20,0 km
Langerfeld-Beyenburg	⇧ 311 m	4,6 km	15,4 km
Frielinghausen	⇧ 300 m	2,0 km	13,4 km
Remscheid-Lennep	⇧ 335 m	4,0 km	9,4 km
Eschbachtalsperre	⇧ 252 m	5,3 km	4,1 km
Wermelskirchen	⇧ 300 m	4,1 km	

☺ Diese Etappe, mit der der **Rheinische Weg** beginnt, startet vor der Klosterkirche. Sie können hier nochmals den faszinierenden Blick auf **Unterbeyenburg** und den dazugehörenden Stausee genießen.

Sie wandern die gegenüber dem Portal der Kirche befindliche, nach Unterbeyenburg führende Treppe hinab und wenden sich am Ende der Treppe scharf links auf einen gepflasterten Weg. Ihr Weg führt Sie wieder an wunderschönen Häusern vorbei. Sie stoßen auf eine asphaltierte Straße, auf der Sie nach rechts marschieren. Über einen Platz, auf dem Sie sich links halten, kommen Sie auf die Straße Beyenburger Furt und hier geradeaus auf eine Fußgängerbrücke, die über die Wupper führt. Wenige Meter hinter der Brücke halten Sie sich rechts und an der folgenden Gabelung nehmen Sie auch die rechte Möglichkeit. Sie wandern weiter dem Verlauf des Wegs folgend am Stausee entlang, genießen nochmals den wunderschönen Blick auf Beyenburg, die Klosterkirche und den Stausee, unterqueren dann die Landstraße L 414 und anschließend eine Bahnbrücke und passieren einen auf der rechten Seite gelegenen Campingplatz.

Ihr Weg, eine einspurige Straße verläuft nun zwischen dem Bahngleis auf der linken Seite und der Wupper. Unmittelbar vor Überquerung des Bahngleises nehmen Sie den nach rechts abgehenden Fuß- und Radweg, laufen dann gleich auf der Brücke über die Wupper, überqueren den Parkplatz und wandern auf dem Pfad in den Wald hinein. An der dann folgenden asphaltierten Straße halten Sie sich links. Sie folgen dem Verlauf dieser einspurigen Piste und können die Wanderung entlang der Wupper genießen. Nach 325 m, direkt gegenüber einem an der Wupper befindlichen Bootshaus, wandern Sie nach rechts auf einem Pfad in den Wald. Er führt stark ansteigend durch den Wald.

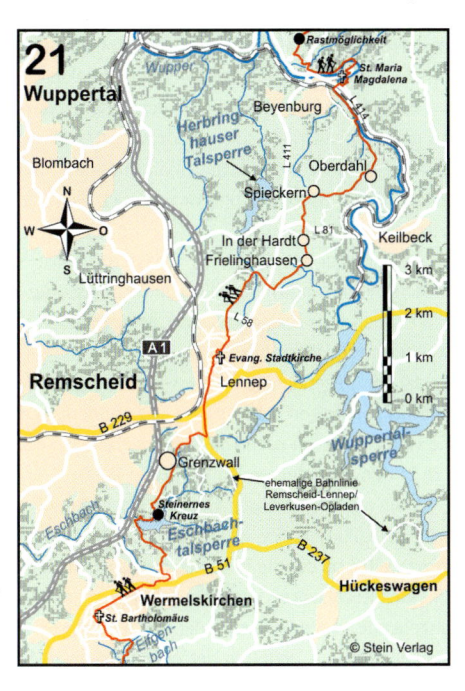

Sie finden hier keine bzw. wenige Jakobsmuscheln, die den Weg weisen.

Sie folgen dem Verlauf des Wegs, der wieder zu einem forstwirtschaftlichen Weg wird und verlassen den Wald. Der Weg führt weiter ansteigend zwischen landwirtschaftlich genutzten Flächen hindurch. Nun stoßen Sie auf eine quer verlaufende Straße, an der Sie nach rechts weitermarschieren. Sie passieren den Weiler Oberdahl und folgen dem Verlauf der ansteigenden Straße, die Sie weiter durch Wiesen und Felder führt.

Nach rund 500 m haben Sie den Scheitelpunkt erreicht. Sie stoßen dann an eine Asphaltstraße, die geradeaus weiterführt und die Sie nehmen müssen. Sie führt durch ein kleines Wäldchen, Sie folgen ihrem Verlauf, gelangen in den Weiler Spieckern und wenden sich gleich an der Kreuzung links in die Straße Spieckern.

Unmittelbar am Ortsende verlassen Sie die Straße nach links in einen ansteigenden landwirtschaftlichen Nutzweg. Sie erreichen die Landstraße L 81, überqueren sie und laufen die gegenüberliegende Straße In der Hardt weiter in den Weiler hinein.

In der folgenden Rechtskurve nehmen Sie den nach links abgehenden Fußweg. Sie folgen dem Fußweg und wandern an der quer verlaufenden Straße Hardtplätzchen nach links, überqueren eine weitere Straße und marschieren in den weiterführenden Geh- und Radweg.

Nun verlassen Sie den Ort und gelangen auf einem Feldweg in den Weiler Frielinghausen. Sie gehen die asphaltierte Straße bis zur nächsten Kreuzung weiter, an der Sie sich nach rechts wenden, und wandern durch den Ort. In einer Rechtskurve kurz vor dem Ortsausgang nehmen Sie die nach links abgehende Fahrspur, die wieder durch Felder und Wiesen führt.

Die Fahrspur endet an der quer verlaufenden Schwelmer Straße, an der Sie nach rechts in Richtung eines Gehöfts marschieren. Sie passieren den Bauernhof, überqueren sogleich die Landstraße L 411 und wandern in den weiterführenden landwirtschaftlichen Weg. Dieser verläuft parallel zu einer Überlandleitung und endet an einer quer verlaufenden Asphaltstraße, an der Sie nach links gehen.

Nach 25 m laufen Sie auf den leicht links abgehenden und mit einer Schranke gesperrten Weg. Nach etwa 250 m haben Sie den höchsten Punkt des Wegabschnitts erreicht. Sie gelangen zu einem einsam gelegenen Bauernhof, ab hier ist die Straße asphaltiert. Sie erreichen die Landstraße L 58, die Ringstraße, die Sie überqueren, und wandern geradeaus weiter. Sie kommen sogleich in den Ort **Remscheid-Lennep**, marschieren zunächst noch durch Felder und Wiesen, erreichen aber bald die ersten Häuser des Ortes.

Remscheid-Lennep

- **Stadt Remscheid**, Theodor-Heuss-Platz 1, 42853 Remscheid,
  ☎ 021 91/16 00, 🖥 www.remscheid.de, ✉ stadtverwaltung@remscheid.de
- **Hotel König von Preußen**, Alter Markt 2, 42897 Remscheid-Lennep,
  ☎ 021 91/66 82 67, 🖥 www.koenig-von-preussen.de,
  ✉ info@hotel-koenig-von-preussen.de, €€€
- **Kath. Pfarrkirche St. Bonaventura**, Hackenberger Straße, 42897 Remscheid,
  ☎ 021 91/66 85 60, 🖥 www.st-bonaventura.de

Im Zentrum von Lennep

Die Geschichte des heute rund 26.000 Einwohner zählenden Stadtteils Lennep reicht mehr als 5.000 Jahre zurück, was archäologische Funde belegen. Bereits vor dem 12. Jh. sollen nahe der Quelle des Baches Linepe (heute Lennepe-Bach) eine Kapelle, die dem heiligen Nikolaus geweiht war, und ein Fronhof gestanden haben. Aus der Kapelle wurde eine Pfarrkirche (☞ unten) und es bildete sich eine Siedlung. Im Jahr 1230 erhielt Lennep bereits Stadtrechte und ist damit eine der ältesten Städte des Bergischen Landes. Die günstige Lage zwischen Köln und Dortmund an der Fernhandelsstraße nach Magdeburg brachte für die Stadt einen enormen Aufschwung, sodass Lennep im 13. Jh. Mitglied der Hanse wurde. Die Tuchherstellung machte die Stadt über die Landesgrenzen hinaus bekannt. Im 14. Jh. erhielt Lennep Markt-, Münz- und Zollrecht. Im Jahr 1746 vernichtete ein Feuer fast die gesamte Stadt, in der Folgezeit ließen sich die Kaufleute und Handwerker in benachbarten Städten nieder. Der Wiederaufbau

Lenneps erfolgte nur zögerlich. Erst zu Beginn der Industrialisierung wuchs die Stadt wieder stark an. Im Jahr 1929 wurde Lennep nach Remscheid eingemeindet und bildet seitdem den größten Stadtteil Remscheids.

🚶‍♂️ Sie überqueren die Albert-Schmidt-Allee und gehen in die abwärtsführende Straße Zum Schützenplatz. Diese endet an der Schwelmer Straße, an der Sie sich rechts halten. Sie gelangen an eine Kreuzung, an der links die katholische Kirche **St. Bonaventura** und links gegenüber das **Deutsche Röntgen-Museum** steht.

Röntgen-Museum

Wilhelm Conrad Röntgen

Wilhelm Conrad Röntgen wurde am 27.03.1845 in Lennep geboren und verbrachte dort seine ersten drei Lebensjahre. Er entdeckte 1895 die Röntgenstrahlen und erhielt für diese wissenschaftliche Arbeit im Jahr 1901 den Nobelpreis für Physik. Durch die Entdeckung der Röntgenstrahlung wurde nicht nur die medizinische Diagnostik revolutioniert, auch in vielen anderen technischen Disziplinen findet die Strahlung Anwendung.

Die Familie Röntgen zog 1848 in die Niederlande, wo Wilhelm Conrad Röntgen auch die Schulausbildung absolvierte. 1864 begann er ein Studium an der Eidgenössischen Technischen Hochschule Zürich, welches er mit einem Diplom als Maschinenbauingenieur im Jahr 1868 beendete. Weitere Studienjahre und auch Lehrtätigkeiten an unterschiedlichen Hochschulen führten im Jahr 1888 zu einer Professur für Experimentalphysik an der Universität Würzburg, wo Röntgen 1895 die von ihm so benannten „X-Strahlen", bei uns später Röntgenstrahlen, entdeckt. Im Englischen werden diese Strahlen weiterhin als „x-rays" bezeichnet.

1872 heiratete Röntgen Anna Bertha Ludwig, mit der er eine Tochter adoptierte. Röntgen starb am 10.02.1923 in München an den Folgen von Darmkrebs.

⌘ **Deutsches Röntgen-Museum,** Schwelmer Straße 41, 42897 Remscheid,
☎ 021 91/16-33 84, 🖥 www.roentgenmuseum.de, 🕐 Di bis Fr 10:00 bis 18:00, Sa, So und feiertags 11:00 bis 18:00

🥾 An der Kreuzung wenden Sie sich rechts in die Straße Thüringberg und nach 65 m links in die Küchengasse. Sie überqueren die Straße Gänsemarkt und folgen der weiterführenden Pilgergasse. Über einen Platz kommen Sie nach rechts auf die Berliner Straße, die Sie zur **evangelischen Stadtkirche Lennep** führt.

† Der Ursprung der heutigen Kirche war die im 12. Jh. dem heiligen Nikolaus geweihte Kapelle an der Quelle der Lennep, die in den Folgejahren Pfarrkirche wurde. Im 14. Jh. wurde diese Pfarrkirche dem heiligen Jakobus d.Ä. geweiht. Sie hatte zwei Altäre, neben dem für Jakobus noch einen weiteren für den heiligen Nikolaus. Während des Großfeuers im Jahr 1746 wurde bis auf den Turm, der aus dem 13. Jh. stammt, das ganze Kirchengebäude stark beschädigt. Ein Neubau als barocke Predigtkirche wurde bis zum Jahr 1753 fertiggestellt. Bereits in den ersten Jahrhunderten ihrer Existenz war die Kirche eine Pilgerstation am Jakobsweg.

♦ **Evangelische Stadtkirche Lennep,** Kirchplatz 3, 42897 Remscheid,
☎ 021 91/66 15 61, 🖥 www.ev-kirchengemeinde-lennep.de

🥾 Sie gelangen über die nach links weiterführende Berliner Straße auf den Alten Markt, wo Sie den Anblick der herrlichen mit Schiefer verkleideten Häuser genießen können und wandern in südliche Richtung über die Wetterauer

Straße weiter. Über die Kölner Straße gelangen Sie an die Wupperstraße. An der dort errichteten Stele der Deutschen St.-Jakobus-Gesellschaft verlassen Sie die Altstadt von Lennep.

Sie überqueren die Wupperstraße und marschieren auf der gegenüberliegenden, ansteigenden Kölner Straße stadtauswärts. Nach etwas mehr als 900 m überqueren Sie die Ringstraße und folgen dem Verlauf der Borner Straße, die Sie durch ein Gewerbegebiet führt. 700 m weiter müssen Sie nach rechts in die Straße Handelsweg laufen. Sie folgen dem Verlauf der Straße, die Sie aus dem Gewerbegebiet heraus und auf einer Brücke über die ehemalige Bahnlinie Remscheid-Lennep/Leverkusen-Opladen führt, wo sich heute eine Asphaltfahrbahn befindet. 125 m hinter der Brücke, direkt gegenüber einem Fabriktor, nehmen Sie den nach links abgehenden landwirtschaftlichen Nutzweg, der Sie wieder in die Feldmark führt.

Sie gelangen in einen herrlichen Buchenwald und nehmen an der folgenden Gabelung den rechten Weg. Auch an der nächsten Weggabelung wählen Sie die rechte Möglichkeit und wandern weiter an einem Waldrand entlang und haben auf der rechten Seite Blick auf die Häuser des Ortes Grenzwall. Sie gelangen in landwirtschaftlich genutztes Gebiet, der unbefestigte Weg führt stetig abwärts. Sie stoßen auf eine Asphaltstraße, die Sie leicht versetzt nach rechts überqueren. Nach 240 m müssen Sie den leicht abwärtsführenden Forstweg wählen, der Sie wieder in einen Wald führt. Kurz vor dem Ende des Abstiegs kommen Sie zu einem Sühnekreuz, dem **Steinernen Kreuz.**

Steinernes Kreuz

⌘ Steinernes Kreuz
Das verwitterte Kreuz trägt folgende Inschrift: „Bitte für die Seele des Herrn Josef Weizels (oder Waizels), dessen Überfall dieses Kreuz gesetzt ist, zum Gedächtnis an den 17. Oktober im Jahre des Herrn 1554."

Nach der Legende ist an diesem Ort einst ein reisender Kaufmann überfallen und beraubt worden. Im Sterben rief er vorbeifliegenden Wacholderdrosseln zu, sie möchen die Tat rächen. Kurz nach dem Überfall verspeisten die Täter in einem Wirtshaus gebratene Wacholderdrosseln, wobei einer dabei die Bemerkung „Die verraten uns nicht mehr." fallen ließ. Der Wirt, der die Äußerung gehört hatte, sorgte dafür, dass die Täter festgenommen wurden, sie wurden in einer Verhandlung zum Tode verurteilt.

🚶 Sie stoßen auf einen quer verlaufenden Weg, an dem Sie nach rechts weitermarschieren. Durch die Bäume sehen Sie bereits die Eschbachtalsperre.

Eschbachtalsperre

Die in den Jahren 1889 bis 1891 erbaute **Talsperre** dient seit der Errichtung der Trinkwasserversorgung der Stadt **Remscheid**. Sie war die erste Trinkwassertalsperre Deutschlands. Die Konstruktion als Gewichtsstaumauer entwickelte der Aachener Bauingenieur **Otto Intze**. Eine Gewichtsstaumauer im Gegensatz zu einer Bogenstaumauer erhält ihren Halt durch das Eigengewicht, dabei ist der Querschnitt einer Gewichtsstaumauer nahezu dreieckig. Die dem Wasser zugewandte Seite ist fast senkrecht und das Verhältnis zwischen Sockelbreite und Höhe der Staumauer beträgt rund 2:3.

Die Bauzeit der Eschbachtalsperre betrug drei Jahre. Die Talsperre diente als Muster für viele weitere Talsperren. Sie wird vom Eschbach gespeist und hat bei oberstem Wasserstand einen Inhalt bis zu 1.119 m³.

🚶 Der durch den Wald führende Weg verläuft nahezu parallel zum Ufer. Neben Bänken, die zur Rast einladen, befinden sich am Wegesrand auch Stelltafeln, die die unterschiedlichen Bäume beschreiben. In Höhe des Staudamms verlassen Sie den Waldweg und gehen auf den Damm. Vor dem Damm auf der linken Seite befindet sich ein Denkmal für einen Ehrenbürger der Stadt Remscheid, **Robert Böker**.

Robert Böker spielte eine entscheidende Rolle für den Bau der Talsperre. Im Jahr 1881 war er für den Bau des ersten Wasserwerks der Stadt verantwortlich. Er hatte erkannt, dass aufgrund der Zunahme der Bevölkerung und des

Zuwachses der Industrie ein wesentlich höherer Wasserbedarf in Remscheid entstehen würde, und setzte sich stark für den Bau der Eschbachtalsperre ein.

Am Ende des Damms nehmen Sie den links weiterführenden Wanderpfad, der zunächst parallel zum Stausee verläuft. Nach 200 m halten Sie sich auf dem quer verlaufenden Forstweg zunächst rechts und gehen dann gleich wieder links auf den ansteigenden Forstweg. An der folgenden Weggabelung nehmen Sie die rechte Möglichkeit und folgen weiter dem Verlauf des Wegs.

Sie stoßen auf einen weiteren Forstweg und wandern nach links. Etwa 200 m weiter haben Sie den höchsten Punkt des Wegabschnitts erreicht. An der folgenden Weggabelung müssen Sie sich für die linke Möglichkeit entscheiden. Sie kommen dann aus dem Wald heraus und stoßen auf eine quer verlaufende Asphaltstraße, an der Sie nach rechts weitermarschieren.

Sie sehen nun bereits die ersten Häuser von Wermelskirchen, auf die Sie zugehen. Die dann weiterführende, gepflasterte Straße führt zwischen Wohnhäusern hindurch. Sie stoßen auf die quer verlaufende Straße Wüstenhof, an der Sie sich links halten und deren Verlauf Sie bis zur Kreuzung mit der Bundesstraße B 51, der Straße Neuenhöhe, folgen, an der Sie nach rechts marschieren. Nach weiteren 250 m wandern Sie nach links unter der Bahnbrücke hindurch in die Berliner Straße. Hier ist u.a. Wermelskirchen-Stadtmitte mit 1,4 km ausgeschildert. Sie folgen dem Verlauf der Berliner Straße, die Sie an Wohn- und Geschäftshäusern vorbeiführt, bis zur Straße Markt, an der Sie zum Etappenziel - der **evangelischen Stadtkirche** - gelangen. Hier im Zentrum von Wermelskirchen finden Sie wieder schöne schieferverkleidete Häuser und einige Geschäfte, wo Sie Einkäufe tätigen können.

Wermelskirchen

- **Stadt Wermelskirchen, Bürgerzentrum**, Telegrafenstraße 29-33, 42929 Wermelskirchen, ☎ 021 96/710-0, Frau Eck: ☎ 021 96/710-604, 🖥 www.wermelskirchen.de, ✉ b.eck@wermelskirchen.de, 🕐 Mo, Di und Do 8:00 bis 17:30, Fr 8:00 bis 12:00, Sa 10:00 bis 12:00
- **Hotel Bitburger Hof**, Bahnhofstraße 9, 42929 Wermelskirchen, ☎ 021 96/26 74, 🖥 www.bitburger-hof.com, ✉ info@bitburger-hof.de, €€
- ♦ **Hotel Zum Schwanen**, Schwanen 1, 42929 Wermelskirchen, ☎ 021 96/711-0, 🖥 www.zumschwanen.com, ✉ hotel@ZumSchwanen.com, €€

- **Hotel Zur Eich**, Eich 7, 42929 Wermelskirchen, ☏ 021 96/72 70-0, 💻 www.hotel-zur-eich.de, ✉ info@hotel-zur-eich.de, €€€
- **Evangelische Stadtkirche St. Bartholomäus,** Markt 6, 42929 Wermelskirchen

Die Geschichte der heute rund 35.000 Einwohner zählenden Stadt **Wermelskirchen** reicht urkundlich bis in das Jahr 1150 zurück, als sie als „Werenboldkirchen" erstmals Erwähnung fand. Eine Kirche im romanischen Baustil, die **St.-Bartholomäus-Kirche** mit der Michaeliskapelle im Turm, wurde um 1200 erbaut. Wermelskirchen litt insbesondere in der zweiten Hälfte des Dreißigjährigen Krieges, als die Einwohnerzahl auf rund 500 schrumpfte. Im Jahr 1758 zerstörte ein Großfeuer weite Teile der Stadt. Die Stadtrechte erhielt Wermelskirchen im Jahr 1873. Zu Beginn des 19. Jh. war die Industrialisierung in Wermelskirchen spürbar. 1881 wurde die Bahnverbindung Lennep-Wermelskirchen-Opladen fertiggestellt. Ende des 19. Jh. entwickelte sich die industrielle Schuhproduktion, die erst im Jahr 1975 eingestellt und durch die industrielle Herstellung von Rädern und Rollen abgelöst wurde. Zum Ende des Zweiten Weltkriegs wurde Wermelskirchen, obwohl vom Bürgermeister zur Lazarettstadt erklärt, durch Bombenangriffe erheblich beschädigt. Diese Angriffe galten eigentlich der Stadt Solingen, durch abgetriebenes Leuchtfeuer wurde statt Solingen Wermelskirchen angeflogen.

Die ehemalige **St.-Bartholomäus-Kirche** am Markt wurde anlässlich der Reformation evangelisch und ist heute die **Stadtkirche**. Der Turm aus dem 12. Jh. ist noch das Original. Die Turmhaube stammt aus dem 18. Jh., der Kirchenraum wurde in der ersten Hälfte des 19. Jh. abgerissen und neu aufgebaut.

22. Etappe: Wermelskirchen - Altenberg

➲ 16,8 km | ⧖ ca. 4 Std. | 🚌 🛏 ✕ 🚉

Wermelskirchen	⇧ 300 m		16,8 km
Neuemühle	⇧ 205 m	5,8 km	11,0 km
Markusmühle	⇧ 168 m	4,8 km	6,2 km
Eifgenburg	⇧ 142 m	3,3 km	2,9 km
Altenberg	⇧ 102 m	2,9 km	

👣 Die 22. Etappe startet vor der evangelischen Stadtkirche von **Wermelskirchen**. Sie überqueren den Markt und wenden sich gleich links in die Stockhauser Straße. An der nach gut 150 m folgenden Straßengabelung halten Sie sich links, weiter dem Verlauf der Stockhauser Straße folgend.

Sie passieren das links der Straße gelegene Städtische Gymnasium und marschieren dann nach links in den abwärtsführenden Quellenweg in Richtung Hallenbad. In einer 90-Grad-Rechtskurve halten Sie sich links auf einen Wanderpfad, der parallel zur Einfahrt des Hallenbads verläuft.

🏊 **Quellenbad**, Quellenweg 1, 42929 Wermelskirchen, ☎ 021 96/67 78, 💻 www.wermelskirchen.de, 🕐 Mo bis Fr 06:30 bis 8:00 (Frühschwimmen), Di, Mi und Fr 8:00 bis 21:00, Sa und So 8:00 bis 15:00

Sie stoßen auf einen asphaltierten Weg, auf dem Sie nach links abwärts wandern. Zwischen zwei Sportplätzen hindurch gelangen Sie an eine asphaltierte Straße und gehen nach rechts. Sie passieren das Gasthaus Biergarten Haus Eifgen und den Zugang zum Eifgenstadion. Dann folgen Sie rechts dem Gehweg, der Sie auf eine Asphaltstraße leitet. Im Scheitelpunkt der gleich folgenden, fast eine 180-Grad-Wendung vollführenden Rechtskurve führt rechts an einer Informationstafel ein Wanderpfad in den Wald, den Sie nehmen.

Auf einer Brücke überqueren Sie den **Eifgenbach**, halten sich zunächst links und wandern an dem quer verlaufenden Weg nach rechts weiter. Sie marschieren nun wieder durch einen herrlichen Mischwald im Eifgenbachtal und haben das Stadtgebiet von Wermelskirchen verlassen. Der Weg verläuft nahezu parallel links zum Eifgenbach.

Nach 1,4 km stößt der Wanderweg auf einen quer verlaufenden Forstweg und Sie halten sich rechts, überqueren auf einer Brücke den Eifgenbach und nehmen den vor dem Gelände der **Berger Mühle** links abzweigenden Wanderpfad, der Sie nun rechts am Eifgenbach vorbeiführt. Ein wunderschöner Wanderpfad, der durch das Eifgenbachtal verläuft.

Eingangstür Berger Mühle

Der Pfad führt Sie in den Weiler **Finkenholl** und Sie stoßen auf die Landstraße L 157, an der Sie nach rechts gehen, um nach 60 m die Landstraße nach links in einen Wanderpfad vor einem Fachwerkhaus, das teils mit Schiefer verkleidet ist, zu verlassen. Der Weg führt weiter im Eifgenbachtal durch einen herrlichen Mischwald. An der Asphaltstraße, auf die Sie stoßen, marschieren Sie nach links, um sogleich vor dem Gelände einer Art Freiluftschule nach links in einen Wanderpfad abzubiegen. Der Pfad endet an der quer verlaufenden Kreisstraße K 15, die Sie nach links weiterwandern. Sie gelangen dann zum ✕ **Restaurant Neuemühle** (🕐 Mi bis So ab 16:00, Küche ab 17:00), folgen weiter dem Verlauf der Kreisstraße, die Sie wieder über den Eifgenbach führt. 50 m hinter der Brücke wandern Sie nach links in einen Waldweg, der annähernd parallel zur Kreisstraße verläuft und auch nach etwa 175 m auf diese stößt. Unmittelbar vor einer folgenden 90-Grad-Linkskurve nehmen Sie den nach rechts abgehenden Waldweg. Auf einer Brücke überqueren Sie erneut den Eifgenbach und halten sich an dem folgenden quer verlaufenden Weg links. Der Weg führt Sie wieder durch einen herrlichen Wald bzw. am Saum des Waldes entlang. Gelegentlich laden Bänke zu einer Rast ein. Einen knappen Kilometer nach der letzten Brücke gabelt sich der Weg und Sie marschieren rechts weiter, es folgt eine Schutzhütte. Der Weg ist nun ein Forstweg und führt im weiteren Verlauf an einer Fischteichanlage vorbei direkt zum **Café Restaurant Rausmühle.**

✕ 🍴 **Café Restaurant Rausmühle,** Rausmühle 1, 42929 Wermelskirchen,
☎ 021 93/813, 🖥 www.rausmühle.de, 🕐 Mo Ruhetag

Direkt hinter dem Lokal links geht der Weg über den Parkplatz weiter. Am Parkplatzende rechts führt der Weg wieder in den Wald. Sie stoßen auf die Kreisstraße K 18, auf der Sie für 30 m nach rechts marschieren, um dann nach links wieder in den Wald auf einen Wanderpfad zu wechseln. Sie laufen auf einer Brücke über einen Bach und halten sich an der folgenden Weggabelung links. Nun folgen Sie dem Verlauf des Pfades, der weiter durch das Eifgenbachtal verläuft. Sie überqueren erneut auf einer Brücke einen Bach und stoßen auf einen quer verlaufenden Forstweg, an dem Sie nach links weitermarschieren. Dann gelangen Sie an die Landstraße L 294, die Sie überqueren, und wandern gegenüber links an dem Gebäude der Markusmühle vorbei auf einer Asphaltbahn weiter. Der Straßenbelag wechselt und auf einer Schotterpiste passieren Sie eine Fischteichanlage.

An dem folgenden quer verlaufenden Weg halten Sie sich rechts, hier ist Altenberg für Wanderer mit 5,3 km ausgeschildert. Nach weiteren knapp 500 m, an einer Gabelung forstwirtschaftlicher Wege, geht nach rechts ein Wanderpfad ab, den Sie nehmen müssen. Auf einer Brücke gelangen Sie über den Eifgenbach und folgen dann dem Verlauf des Wanderwegs. Sie überqueren ein Bachbett und treffen auf einen quer verlaufenden forstwirtschaftlichen

Weg, den Sie nach links weitermarschieren. Sie folgen weiter dem Verlauf des Wegs, der wieder ein Wanderweg wird und Sie nochmals auf einer Brücke über den Eifgenbach führt. Gleich hinter der Brücke halten Sie sich rechts. Sie stoßen auf einen unbefestigten Forstweg, auf dem Sie nach rechts weiterwandern. An der folgenden Weggabelung nehmen Sie die rechte Möglichkeit Richtung Bach, überqueren diesen dann auf einer Brücke und setzen den Weg nach links fort. Bei der nächsten Weggabelung halten Sie sich links und folgen dem Verlauf des Wegs, der auf einem forstwirtschaftlichen Weg endet, wo Sie nach rechts weiterwandern. Gleich darauf kommen Sie zum Bodendenkmal Eifgenburg, einer ehemaligen Burganlage.

♜ Eifgenburg

Die **Eifgenburg** wurde im 10. Jh. erbaut. Es handelte sich um eine Festung in Hanglage, die hauptsächlich der damaligen Bevölkerung als Flucht- und Schutzburg diente. Die vorgefundenen Steinfundamente sind heute als Bodendenkmal geschützt.

Der Weg gabelt sich, und Sie nehmen die rechte Möglichkeit. An dem quer verlaufenden Weg marschieren Sie nach links und folgen dem Verlauf des Wegs. Auf einer hölzernen Brücke überqueren Sie einen Bach und wandern geradeaus weiter auf dem Wanderpfad rechts am Eifgenbach entlang. Bei der dann folgenden Weggabelung nehmen Sie die linke Möglichkeit. Sie stoßen auf eine asphaltierte Straße und müssen nach rechts weiterwandern. Über den Parkplatz vom **Restaurant Märchenwald Altenberg** gelangen Sie auf einen unbefestigten Waldweg, dessen Verlauf Sie folgen.

✗ **Restaurant Märchenwald Altenberg,** Märchenwaldweg 15, 51519 Odenthal-Altenberg, ☎ 021 74/404 54, 🖥 www.deutscher-maerchenwald.de, 🕒 tägl. 9:00 bis 19:30, Nov., Dez., Jan. und Feb. bis 16:30

Nach weiteren 400 m wenden Sie sich nach links und gelangen durch das Domtor zum Altenberger Dom, dem Etappenziel.

✝ Altenberger Dom

Im Jahr 1133 siedelten sich Mönche aus dem Zisterzienserkloster Morimond im Burgund in Altenberg an und begannen ein Kloster anstelle der teilweise abgebrochenen Burg Berge zu errichten. Nach kurzer Bauzeit entschieden die Mönche jedoch, das Kloster nicht auf der Anhöhe, sondern im Tal in unmittelbarer Nähe zur Dhünn zu errichten. Um die Ordensvorschriften einhalten zu können, war Wasser eine wesentliche Voraussetzung. 12 Jahre nach Baubeginn wurde bereits die erste Kirchweihe gehalten. Das Kloster wuchs dann in mehreren Bauabschnitten.

Altenberger Dom

Im Jahr 1259 wurde der Grundstein für den Altenberger Dom gelegt. Bereits 1276 wurden das südliche Querhaus und der Chor eingeweiht. Ein Jahrhundert später, im Juli 1379 war der Altenberger Dom komplett erbaut und wurde geweiht. Die Kirche ist ohne Turm als Querschiff-Basilika errichtet und hat einen Chorumgang sowie einen Kapellenkranz. Französische Kirchen dienten dem Bauwerk als Vorbild. Im Jahr 1803 wurde die Abtei aufgelöst. In den folgenden Jahrzehnten erlitt die gesamte Klosteranlage durch mangelnde Pflege und ein im Jahr 1815 stattgefundenes Großfeuer erhebliche Schäden. Der Altenberger Dom wurde Mitte des 19. Jh. renoviert, sodass er 1847 neu geweiht werden konnte. Seit 1857 wird der Dom aufgrund einer Verfügung des preußischen Königs von evangelischen Christen mitbenutzt.

- **Altenberger Dom,** Eugen-Heinen-Platz 2, 51519 Odenthal, ☎ 021 74/649 79 82, 🖳 www.altenberger-dom.de, 🕓 Mo und Sa von 8:00 bis Einbruch der Dunkelheit (spätestens 20:00), Di bis Fr und So 6:30 bis Einbruch der Dunkelheit (spätestens 20:00)

Odenthal-Altenberg

- **i-Punkt Altenberg,** Eugen-Heinen-Platz 2, 51519 Odenthal, ☎ 021 74/41 99 50, 🖳 www.altenberg-info.de, ✉ ipunkt@altenberg-info.de, 🕓 April bis Sep.: Mo, Di und Do bis So 10:00 bis 12:30 und 13:30 bis 16:30, Okt. bis März: Mo, Di, Do und Fr 10:00 bis 12:30, Sa und So 10:00 bis 12:30 und 13:30 bis 16:30
- **Hotel Restaurant Wisskirchen,** Am Rösberg 2, 51519 Odenthal, ☎ 021 74/671 80, 🖳 www.hotel-wisskirchen.de, ✉ post@hotel-wisskirchen.de, €€€, am Weg nach Köln (☞ 23. Etappe)
- **Jugendbildungsstätte Haus Altenberg - Altes Brauhaus,** Ludwig-Wolker-Straße 12, 51519 Odenthal-Altenberg, ☎ 021 74/41 99 12, 🖳 www.gruppenhaus.de, €€
- **Deutscher Märchenwald,** Märchenwaldweg 15, 51519 Odenthal, ☎ 021 74/404 54, 🖳 www.deutscher-maerchenwald.de, ✉ maerchenwald-altenberg@web.de, €€€
- **Hotel Altenberger Hof,** Eugen-Heinen-Platz 7, 51519 Odenthal-Altenberg, ☎ 021 74/49 70, 🖳 www.altenberger-hof.de, ✉ info@altenberger-hof.de, €€€

Die Geschichte **Altenbergs** reicht weit über 1.000 Jahre zurück. Bereits im 11. Jh. stand bei Altenberg oberhalb der Dhünn die Burg Berge, die den Namen für die gesamte Region, das Bergische Land, spendete. In den folgenden Jahren benannte sich die dort sesshafte Adelsfamilie nach der Burg, es waren die Grafen von Berg. Im 12. Jh. vermachten die Grafen von Berg die Burg dem Zisterzienserorden, dessen Mönche hier ein Kloster gründeten. Nach wenigen Jahren verlegten sie dieses Kloster ins Tal und begannen mit dem Bau der Kathedrale (☞ oben), da die Grafen von Berg sich ihrem Stande entsprechende Grabstätten wünschten. Der Bau dieser hochgotischen Kathedrale dauerte rund 120 Jahre.

23. Etappe: Altenberg - Köln

⮕ 20,9 km | ⏳ ca. 5 Std. | 🚆 🚌 🛏 🏠 ✕ 🍽

```
Altenberg . . . . . . . . . . . . . . . .⇧ 102 m . . . . . . . . . . . .20,9 km
Schildgen (Herz-Jesu-Kirche)   . . .⇧  99 m . . . .7,0 km . . . .13,9 km
Mülheimer Brücke (Köln)   . . . . . .⇧  48 m . . . .9,4 km . . . . .4,5 km
Köln (Dom) . . . . . . . . . . . . . . . .⇧  57 m . . . .4,5 km
```

🚶‍♂️ Die letzte Etappe dieses Pilgerwegs beginnen Sie vor dem Altenberger Dom und wandern in südliche Richtung auf den Parkplatz zu. Sie marschieren die Ludwig-Wolker-Straße bis zum Martin-Luther-Haus entlang und nehmen hier den nach rechts abgehenden Geh- und Radweg. Sie unterqueren die Landstraße L 310 und folgen dem Verlauf des Wegs, der Sie von nun an durch das Dhünntal führt.

Dhünn

Die **Dhünn** ist ein 40 km langer Fluss, der im Bergischen Land entspringt und bei Leverkusen in die Wupper mündet, kurz bevor diese selbst in den Rhein mündet. Sie hat zwei Quellarme, die Große und die Kleine Dhünn, die sich in der Großen Dhünntalsperre, einem Trinkwasserreservoir, vereinigen und anschließend gemeinsam als Dhünn weiterfließen. Die besondere Flora und Fauna in den Dhünnauen haben dazu geführt, dass weite Teile davon unter Naturschutz gestellt wurden. Aufgrund der unterschiedlichen Beschaffenheit des Laufs und der guten Wasserqualität sind hier noch Vögel wie die Wasseramsel und der Eisvogel sowie besondere Pflanzen, z.B. der Straußfarn, vorzufinden und zu beobachten.

🚶‍♂️ Sie laufen dann am 🛏 ✕ **Hotel-Restaurant Wisskirchen** vorbei. Sie passieren den örtlichen Friedhof, nach diesem endet die asphaltierte Straße und Sie wandern geradeaus weiter. Ihr Wanderweg führt nun am Saum des

Waldes entlang. Auf der linken Seite folgen landwirtschaftliche Nutzflächen, ein Sportgelände und wieder Felder und Wiesen. Sie stoßen an die Landstraße 101, die Altenberger Domstraße, auf der Sie nach rechts weitermarschieren. Der Weg entlang der Landstraße ist nicht sehr erbaulich, dafür entschädigt Sie der Blick auf das links gelegene **Schloss Strauweiler**.

♟ Schloss Strauweiler

Das Schloss, heute im Besitz der Familie Sayn-Wittgenstein-Berleburg, wurde zu Beginn des 12. Jahrhundert erstmalig urkundlich erwähnt. Es diente

Schloss Strauweiler

unterschiedlichen Adelsfamilien als Stammhaus, außerdem war es bis zu Beginn des 19. Jh. Sitz der niederen Gerichtsbarkeit und wurde als Odenthaler Gefängnis genutzt. Im 19. Jh. war es ein beliebtes Motiv der Düsseldorfer Malerschule.

Nach 750 m entlang der Landstraße verlassen Sie diese nach rechts in die Bergstraße, Richtung Glöbusch. Die Bergstraße verlassen Sie aber gleich wieder nach links in die Straße Mühlenweg, deren Verlauf Sie dann folgen. Die Straße führt an einigen Wohnhäusern vorbei in den Wald. Sie kommen dann zu dem Weiler **Stein**.

Stein

Ursprung dieses idyllisch gelegenen Orts war eine um das Jahr 950 an der Dhünn errichtete wasserbetriebene Kornmühle, deren Nachfolgebauten bis in die Jahre 1940/41 in Betrieb waren. Heute ist nicht mehr zu erkennen, dass das Gebäude, welches jetzt als Wohnhaus genutzt wird, einst eine Mühle war. Stein ist ein beschaulicher Weiler, der zu einer Rast einlädt. An einem Informationsplatz stehen Mühlenmodelle.

👣 Die Asphaltstraße endet hier, Sie folgen dem weiterführenden geschotterten Geh- und Radweg. Sie gelangen in den Ort Odenthal, stoßen auf die quer verlaufende Altenberger Domstraße, die Sie überqueren, und wandern in den gegenüber weiterführenden Geh- und Radweg.

Odenthal

- **i-Punkt Altenberg**, Eugen-Heinen-Platz 2, 51519 Odenthal,
  ☎ 021 74/41 99 50, 🖥 www.altenberg-info.de, ✉ ipunkt@altenberg-info.de,
  April bis Sep.: Mo, Di und Do bis So 10:00 bis 12:30 und 13:30 bis 16:30, Okt. bis März: Mo, Di, Do und Fr 10:00 bis 12:30, Sa und So 10:00 bis 12:30 und 13:30 bis 16:30
- **Hotel zur Post**, Altenberger-Dom-Straße 23, 51519 Odenthal,
  ☎ 022 02/97 77 80, 🖥 www.hotel-restaurant-zur-post.de,
  ✉ info@www.hotel-restaurant-zur-post.de, €€€€
- **Katholische Pfarrkirche St. Pankratius**, Altenberger-Dom-Straße 51, 51519 Odenthal, ☎ 022 02/798 05, 🖥 www.pankratius-odenthal.de, Di und Fr 9:00 bis 11:00 und Do 15:30 bis 17:30

Die Geschichte der heute etwa 16.000 Einwohner zählenden Gemeinde **Odenthal** reicht bis zum Beginn des 10. Jh. zurück, als Siedler auf einer Insel im Dhünntal eine Siedlung gründeten. Aus dem 11. Jh. stammt die katholische **Ortskirche St. Pankratius**, die von romantischen Fachwerkhäusern umgeben ist. Sie ist eine der ältesten Kirchen des Bergischen Landes und wurde im romanischen Stil als Pfeilerbasilika erbaut.

👣 Sie marschieren weiter durch das Dhünntal, passieren einige Wohnhäuser und dann das Gelände des Schulzentrums Odenthal. In Höhe des letzten Schulgebäudes überqueren Sie auf einer Brücke nach links die Dhünn. Gleich danach nehmen Sie den nach rechts weiterführenden Geh- und Radweg. Sie überqueren auf einer Brücke einen Bach, der in die Dhünn mündet, und folgen dem Verlauf des Wegs, der Sie durch den Wald führt. An dem folgenden quer verlaufenden, unbefestigten Geh- und Radweg halten Sie sich rechts. Sie kommen aus dem Wald heraus, gelangen in landwirtschaftlich genutztes Gebiet und wandern an der folgenden Asphaltfahrbahn nach rechts. Nach 60 m geht in einer 90-Grad-Rechtskurve der Asphaltbahn geradeaus ein unscheinbarer Wanderpfad ab, den Sie nehmen müssen. Dieser führt zwischen Feldern, Wiesen und dem Wald hindurch. Hier können Sie bereits die ersten Häuser der nächsten Ortschaft, Schildgen, sehen.

Schildgen

- **Hotel Café-Pieper**, Altenberger-Dom-Straße 100, 51467 Bergisch Gladbach, ☎ 022 02/813 58, 🖥 www.cafe-pieper.de, ✉ info@cafe-pieper.de
- **Pfarrkirche Herz Jesu**, Altenberger Domstraße 140, 51467 Bergisch Gladbach, ☎ 022 02/812 30, 🖥 www.herz-jesu-schildgen.de

Schildgen mit rund 6.250 Einwohnern gehört seit der Gemeindereform 1975 zu Bergisch Gladbach, davor zur Gemeinde Odenthal. Schildgen ist aus verschiedenen Bauernhofstellen und Weilern erwachsen, erste urkundliche Erwähnungen stammen aus dem frühen 14. Jh. Erst im 19 Jh. wurde das heutige Ortszentrum Schildgens gegründet, wobei die Anhöhe, auf der sich heute die katholische Pfarrkirche Herz Jesu befindet, zu früheren Zeiten der Gemeinde Odenthal als Hinrichtungsstätte gedient haben soll. Die katholische **Pfarrkirche Herz Jesu** ist von einer mehrere Meter hohen Mauer umgeben und hat insgesamt sechs Kegeldächer, die sich über dem Eingang, dem Glockenturm, dem Altarbereich, der Taufkapelle sowie zwei Beichtstühlen befinden. In die Kirche gelangen Sie durch ein verglastes Atrium, in dem die Taufkapelle untergebracht ist.

Sie stoßen dann auf die Landstraße L 101, die Altenberger Domstraße und marschieren hier nach links. Auf der gegenüberliegen Straßenseite steht die **Hovermühle**, eine ehemalige Getreidemühle, die Anfang des 19. Jh. erbaut wurde. Heute werden dort landwirtschaftliche Produkte verkauft. Etwa 100 m hinter der Mühle befindet sich der **Hoverhof**, der ebenfalls als Fachwerkbau zu Beginn des 19. Jh. errichtet wurde. Sie wandern auf der stetig ansteigenden Altenberger Domstraße durch den Ort Schildgen bis zu der links der Straße liegenden katholischen Pfarrkirche Herz Jesu. Sie überqueren dann die Altenberger Domstraße und setzen Ihren Weg in der gegenüber abzweigenden Straße Schlagbaumweg fort. Diese führt Sie durch ein Wohngebiet. Am Wendehammer bei der Broicher Straße gehen Sie wenige Meter nach links, um sogleich wieder dem Straßenverlauf des Schlagbaumwegs zu folgen, der geradeaus in den Hoppersheider Weg übergeht. Diesem folgen Sie für 40 m und marschieren geradeaus weiter in die Straße Leuchter Gemark. Sie wandern in den geradeaus führenden Privatweg, der Sie wieder in einen Wald führt. An dem dann quer verlaufenden Weg, bei einem Hunde- und Katzenpflegesalon, halten Sie sich rechts. Auf einer hölzernen Brücke überqueren Sie den Hoppersheider Bach und wenden sich gleich an der folgenden Weggabelung nach links. Der Weg führt Sie wieder durch den herrlichen Dünnwald, der hier hauptsächlich aus Buchen besteht.

Nach 120 m überqueren Sie einen quer verlaufenden forstwirtschaftlichen Weg. An der nach 450 m folgenden Wegkreuzung wandern Sie nach links in den forstwirtschaftlichen Weg und folgen seinem Verlauf. Sie passieren einen Rettungspunkt mit einer Schutzhütte und wandern weiter durch diesen herrlichen Wald. Sie gelangen dann auf die asphaltierte Straße Am Jungholz und kommen zum links der Straße liegenden Gelände des SC Dünnwald. Sie kommen aus dem Wald in bewohntes Gebiet des Stadtteils Köln-Dünnwald.

An der quer verlaufenden Straße Dünnwalder Mauspfad halten Sie sich rechts, überqueren dann die Bahngleise und marschieren die quer verlaufende Bundestraße 51, die Berliner Straße, nach links. Auf dieser wandern Sie für rund 7 km bis zur Hafenstraße, die abwechselnd durch Wohn- und Gewerbe-/Industriegebiet oder gemischtes Gebiet führt. Sie haben unterwegs immer wieder die Möglichkeit, die in die Innenstadt von Köln fahrende Straßenbahn, die Linie 4, zu nehmen, u.a. gleich an der links abgehenden Odenthaler Straße. Sie erreichen den Stadtteil Köln-Höhenhaus. An der Bundesstraße B 51 finden Sie allerlei Geschäfte. Im Verlauf des Wegs überqueren Sie u.a. die Autobahn A 3 und unterqueren eine mehrgleisige Bahnbrücke. An der Kreuzung mit der Bundesstraße 8 führt die B 51 nach links. Sie marschieren hier geradeaus weiter in die Dünnwalder Straße. An der Kreuzung mit der Düsseldorfer Straße wandern Sie geradeaus in die Straße Mülheimer Freiheit, deren Verlauf Sie folgen. Sie unterqueren dann eine über den Rhein führende Brücke und können von hier schon das Ziel, den Kölner Dom, sehen.

Sie wandern auf der hinter der Brücke weiterführenden Deutz-Mülheimer Straße bis zur rechts abgehenden Hafenstraße, deren Verlauf Sie folgen. Sie gehen durch das Flutschutztor und links in Richtung der Fußgängerbrücke, auf der Sie dann die Zufahrt zum Mülheimer Hafen überqueren. Am Ende der Brücke marschieren Sie nach links auf dem Deich weiter. Sie passieren einen Hochseilgarten, dann die Gebäude des Kölner Jugendparks. Sie unterqueren die Brücke der Bundesstraße B 55a, die Zoobrücke, überqueren gleich dahinter auf einer Fußgängerbrücke ein Bahngleis und unterqueren dann die Rheinseilbahn. Gleich rechts wandern Sie nun den asphaltierten Weg in Richtung Rheinufer durch den Rheinpark. Direkt am Ufer halten Sie sich links und marschieren durch diese wunderschöne Anlage direkt am Rheinufer, von der Sie immer wieder einen wunderschönen Blick auf Köln mit dem Dom haben, der mit jedem Schritt größer und mächtiger erscheint.

Am Rheinufer mit Blick auf den Kölner Dom

Sie passieren die Rheinterrassen mit mehreren ✗ Verköstigungsgelegenheiten. Am Ende der Rheinterrassen verlassen Sie den asphaltierten Weg und folgen dem parallel zum Ufer verlaufenden Weg, der sogleich am Messeturm vorbeiführt. Sie unterqueren eine Bahn- und Fußgängerbrücke und steigen sofort links zurück die Treppe aufwärts auf die Brücke hinauf. Sie marschieren nun auf der Brücke über den Rhein. Die Gitter an der rechten Seite, die den Fußweg von den Bahngleisen abtrennen, haben Verliebte mit persönlichen Vorhängeschlössern behängt. Am Ende der Brücke folgen Sie geradeaus dem Fuß- und Radweg, der direkt zum Kölner Dom führt. Sie gehen rechts um den Dom herum und stehen vor dem Eingang. Sie haben hier das Ziel dieses Pilgerwegs erreicht. Von hier aus sind es noch rund 2.570 km bis Santiago de Compostela.

Liebesschlösser auf der Hohenzollernbrücke

✞ Kölner Dom

Der Bau des Kölner Doms dauerte Jahrhunderte. Grundsteinlegung für die Kathedrale war im Jahr 1248, die Bauarbeiten wurden zunächst bis 1560 fortgesetzt. Es dauerte bis zum 19. Jh., bis der Dom, der dem heiligen Petrus geweiht ist, zwischen 1842 und 1880 vollendet wurde. Zwischenzeitlich war der hölzerne Baukran auf dem Dom zu einem Wahrzeichen Kölns geworden.

Der Dom wurde im gotischen Stil erbaut. Es ist eine fünfschiffige Anlage, wobei das Mittelschiff eine Höhe von 43 m hat. Seine absolute Höhe beträgt 157,31 m, damit ist er die dritthöchste Kirche der Welt und die zweithöchste Deutschlands nach dem Ulmer Dom. Die Gesamtlänge beträgt 144,58 m. Während des Zweiten Weltkriegs wurde der Dom bei Bombenangriffen mehrfach getroffen, wobei das Bauwerk selbst standhielt. Die entstandenen

Schäden wurden nach dem Krieg repariert. Neben den für Katholiken besonders wichtigen Gebeinen der Heiligen Drei Könige beherbergt der Kölner Dom unzählige Kostbarkeiten wie Altäre, Mosaike und Statuen.

Der Kölner Dom wurde 1996 von der UNESCO zu einem der größten europäischen Meisterwerke gotischer Architektur und zum Weltkulturerbe erhoben.

- **Kölner Dom**, Domkloster 4, 50667 Köln, 🖥 www.koelner-dom.de, 🕘 Dom: Nov. bis April: 6:00 bis 19:30, Mai bis Okt.: 6:00 bis 21:00, Schatzkammer: tägl. 10:00 bis 18:00, Turmbesteigung: Jan., Feb., Nov. und Dez. 9:00 bis 16:00, März, April und Okt.: 9:00 bis 17:00, Mai bis Sep.: 9:00 bis 18:00

Köln

- **Köln Tourismus**, Kardinal-Höffner-Platz 1, 50667 Köln, ☎ 02 21/221-304 00, 🖥 www.koelntourismus.de, ✉ info@koelntourismus.de, 🕘 Mo bis Sa 9:00 bis 20:00, So und feiertags 10:00 bis 17:00
- Pilgerstempel erhalten Sie im **Dom Pfarramt**, Kardinal-Höffner-Platz 1, 50667 Köln, gegenüber dem Dom, 🕘 Mo bis Fr 9:00 bis 12:00 und Mo, Di, Do und Fr 14:00 bis 17:00
- **Lindner Hotel Dom Residence**, 50668 Köln, Stolkgasse/An den Dominikanern 4 a, ☎ 02 21/164 40, 🖥 www.lindner.de, ✉ info.domresidence@lindner.de
- **Jugendherberge Köln-Deutz City-Hostel**, Siegesstraße 5, ☎ 02 21/81 47 11, 🖥 www.koeln-deutz.jugendherberge.de, ✉ koeln-deutz@jugendherberge.de, €€
- **Station-Hostel für Backpacker**, Marzellenstraße 44-56, 50668 Köln, ☎ 02 21/912 53 01, 🖥 www.hostel-cologne.de, ✉ station@hostel-cologne.de, €
- **Hostel Am Rheinauhafen** & Green-Bar, Rheingasse 34-36, 50676 Köln, ☎ 02 21/23 02 47, 🖥 www.am-rheinauhafen.de, ✉ hostel-1@online.de, €
- **dpsg Tagungs- und Gästehaus St. Georg**, Rolandstraße 61, 50677 Köln, ☎ 02 21/93 70 20, 🖥 www.dpsg-koeln.de, ✉ info@dpsg-koeln.de, €€€
- ✝ **St.-Andreas-Kirche**, Komödienstraße 6-8, 50667 Köln, ☎ 02 21/16 06 60, 🖥 www.sankt-andreas.de, 🕘 Mo bis Fr 7:30 bis 18:00, Sa und So 8:00 bis 18:00
- **Basilika St. Kunibert**, Kunibertsklostergasse 2, 50668 Köln, ☎ 02 21/12 12 14, 🖥 www.st-kunibert-koeln.de, 🕘 Mo bis Sa 10:00 bis 13:00 und 15:00 bis 18:00 Uhr, So 15:00 bis 18:00

Köln

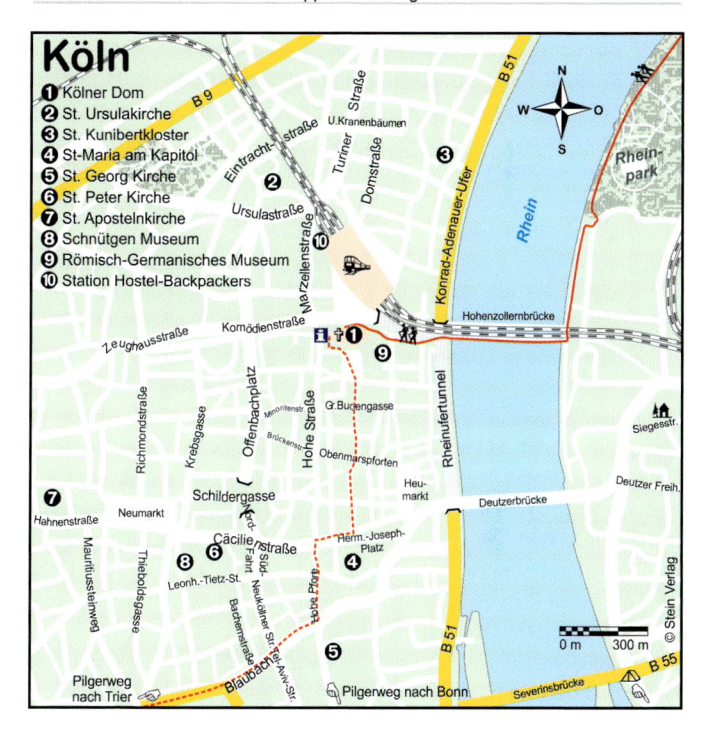

1. Kölner Dom
2. St. Ursulakirche
3. St. Kunibertkloster
4. St-Maria am Kapitol
5. St. Georg Kirche
6. St. Peter Kirche
7. St. Apostelnkirche
8. Schnütgen Museum
9. Römisch-Germanisches Museum
10. Station Hostel-Backpackers

- **Basilika St. Ursula**, Ursulaplatz 24, 50668 Köln, ☎ 02 21/788 07 50, 🖥 www.st-kunibert-koeln.de, 🕒 Mo bis Sa 10:00 bis 12:00 und 15:00 bis 17:00, So 15:00 bis 16:30
- **St.-Georg-Kirche**, Georgsplatz 17, 50676 Köln, ☎ 02 21/888 81 30, 🖥 www.georg-koeln.de, 🕒 tägl. 8:30 bis 18:00
- **St.-Gereon-Kirche**, Gereonkloster 2, 50670 Köln, ☎ 02 21/474 50 70, 🖥 www.stgereon.de, 🕒 Mo bis Fr 10:00 bis 18:00, Sa 10:00 bis 17:30, So 13:00 bis 18:00
- ⌘ **Römisch-Germanisches Museum**, Roncalliplatz 4, 50667 Köln, ☎ 02 21/22 12 44 38, 🖥 www.museenkoeln.de, 🕒 Di bis So 10:00 bis 17:00. Das Museum bietet einen Einblick in die römische Kultur am Rhein, ausgestellt sind u.a. Alltagsgegenstände und Schmuck.

- ⌘ **Kölnisches Stadtmuseum**, Zeughausstraße 1-3, 50667 Köln, ☏ 02 21/22 12 57 89, 🖥 www.museenkoeln.de, 🕐 Di 10:00 bis 20:00, Mi bis So 10:00 bis 17:00. Das Stadtmuseum zeigt die Geschichte der Stadt Köln und das Leben ihrer Bewohner vom Mittelalter bis heute.
- ♦ **Museum Ludwig**, Heinrich-Böll-Platz, 50667 Köln, ☏ 02 21/22 12 61 65, 🖥 www.museenkoeln.de. Ausgestellt ist Kunst der Gegenwart sowie u.a. Arbeiten von Pablo Picasso.
- ☺ Neben vielen anderen Sehenswürdigkeiten, die hier nicht näher bezeichnet sind, ist noch eine Fahrt mit der 🚡 **Kölner Seilbahn** empfehlenswert. Riehler Straße 180, 50735 Köln, ☏ 02 21/547 42 74, 🖥 www.koelner-seilbahn.de, 🕐 April bis Okt. 10:00 bis 18:00

Die heute etwas mehr als eine Million Einwohner zählende Stadt Köln ist die größte Nordrhein-Westfalens und die viertgrößte der Bundesrepublik Deutschland. Dabei ist die durch den Rhein geteilte Großstadt nicht nur eines der Zentren des Karnevals Deutschlands, sondern auch ein Wirtschafts- und Kulturstandort von internationalem Rang. An der Universität und den Fachhochschulen sind mehr als 60.000 Studenten immatrikuliert. Der Dom, der Köln neben **Rom** und **Santiago** zu einem Wallfahrtszentrum werden ließ, ist das meistbesuchte Bauwerk Deutschlands.

Aufgrund archäologischer Funde ist nachzuweisen, dass die Geschichte Kölns bis 3.000 v. Ch. zurückreicht. Die Stadt Köln wurde von den Römern im Jahr 50 n. Ch. als „Colonia (Kolonie)" gegründet. Nach der Blütezeit des römischen Köln im 2. und 3. Jh. brach Mitte des 5. Jh. die Herrschaft der Römer im Rheinland zusammen. Im Jahr 795 wurde unter Karl dem Großen der Kölner Bischof Hildebold zum Erzbischof erhoben. Mit dem Bau eines ersten Doms wurde im 9. Jh. begonnen und in der Folgezeit wurde die Stadtfläche mehrfach u.a. durch Aufschüttungen sumpfiger Rheinflächen vergrößert. Mitte des 12. Jh. gründete die Stadt eine Handelsniederlassung in London. Zum Ende des 12. Jh. sind die ersten Bürgermeister der Stadt urkundlich erwähnt. Köln hatte zur damaligen Zeit etwa 40.000 Einwohner und war die größte Stadt im Reich. Der Grundstein für den neuen, den heutigen, Dom wurde im Jahr 1248 gelegt. Bereits 1320 war das Gebäude um den Chor errichtet. Ende des 14. Jh. kam es zu Auseinandersetzungen zwischen den bürgerlichen Handwerkern und den Mitgliedern der Oberschicht. Hierbei setzten sich die Zünfte durch und es wurde eine erste Kölner Verfassung, der Verbundbrief, erlassen. Im Jahr 1475 wurde Köln durch ein Dekret von Kaiser Friedrich III. zu einer freien Reichsstadt. Zu Beginn des 16. Jh. wurden die Bauarbeiten am Kölner Dom eingestellt und Mitte des Jahrhunderts wurde die Kölner Börse gegründet. Sie gehört zu den ältesten weltweit.

Während des Dreißigjährigen Krieges verhielt sich Köln neutral. In der Stadt kam es zu keinen größeren Schäden, Köln litt aber unter dem stark behinderten Warenverkehr. Im Jahr 1660 wurde eine knapp 400 Mitglieder starke städtische Truppe aufgestellt. Diese erhielt den Spitznamen „Funken", mit diesem Namen bezeichnen sich heute die Karnevalsmitglieder. Zum Ende des 18. Jh. wurde Köln durch französische Truppen besetzt. In der Folgezeit trat die französische Verfassung in Kraft, die in das Rheinische Recht einfloss, welches auch nach Abzug der Franzosen im Jahr 1814 bis zum Ende des 19. Jh. Bestand hatte. Im Jahr 1835 wurde die Rheinische Eisenbahngesellschaft gegründet und Mitte des 19. Jh. der Vorgängerbau des heutigen Hauptbahnhofs errichtet. Im Jahr 1842 begann man mit dem Weiterbau des Doms, 1880 war er vollendet. Der Rheinauhafen wurde um die Wende zum 20. Jh. eingeweiht.

1917 wurde der spätere erste Bundeskanzler Konrad Adenauer Bürgermeister Kölns und nach Machtergreifung der Nationalsozialisten 1933 des Amtes enthoben. Im Jahr 1922 wurde die Kölner Messe gegründet. In den folgenden Jahren wurden das Müngersdorfer Stadion (heute: Rhein-Energie-Stadion), der Rheinpark, Automobilwerke und viele andere wirtschaftliche und kulturelle Einrichtungen in Köln gegründet. In den Jahren 1942 bis 1945 wurden rund 90 % der Kölner Altstadt und das restliche Stadtgebiet zu mehr als 70 % durch Bombenangriffe zerstört. Die Schäden wurden nach Kriegsende behoben, der wirtschaftliche Aufschwung ließ Köln wachsen. Mit dem Bau der U-Bahn wurde 1968 begonnen. 1981 eröffnete man den Fernmeldeturm „Colonius" mit einem sich drehendem Restaurant. 1975 wurde Köln aufgrund der Gemeindereform zur Millionenstadt.

Köln ist heute eine Stadt, in der nationale und internationale politische und wirtschaftliche Veranstaltungen stattfinden. Außerdem gehört Köln auch aufgrund des kulturellen und sportlichen Lebens zu den führenden Städten in Deutschland. Nehmen Sie sich Zeit für die Stadt! Sie hat viel zu bieten, was Sie nicht im „Vorbeigehen" entdecken werden.

Unterwegs auf den Pilgerwegen mit OutdoorHandbüchern - Der Weg ist das Ziel aus dem Conrad Stein Verlag

Deutschland: Jakobsweg Via Baltica
ISBN 978-3-86686-262-3
Band 262, € 12,90 [D]

Jakobsweg Bremen – Köln
ISBN 978-3-86686-344-6
Band 301, € 16,90 [D]

NRW: Jakobsweg Schloss Corvey – Aachen
ISBN 978-3-86686-147-3
Band 147, € 16,90 [D]

Belgien: Jakobsweg
ISBN 978-3-89392-539-1
Band 139, € 9,90 [D]

Brandenburg: Mittelalterlicher Jakobsweg Berlin – Wilsnack – Tangermünde
ISBN 978-3-86686-338-5
Band 189, € 9,90 [D]

Jakobsweg: Rhein-Maas-Weg
ISBN 978-3-86686-225-8
Band 225, € 12,90 [D]

Via Regia – Pilgerweg von Görlitz nach Vacha
ISBN 978-3-86686-316-3
Band 288, € 12,90 [D]

Elisabethpfad von Eisenach nach Marburg
ISBN 978-3-86686-255-5
Band 255, € 9,90 [D]

Deutschland: Jakobsweg Via Colonensis
ISBN 978-3-86686-241-8
Band 241, € 12,90 [D]

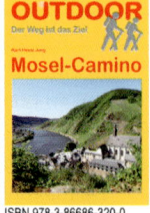

Mosel-Camino
ISBN 978-3-86686-320-0
Band 291, € 9,90 [D]

Deutschland: Bonifatius-Route
ISBN 978-3-86686-258-6
Band 258, € 12,90 [D]

Jakobsweg von der Rhön an die Donau
ISBN 978-3-86686-267-8
Band 235, € 12,90 [D]

Deutschland: Jakobsweg vom Oberpfälzer Wald zum Bodensee
ISBN 978-3-86686-142-8
Band 142, € 14,90 [D]

Deutschland: Jakobsweg von Darmstadt und Aschaffenburg nach Freiburg
ISBN 978-3-86686-155-8
Band 155, € 12,90 [D]

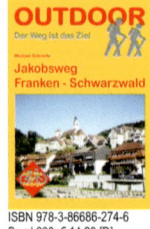

Jakobsweg Franken – Schwarzwald
ISBN 978-3-86686-274-6
Band 238, € 14,90 [D]

Jakobswege zwischen Schwarzwald und Vogesen
ISBN 978-3-86686-368-2
Band 314, € 14,90 [D]

Jakobsweg Speyer – Metz
ISBN 978-3-86686-243-2
Band 243, € 14,90 [D]

Deutschland Österreich: Jakobsweg Augsburg – Bregenz
ISBN 978-3-86686-188-6
Band 188, € 12,90 [D]

Deutschland Österreich: Jakobsweg München – Lindau
ISBN 978-3-86686-416-0
Band 187, € 14,90 [D]

Auf dem Jakobsweg durch Böhmen, das Österreichische Mühlviertel und Südostbayern nach Innsbruck
ISBN 978-3-86686-328-6
Band 294, € 14,90 [D]

Titel	ISBN	Band	Preis
Österreich: Jakobsweg	978-3-86686-311-8	157	€ 16,90 [D]
Österreich: Wallfahrten nach Mariazell	978-3-86686-373-6	224	€ 14,90 [D]
Weststeirischer Jakobsweg	978-3-86686-379-8	316	€ 12,90 [D]
Schweiz: Jakobsweg vom Bodensee zum Genfersee	978-3-86686-391-0	117	€ 14,90 [D]
Via Francigena von Lausanne nach Rom	978-3-86686-281-4	201	€ 16,90 [D]
Italien: Trans-Apennin Via degli Dei – Götterweg	978-3-86686-091-9	91	€ 12,90 [D]
Italien: Franziskusweg	978-3-86686-358-3	186	€ 12,90 [D]
Deutschland Frankreich: Jakobsweg Trier – Vézelay	978-3-86686-257-9	194	€ 14,90 [D]
Frankreich: Jakobsweg Via Lemovicensis	978-3-86686-396-5	166	€ 14,90 [D]
Deutschland Frankreich: Jakobsweg Trier – Le Puy	978-3-86686-211-1	211	€ 16,90 [D]
Frankreich: Jakobsweg Via Podiensis	978-3-86686-287-6	128	€ 14,90 [D]
Frankreich: Jakobsweg Via Gebennensis	978-3-86686-340-8	281	€ 14,90 [D]
Frankreich: Régordanewag GR 700 Pilgerweg nach Saint-Gilles-du-Gard	978-3-86686-362-0	311	€ 14,90 [D]
Frankreich: Jakobsweg GR653 Via Tolosana	978-3-86686-162-6	162	€ 14,90 [D]
Spanien: Jakobsweg Camino Francés	978-3-86686-424-5	23	€ 14,90 [D]
Spanien: Jakobsweg – Via de la Plata, Mozarabischer Jakobsweg	978-3-86686-251-7	116	€ 14,90 [D]
Spanien: Mozarabischer Jakobsweg von Granada nach Mérida	978-3-86686-227-2	227	€ 9,90 [D]
Spanien: Jakobsweg Camino de Levante von Valencia nach Zamora	978-3-86686-271-5	271	€ 14,90 [D]
Nordspanien: Jakobsweg	978-3-89392-549-0	149	€ 9,90 [D]
Spanien: Küstenweg	978-3-86686-405-4	71	€ 16,90 [D]

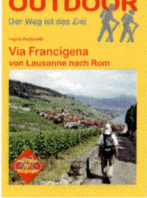

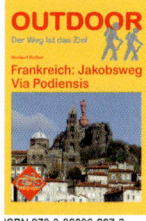

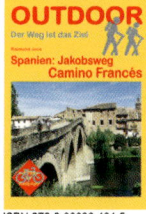

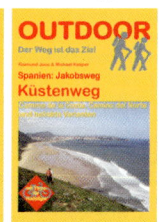

Jeweils beschriebener Wegverlauf siehe Karte auf den folgenden Seiten!
Alle Bücher können in jeder Buchhandlung, in vielen Ausrüstungs- und Sportgeschäften oder unter ✉ www.conrad-stein-verlag.de bestellt werden.
Conrad Stein Verlag, Kiefernstr. 6, 59514 Welver, ☎ 023 84/96 39 12

OUTDOOR
Der Weg ist das Ziel

Nordspanien: Jakobsweg
Camino Primitivo

ISBN 978-3-86686-382-8
Band 141, € 14,90 [D]

OUTDOOR
DER WEG IST DAS ZIEL

Portugal Spanien: Jakobsweg
Ostportugal - Via Lusitana
von der Algarve nach Ourense

ISBN 978-3-86686-230-2
Band 230, € 16,90 [D]

OUTDOOR
Der Weg ist das Ziel

Portugal Spanien: Jakobsweg
Caminho Português
von Porto nach Santiago de Compostela

ISBN 978-3-86686-383-5
Band 185, € 14,90 [D]

Russl.
Minsk
Bornholm
Danzig
Rostock
262
Hamburg
Bremen
189
Weißrussland
Weichsel
Warschau
Elbe
301
Berlin
Deutschland
Schloss Corvey
Polen
288
Leipzig
Oder
255
Eisenach
Görlitz
Ukraine
Marburg
Köln
258
Fulda
Prag
291
Frankfurt
Rhein
Trier
235
142
Tsch. Rep.
155
Nürnberg
43
Slovakei
Passau
238
Ulm
294
157
Wien
Bratislava
14
Lossburg
188
München
224
Budapest
Freiburg
Salzburg
Konstanz
187
Österreich
Einsiedeln
Innsbruck
Graz
Ungarn
Rumänien
316
117
Schweiz
Slovenien
Zagreb
Donau
Ljubljana
Bukarest
Mailand
Venedig
Bosnien & Herz.
Belgrad
Po
201
Bologna
Kroatien
Bulgarien
91
Sarajevo
Serbien
Florenz
Monaco
186
Adriatisches Meer
Sofia
Mont.
Podgorica
Skopje
Korsika
Maze.
Rom
Tirana
Italien
Thessaloniki
Alb.
Neapel
Ägäisches Meer
Sardinien
Tyrrhenisches Meer
Griechenland
Athen
Ionisches Meer
Patras
Sizilien
Jakobswege
Pilgerwege
Tunis
© Stein Verlag

Buchtipps aus dem

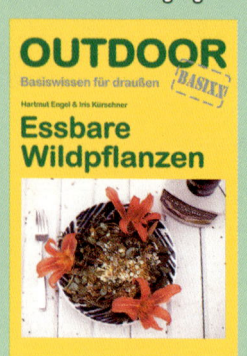

Essbare Wildpflanzen

Hartmut Engel & Iris Kürschner
OutdoorHandbuch Band 5
Basiswissen für draußen
144 Seiten ▶ 84 farbige Abbildungen
78 farbige Zeichnungen

ISBN 978-3-86686-375-0

>> Zeitschrift **Auf einen Blick**: „Wertvolle Hinweise zum Sammeln, zur Zubereitung und auch zum Anbau gibt das Buch Essbare Wildpflanzen."

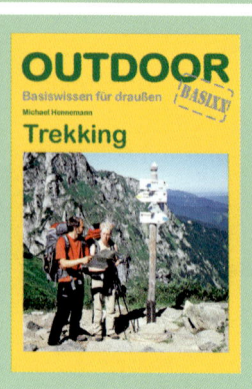

Trekking

Michael Hennemann
OutdoorHandbuch Band 7
Basiswissen für draußen
96 Seiten ▶ 25 farbige Abbildungen
4 farbige Illustrationen

ISBN 978-3-86686-354-5

Der Nachfolgeband des Klassikers „Wildniswandern" - ein hilfreicher Ratgeber für alle, die gerne mit Rucksack und Zelt in der Natur unterwegs sind.

Spuren und Fährten

Harmut Engel & Stefan Zabanski
OutdoorHandbuch Band 30
Basiswissen für draußen
107 Seiten ▶ 16 farbige Abbildungen
39 Illustrationen

ISBN 978-3-86686-353-8

>> **Lauffeuer**: „Das Buch kann dazu anregen, sich bewusster mit der Vielfalt der Natur auch vor der eigenen Haustür auseinander zu setzen."

Conrad Stein Verlag

Wetter

Michael Hodgson & Meno Schrader
OutdoorHandbuch Band 13
Basiswissen für draußen
91 Seiten ▶ 32 farbige Abbildungen
21 farbige Illustrationen

ISBN 978-3-86686-013-1

>> **Nordis:** „*... jeder kann lernen, wie man mit und ohne Instrumente zu einem echten Wetterfrosch wird. Ein handliches Büchlein für unterwegs.*"

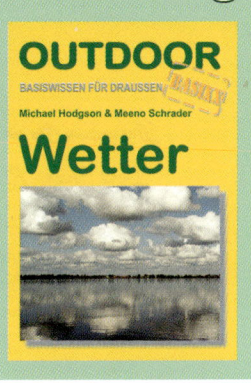

Pilgern
auf den Jakobswegen

Raimund Joos
OutdoorHandbuch Band 197
Basiswissen für draußen
176 Seiten
35 farbige Abbildungen

ISBN 978-3-86686-423-8

>> **GEO SAISON:** „*Gute Basisinformationen für alle, die gerade anfangen zu planen*"

Jakobsweg Lesebuch
Geschichtlicher Wegbegleiter

Patrick Windisch
OutdoorHandbuch Band 153
FernwehSchmöker
126 Seiten ▶ 19 Illustrationen

ISBN 978-3-86686-153-4

>> **trekkingguide.de:** „*Sehr empfehlenswert für Menschen [...] die die geschichtlichen und religiösen Hintergründe des Jakobsweges interessiert.*"

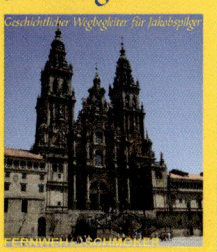

Besuchen Sie uns doch einmal auf unserer Homepage.

Dort finden Sie ...

... aktuelle Updates zu diesem OutdoorHandbuch und zu unseren anderen Reise- und OutdoorHandbüchern,
... Zitate aus Leserbriefen,
... Kritik aus der Presse,
... interessante Links,
... unser komplettes und aktuelles Verlagsprogramm & viele interessante Sonderangebote für Schnäppchenjäger.

www.conrad-stein-verlag.de

Index

St. Paulus Dom in Münster

A

Abreise	12
Ackerbürgerhaus	94
Altenberger Dom	231
Anforderungen	12
Anreise	12
Astrup	63, 92
Aumühle	56
Ausrüstung	13
Auto	13

B

Bahn	13, 17
Barrien	40
Berger Mühle	229
Böker, Robert	225
Brechten	179
Bremen	24
Bremsen	16
Bullmühle	59
Bus	17

C

Cappenberg	170

D

Damme	88
Dammer Berge	83
Dammer Bergsee	85
Datteln-Hamm-Kanal	177
Delme	46
Dhünn	234
Dortmund	183
Dortmund-Ems-Kanal	135, 138
Dreye	35
Düte	118

E

Eifgenbach	229
Eifgenburg	231
Ems	140
Engter	102
Eschbachtalsperre	225

F

Fahrrad	16
Fernwanderwege	20
Fesenfeld	43
Finkenholl	229
Forellenhof Nettetal	108
Freiherr-vom-Stein-Turm	202

G

Gahmen	178
Gevelsberg	209
Gräfinghausen	44
Gut Füchtel	68
Guts Welpe	72

H

Habenhausen	33
Hagen am Teutoburger Wald	122
Hagen-Haspe	205
Handy	17
Harpstedt	46
Hasbergen	120
Haus Dyckburg	144
Haus Martfeld	213
Haus Vortlage	130
Havichhorster Mühle	141

Helmichsteine	105
Hengsteysee	198
Herbern	160
Herdecke	200
Hiltrup	153
Hiltruper See	155
Hohe Steine	56
Hohensyburg	196
Hoher Berg	42
Holzhausen	64
Hotel	18
Hubertusmühle	60
Hunte	51

K

Kaisberg	202
Kaiser-Wilhelm-Denkmal	197
Karten	14
Kirchselde	44
Kirchweyhe	36
Kloster St. Anna-Stift (Kroge)	79
Klosterseelte	44
Knollmeyers Mühle	106
Köln	242
Kölner Dom	241
Kroge	78
Krohnhorst Eiche	132

L

Ladbergen	132
Leeden	124
Lengerich	127
Lippe	173
Lohne	75
Lourdes-Grotte Visbek	62
Lourdes-Grotte von Kroge	79
Lünen	174
Lutten	65

M

Mahnmal Bittermark	192
Markierung	14
Mittellandkanal	99
Moorerlebnispfad	96
Mordkuhlenberg	83
Mücken	16
Münster	146
Münster-Handorf	143
Museumsdorf Koems	48

N

Natruper Mühle	122
Naturschutzgebiet Süggel	181
Nordmarkt	182

O

Ochtum	36, 37
Odenthal	237
Odenthal-Altenberg	233
Osnabrück	111
Oythe	66

P

Persiluhr	173
Pickerweg	54
Pilgerpass	15
Pilgerunterkunft	18
Piusgarten	104
Polizei	154
Priorat St. Benedikt (Damme)	87

R

Rangierbahnhof Hagen-Vorhalle	203
Remscheid-Lennep	221
Rinkerode	156
Röntgen, Wilhelm Conrad	222
Ruhr	195
Rulle	105

S

Santiago de Compostela	10
Schildgen	238
Schloss Cappenberg	170
Schloss Strauweiler	235
Schloss Westerwinkel	162
Schmedehausen	136
Schwelm	211
Seume, Johann Gottfried	30
Sörhausen	43
Stein	236
Steinernes Kreuz	224
Steinfeld	79
Südlohner Moorblick	77

T

Theklabrücke	68
Turmhügelburg Haskenau	140

U

Umwelt	18
Updates	19

V

Varusschlacht	95, 98
Vechta	69
Venner Berg	101
Visbek	60
Visbeker Braut	58
Vörden	93

W

Wanderzeit	19
Wasserburg Alt Barenaue	97
Wermelskirchen	226
Werne	165
Werse	142
Weser	30
Weyhe	35
Wildeshausen	51
Wittekindsburg	107
Wupper	215
Wuppertal-Beyenburg	216

Z

Zecken	16

Werden Sie Fan unter
www.facebook.com/outdoorverlage